MEDO SOCIAL

Da violência visível ao invisível da violência

Dados Internacionais de Catalogação na Publicação (CIP)
(Câmara Brasileira do Livro, SP, Brasil)

Baierl, Luzia Fátima
Medo social : da violência visível ao invisível da violência / Luzia Fátima Baierl. — São Paulo : Cortez, 2004.

Bibliografia.
ISBN 978-85-249-1079-1

1. Sociologia urbana 2. Violência 3. Violência – Aspectos sociais 4. Violência – Aspectos sociais – Brasil I. Título.

04-5834 CDD-307.76

Índices para catálogo sistemático:

1. Violência urbana : Sociologia 307.76

Luzia Fátima Baierl

MEDO SOCIAL

Da violência visível ao invisível da violência

1ª edição

1ª reimpressão

CORTEZ EDITORA

MEDO SOCIAL: da violência visível ao invisível da violência
Luzia Fátima Baierl

Capa: DAC
Preparação de originais: Carmen Teresa da Costa
Revisão: Maria de Lourdes de Almeida
Composição: Dany Editora Ltda.
Assessoria editorial: Elisabete Borgianni
Secretaria editorial: Flor Mercedes Arriagada
Coordenação editorial: Danilo A. Q. Morales

Direitos para esta edição
CORTEZ EDITORA
Rua Monte Alegre, 1074 — Perdizes
05014-001 — São Paulo-SP
Tel.: (11) 3864-0111 — Fax: (11) 3864-4290
E-mail: cortez@cortezeditora.com.br
www.cortezeditora.com.br

Impresso no Brasil — fevereiro de 2012

A Tiago, Pedro,
Sylvia e Carlos

Sumário

Lista de tabelas

Lista de gráficos

Mapas

Quadros

Apresentação

O presente texto constitui a minha tese de doutoramento[1] que é agora editada sem modificações substanciais. A violência urbana e o medo social gerado pela forma como ela cresce e se desenvolve na sociedade têm afetado profundamente o cotidiano das pessoas, alterando formas e ritmos de ser e viver na cidade e, conseqüentemente, modificando de modo profundo as relações de sociabilidade. Seu objetivo fundamental é trazer ao debate público, e em especial à agenda das profissões que lidam com o social, o tema da violência e do medo social que vem afetando profundamente a vida cotidiana das pessoas e dos profissionais.

A preocupação com a questão da violência urbana e o seu impacto na vida das pessoas às quais o Serviço Social presta assistência, tem sido tema de discussão e reflexão no Núcleo Temático de Violência e Justiça da Faculdade de Serviço Social da PUC-SP. O Núcleo tem sua origem em uma pesquisa desenvolvida pelas professoras Isaura Isoldi de Melo Castanho, Luzia Fátima Baierl e Marcia Regina da Costa, com a participação de alunos em projetos de extensão e iniciação científica, no período de 1993 a 1996, como resposta a uma demanda do Centro de Direitos Humanos e Educação Popular de Campo Limpo. A pesquisa, cujo título é "Em defesa da vida contra a violência", realizada através

1. Intitulada originalmente Personagens e enredos de cenas de medo e violência na cidade de Santo André, elaborada no Programa de Estudos Pós-graduados em Serviço Social da PUC-SP sob orientação da dra. Marcia Regina da Costa e apresentada à banca examinadora em agosto de 2003. Por estímulo e incentivo da banca examinadora (formada por minha orientadora e pelas dras. Maria Lucia Carvalho e Silva, Vera Freire, Laisa Regina di Maio e Nanci Ramacciotti de Oliveira Monteiro), a quem sou profundamente grata, trago a público minhas reflexões e contribuição a este debate.

de uma metodologia de pesquisa na ação, propiciou uma aproximação com a questão da violência urbana na forma de homicídios, traçar um perfil dos sujeitos, verificar as formas como a justiça funciona, a lei do silêncio, a impunidade, entre outros aspectos. Desencadeou, na época, o movimento denominado "Em defesa da vida contra a violência", que hoje articula diferentes setores e segmentos sociais na zona sul de São Paulo, realizando um fórum mensal, que visa buscar propostas concretas e ações conjuntas no combate e prevenção da violência urbana. Essa pesquisa nos instigou a procurar melhor decifrar a forma como a violência se processa na nossa sociedade, bem como as respostas da profissão a essa questão. A partir do envolvimento de professores com essa linha de pesquisa, criou-se o Núcleo Temático Violência e Justiça da Faculdade de Serviço Social, como uma das modalidades de ensino da graduação, que congrega alunos de segundo ao quarto ano do curso, supervisores de estágios e profissionais de outras áreas. É nesse caldo cultural que surge o tema do presente trabalho e que vem a público para ampliar o debate e nossas reflexões.

Na Introdução apresentamos o percurso metodológico trilhado para elaboração do estudo, pois entendemos que o processo da pesquisa se distingue do processo da sistematização dos dados e, portanto, é fundamental para o entendimento dos resultados a que chegamos. A forma como construímos o objeto e o objetivo da pesquisa, a escolha dos instrumentais e dos sujeitos, as categorias de análises revelam o caminho percorrido para buscarmos decifrar a realidade.

No primeiro capítulo — "O medo: sentidos e significados" — buscamos explicitar o contexto analítico por onde fomos construindo o sentido e o significado do medo e do medo social, e como este afeta as formas de ser e viver no cotidiano.

No segundo capítulo, são dados os contornos numéricos e estatísticos, indicativos do aumento dos índices de criminalidade, em especial dos crimes contra a vida, e de como estes vêm afetando as formas de sociabilidade, alterando a arquitetura urbana. Analisamos como a violência generalizada, que atinge sobremaneira as regiões metropolitanas e estados brasileiros, em especial o estado de São Paulo, vem corroendo o capital social e humano. Indicamos como a violência vem gerando um custo econômico e social sem precedentes, que faz crescer a Indústria do Medo, a qual é alimentada cotidianamente pelos altos índices de criminalidade.

No terceiro capítulo, tratamos de construir o cenário da violência e do medo na cidade de Santo André. Contextualizamos a cidade nos seus aspectos geográficos, populacionais e na sua construção histórica. Buscamos explicar como as alterações que vêm ocorrendo no processo produtivo e no mundo do trabalho afetaram profundamente a região do Grande ABC. O mercado de trabalho regional não tem conseguido incluir toda a população economicamente ativa na condição de ocupados, deixando uma parcela significativa de fora do mercado formal de trabalho. Isso cria as condições para que essa parcela da população excluída necessite, para sobreviver, da atenção das políticas sociais que não dão conta de garantir o mínimo, ou então passe a viver de atividades de um mercado de trabalho informal ilícito e ilegal.

O quarto capítulo trata de identificar a dinâmica da violência e a criminalidade na cidade de Santo André, relacionando os índices estatísticos com a região do Grande ABC e reconhecendo que os contornos da criminalidade extrapolam os limites territoriais da cidade. Assim, buscamos identificar como os delitos de homicídios, roubos e furtos se apresentam na cidade. Isso permitiu revelar como a criminalidade se distribui de forma diferenciada pela cidade, afetando, portanto, seus moradores de forma distinta e gerando, conseqüentemente, medos diferenciados. São nesses contextos espaciais e territoriais distintos que as cenas de violência e medo vão sendo vividas pelos moradores. Assim, neste capítulo, procuramos identificar os números da criminalidade na cidade de Santo André, comparando-os com os das cidades do Grande ABC paulista e do estado de São Paulo, com vistas a traçar os contornos onde os diferentes personagens da violência e criminalidade transitam vivendo diferentes personagens, ou seja, diferentes papéis sociais construídos no espaço e tempo da cidade de Santo André.

No quinto capítulo, buscamos apontar os personagens principais da trama da violência e do medo na cidade de Santo André a partir da ótica dos entrevistados. Assim, identificamos o conjunto de personagens que permeiam a história local, que se cruzam e entrecruzam, provocando medo e alterações de vida no cotidiano da população moradora das áreas periféricas, em especial das unidades de favelas e dos chamados bairros de classe média: traficantes, policiais, moradores e profissionais foram se configurando conforme sua performance nas cenas e enredos da violência urbana. Numa trama em que traficantes e policiais aparecem como personagens centrais nas histórias narradas de violência e medo, novas formas de sociabilidade são tecidas, gerando dilemas éticos e novas formas de viver o cotidiano.

O sexto capítulo trata das possibilidades e limites expressos pelos personagens enquanto caminhos e saídas para combater a violência e superar medos vividos. Muitas das alternativas aparecem como saídas mágicas para conseguir, se não superar, pelo menos conviver com o medo cotidiano.

No sétimo e último capítulo, buscamos explicar as artimanhas e as redes de relações tecidas entre os diferentes personagens, identificando como os medos e as relações são por eles processados. Buscamos distinguir os medos sentidos em áreas de favelas e os medos sentidos em bairros de classe média, além das maneiras encontradas pelos nossos personagens para sobreviver e lidar com tais medos. Procuramos, nesse capítulo, dar visibilidade ao medo, que é um dos elementos-chaves para o entendimento da forma como a violência e os conflitos urbanos se processam. A violência e o medo dela decorrente, sejam estes potenciais ou reais, dão ritmo e dinâmica à vida cotidiana que vai reestruturando a forma de ser e se apropriar do meio urbano, construindo novas formas de sociabilidade e dilapidando o capital social.

Para finalizar esta apresentação, não poderia deixar de mencionar aqui pessoas importantes que contribuíram para a elaboração deste trabalho. Pessoas que marcaram sua presença, dando sempre um toque especial de crítica e incentivo, nos instigando a cada momento, o que torna este um produto coletivo, em que o autor teve apenas a grande tarefa de sistematizar, à sua maneira e a partir do seu estilo, as idéias que podem iluminar e ampliar o debate da violência urbana e o medo social e melhor qualificar a prática profissional.

Agradecemos à Pontifícia Universidade Católica de São Paulo, pela Bolsa Capacitação docente. A Isaura Isoldi de Mello Castanho e Oliveira e Graziela Acquaviva, companheiras persistentes no debate e na reflexão sobre a violência e seus impactos no trabalho profissional. Aos meus alunos e alunas, no Núcleo Temático Violência e Justiça da Faculdade de Serviço Social, que contribuem para ampliar o debate da violência no interior da nossa profissão, vencendo o medo de debater violência. A Marcia Regina da Costa, que nos momentos mais difíceis esteve presente nos estimulando e nos orientando. A Maria Lucia Carvalho e Silva, que vem marcando profundamente minha vida e minha trajetória profissional e de docência, incentivando e acreditando, com seu carinho e afeto. A todos os entrevistados, que abriram mão de espaço e tempo de suas vidas para, em conjunto, refletir sobre o medo e a violência, tornando este estudo uma produção coletiva. A Sylvia Bari, irmã de coração, que pacientemente foi escuta das minhas inquietações e me inquietando com as suas. A Carlos Alberto da Cunha Almendra, companheiro de reflexão, pesquisa e troca de afetos, presente em todos os momentos de minha elaboração. E, sem dúvida nenhuma, aos meus filhos — Tiago e Pedro —, que se mostraram sensíveis às minhas dificuldades, me apoiando, brigando na minha ausência, mas acreditando e confiando em mim.

Luzia Fátima Baierl
março de 2004

Introdução

"Do que temos medo? Temos medo do grito e do silêncio; do vazio e do infinito; do efêmero e do definitivo; do para sempre e do nunca mais... da delação e da tortura; da traição e da censura... da culpa e do castigo; do perigo e da covardia..."

Marilena Chaui

A questão da violência urbana tem ocupado pouco espaço nas reflexões e estudos do Serviço Social. Embora a prática profissional do assistente social tenha como matéria-prima o cotidiano das pessoas e famílias que vivem em situações de vulnerabilidade social e pessoal, a violência passa "despercebida", como uma temática alheia ao fazer desse profissional.

É exatamente no cotidiano que as diversas facetas da violência e do medo social se expressam e se manifestam. As temáticas vinculadas à violência contra a mulher e a criança têm sido objetos de estudos e pesquisas do Serviço Social. No entanto, quando a violência sai do âmbito do privado para a esfera da vida urbana, os estudos nesse campo são ainda muito mais raros e limitados.[1]

Não obstante, os profissionais do Serviço Social vêem-se demandados para intervir em situações para as quais não foram formados, preparados, treinados e qualificados. Como lidar com famílias vítimas de violências fatais? Como lidar

1. Estudos realizados pelo Serviço Social nesse campo podem ser vistos em: Castanho, Pavez e Schiling (2002), Lolis (2001), Almendra e Baierl (2002).

com famílias obrigadas a sair de determinadas áreas para poderem estar protegidas? Como lidar com áreas urbanas, nas quais os comandos existentes não são aqueles oficialmente instituídos? Como lidar com o "toque de recolher"? Como lidar com a "lei do silêncio"?

Essa preocupação nos leva a trazer para o âmbito do Serviço Social os temas da violência urbana e do medo social, colocando-os na agenda cotidiana da profissão.

As mudanças provocadas pelos avanços tecnológicos, acompanhados das alterações significativas que ocorrem na produção em escala mundial, afetam profundamente o mercado formal de trabalho e têm impacto significativo na vida das pessoas. Os processos de globalização se intensificaram de tal maneira que se dão não somente nas dimensões econômicas, políticas e sociais. Vivemos, como nunca, a globalização da miséria e da criminalidade.

Dos assaltos e furtos comuns a bancos e residências passa-se para novas ondas de criminalidade que começam a assolar as cidades: diferentes formas de seqüestros (desde os tradicionais, que exigem altas cifras para a libertação dos reféns, até seqüestros-relâmpagos, envolvendo pequenas quantias). Isso, sem dúvida nenhuma, expressa a adoção de novas tecnologias de segurança que dificultam assaltos a bancos, fazendo emergir novas modalidades de crimes. Hoje, já foram descobertos cativeiros com até treze reféns de seqüestros diferenciados. Vivemos um novo momento na exacerbação da violência e criminalidade?

A violência urbana tem ampliado o que denominamos medo social. Medo esse construído socialmente e que afeta a coletividade. Trata-se do medo utilizado como instrumento de coerção por determinados grupos que submetem pessoas aos interesses deles. O medo social vem alterando profundamente o território e o tecido urbano e, conseqüentemente, a vida cotidiana da população. Todos se sentem afetados, ameaçados e correndo perigo. Ameaças reais, vindas de sujeitos reais, são contrapostas a ameaças potenciais típicas do imaginário singular coletivo, produzido pelos índices perversos do crescimento da violência nas cidades. Isso se agrava pela forma como esses índices são veiculados e tratados pela mídia, pela fala corriqueira do crime e, principalmente, pela ineficiência e impunidade no papel da polícia e do Estado frente à questão social.[2] Os sentimentos generalizados são de insegurança, ameaça, raiva, ódio, medo e desesperança.

2. Questão social é aqui entendida como "conjunto das expressões das desigualdades da sociedade capitalista madura, que tem uma raiz comum: a produção social cada vez mais coletiva, o trabalho torna-se

Entendemos a violência como um fenômeno que sempre existiu na história do homem, em todos os tempos e lugares, assumindo formas e manifestação diferenciadas. Na história da humanidade, muitas atrocidades foram e são legitimadas à medida que se dão dentro de padrões éticos entendidos como toleráveis. Sabemos que tirar a vida de uma pessoa é um ato ilícito, hediondo e, portanto, passível de punição. No entanto, é socialmente "legítimo" tirar a vida de pessoas em situações de guerra, em legítima defesa e também em intervenções respaldadas pela lei. Agredir física e moralmente pessoas também se configura como um ato ilícito que, há poucas décadas, se tornou intolerável e legislado. Certas formas de vitimar crianças, pelos pais ou responsáveis, e de violência contra a mulher há pouco vêm sendo tratadas como atos legalmente violentos. Mesmo assim, há quem diga que em briga de marido e mulher ninguém mete a colher.[3]

Afirmar que tal ato é lícito ou ilícito é um processo de construção de cada sociedade. No que se refere às diferentes formas de violência contra a vida e contra o patrimônio, um campo possível do tolerável, muitas vezes não verbalizado, também aparece. Quando um bandido ou criminoso é assassinado, até chegamos a sentir um alívio e quase podemos afirmar: "Foi bom que morreu". Quando uma mulher, que costuma ser espancada pelo seu marido, consegue revidar com a mesma intensidade a violência sofrida, a reação de quase todos, em especial das mulheres, é de satisfação. Comentários do tipo "Ele bem que merecia" são tônicas de conversas cotidianas sobre as diversas facetas da violência.

A reflexão sobre violência não pode prescindir de um componente ético e moral, pois envolve valores como bom ou mau, lícito ou ilícito, legal ou ilegal, legítimo ou ilegítimo. Sabe-se que a construção desses padrões éticos se dá, na prática, muito além daquilo escrito nas leis ou definido por princípios. Desde setembro de 2001, ocasião em que os Estados Unidos foram profundamente abalados pelos atentados terroristas, até hoje, quando, em represália, assistimos aos ataques ao Iraque, muitas vêm sendo as falas dividindo opiniões sobre quem são os "bons" e quem são os "maus". Em outras palavras, voltamos a discutir quem são os "mocinhos" e quem são os "bandidos" na longa história da humanidade.

---

mais amplamente social, enquanto que a apropriação dos seus frutos mantém-se privada, monopolizada por uma parte da sociedade" (Iamamoto, 2000: 27).

3. A esse respeito, ver: Michaud (1989), Maldonado (1997) & Hobsbawm (1995a).

Nada é novo, simplesmente há a reedição de relações de poder e de força que ganham nova visibilidade e marcas em nível mundial, nacional, regional e local. Poderes esses legalmente instituídos ou poderes paralelos.

Discernir sobre o certo e o errado, o bem e o mal é uma tarefa algo difícil para nós, seres humanos. O que é certo e o que é errado quando os padrões éticos andam profundamente abalados? A "institucionalização" da "lei de Gerson", do "levar vantagem em tudo", passou a ser o paradigma plausível da sociedade. Trata-se da versão neoliberal, do individualismo e do sucesso a qualquer custo. Não levar vantagem é tolice. As pessoas navegam de um lado para outro dos padrões morais e éticos, buscando justificativas para esse ou aquele, de acordo com interesses pessoais, ou de grupos.

Chaui indica que cada cultura e cada sociedade constroem compreensões do significado e do sentido da violência, dando-lhe conteúdos diferenciados em cada tempo e espaço (Chaui, 1994). Entretanto, apesar das diferenças, afirma a filósofa, há padrões percebidos universalmente, "formando o fundo comum contra o qual os valores éticos são erguidos" (ibid.: 336). Para Chaui, uma cultura define aquilo que é violência, contra pessoas ou grupos, quando "define o que entende por mal, crime e vício" (ibid.: 337).

No campo de estudo da violência urbana e, em especial, da violência contra a pessoa e contra o patrimônio, isso se potencializa. Nesse sentido, buscar explicar as formas como crescem e se desenvolvem o medo social e a violência urbana exige contextualizá-las social, histórica e cotidianamente. Assim, a violência, para ser pensada, deve ser situada em contextos históricos, políticos, econômicos, sociais, culturais e territoriais, por onde é produzida.

Partimos da hipótese de que a violência se manifesta diferenciadamente na sociedade, afetando o cotidiano das pessoas e a coletividade de forma distinta. O medo social, gerado pela violência urbana, e a maneira de lidar com ele também se expressam distintamente. O medo, produzido e construído a partir da forma como a violência vem se manifestando na sociedade, cria novas alternativas de sociabilidade, alterando o modo de ser e de agir das pessoas, dos grupos, das comunidades e movimentos populares em seu cotidiano.

Teresa Caldeira (2000), em sua pesquisa sobre crime e segregação na cidade de São Paulo, trabalhou com a hipótese de que a violência e o medo combinam processos de mudanças que alteram a arquitetura urbana, segregando grupos em espaços sociais mais protegidos e discriminando segmentos sociais.

A autora estuda como a fala do crime e o crime contribuem para criar novas formas de segregação na cidade de São Paulo.

Entrevistas realizadas por nós indicam que uma criança moradora de uma favela não se espanta ou se assusta com um cadáver no chão. Uma criança de classe média, é provável, se assustaria, já que nunca ou raramente se deparou com tal cena em seu cotidiano. Em áreas de favelas, a possibilidade de crianças e adultos se depararem com pessoas assassinadas e presenciarem conflitos armados e violentos é maior do que em outros espaços territoriais da cidade. Para crianças e adultos de outros segmentos sociais, a visão da morte violenta aparece, com certeza, muito mais através da mídia. Enquanto os moradores de áreas violentas lidam e são afetados muito mais pelo real vivido cotidianamente, os segmentos de outros territórios lidam muito mais com um real imaginário, distante.

Será que a violência tornou-se tão banal, tão corriqueira, de forma que a vida de todos não tenha tanta importância assim? Que o direito à vida, tão preconizado nas sociedades ocidentais cristãs, não tem mais contrapartida no real? Que a dignidade e o respeito ao outro já não se constituem mais valores universais compartilhados por todos? Que a sociedade perdeu a capacidade de indignar-se e de reagir aos desmandos? Que as vidas das pessoas têm sido alteradas pela forma como a violência vem se manifestando, impondo novos ritmos e caminhos, modificando, sobremaneira, a vida cotidiana?

Tomar o medo social como objeto é buscar explicá-lo como um instrumento criado socialmente, por determinados grupos, que impede as pessoas de coletivizarem seus interesses e o próprio medo, tecendo uma nova cultura e novos padrões éticos, no âmbito do privado e na esfera onde se gesta a vida cotidiana, alterando sua dinâmica, seus ritmos e seus procedimentos. É entendê-lo, não como um fenômeno pronto e acabado, mas como resultado de múltiplos processos, buscando explicações no bojo das relações sociais, das condições reais de vida dos sujeitos e na forma concreta como se expressa no cotidiano das pessoas. O objeto de estudo, dessa maneira, não se configura como algo estático, mas trata-se de um objeto que vai se construindo a partir da dinâmica da própria realidade social e histórica e, sobretudo, da forma como a violência vai se constituindo na nossa realidade.

O ataque às Torres Gêmeas provocou inicialmente uma comoção mundial e a perspectiva de uma catástrofe internacional. Novos medos passaram temporariamente a pairar sobre a humanidade: o medo disseminado da perspectiva de uso das armas biológicas, da guerra desenfreada contra supostos inimigos ocultos;[4] trata-se aqui de um medo gerado pelo terrorismo em nível mundial. As novas expressões da criminalidade, manifestadas em seqüestros das mais diferentes matizes; os índices de violência divulgados; as guerras nos morros do Rio de Janeiro e assassinatos cometidos pela polícia geraram um campo possível para a construção de novos medos sociais ou para a reedição de antigos. Uma insegurança generalizada viabiliza novas formas de medo e, conseqüentemente, novas formas de agir e reagir perante ele.

No Brasil, em especial no estado de São Paulo, vivenciamos num curto espaço de tempo a morte de dois políticos expressivos do Partido dos Trabalhadores: Toninho, em Campinas, e Celso Daniel, em Santo André, ambos prefeitos. Hoje, juízes que processaram, julgaram e sentenciaram criminosos vinculados a quadrilhas e grupos organizados do tráfico de drogas e de armas também têm sido perversamente assassinados. A repercussão desses crimes afeta o cotidiano de todos, redefinindo e elaborando novos medos e ansiedades.

Por isso, não podemos analisar o aumento da violência de forma localizada, visto que ela é produto de processos mais amplos nos quais se constituem e se desenvolvem as novas formas de sociabilidade, onde as relações sociais vêm sofrendo profundas mudanças.

Essas notas anteriores revelam, ao mesmo tempo, o campo fértil da minha pesquisa de um lado e, de outro, a dificuldade de acesso a pessoas e dados, visto serem elas emudecidas pelo medo e estes escamoteados pelas autoridades, tornando difícil o acesso aos mesmos.

Tomar o medo social como objeto implica desvendar o conteúdo valorativo e cultural que vai sendo tecido a partir das relações ambíguas entre o âmbito privado e o público. Nessas relações, formas novas de poder são criadas e exercidas, colocando em dúvida os poderes legalmente instituídos. Quem manda e quem controla as favelas e os bairros da periferia? Quem dá segurança às pessoas? Que tipo de segurança? Em troca de quê? Explicar essas indagações exige aprofundar-se na questão da violência urbana, reafirma a esfera do privado na busca de práticas de enfrentamento, potencializando o ódio e desqualificando o Estado como gestor da *res publica*.[5]

---

4. Situação vivida na atualidade, com os ataques dos Estados Unidos ao Iraque e ao Afeganistão.

5. Do latim, coisa pública.

Entende-se a realidade social como uma realidade dinâmica, processual, em que confluem múltiplos processos. As formas de relações sociais não se configuram tão-somente como meras reproduções da realidade, mas como construções efetivas dos sujeitos que delas participam, em cada circunstância histórica e a partir de seus contextos específicos. Nesse sentido, privado e público se interpenetram e se reestruturam.

Estudar as formas de reação ao medo, de enfrentamento ou passividade frente as diferentes manifestações de violência supõe reconstruir as formas de como a violência nasce e cresce na sociedade e nas relações entre Estado e sociedade; analisar as desigualdades sociais e as formas de exclusão que, se de um lado, por si só, não explicam a violência, por outro, criam o clima propício para sua expansão. Não podemos reduzir a violência às condições de pobreza na sociedade. No entanto, numa sociedade onde o consumo se amplia, onde as diferenças entre ricos e pobres cada vez mais se afirmam, onde o acesso a direitos mínimos e básicos não é respeitado, onde os direitos sociais (moradia, saúde, educação, alimentação, lazer, segurança), promulgados na Carta Magna de 1988, são negados, onde impera a impunidade e o desrespeito à legalidade constituída, sem dúvida, há que se pensar as várias dimensões que fazem emergir e reforçar as diversas facetas da violência.[6]

O presente trabalho busca explicar a teia de relações tecida nos espaços de moradia, territórios demarcados por outras lógicas que não as instituídas legalmente e que, potencializadas pelo medo — decorrente de ações violentas e intimidações —, dificultam ou limitam as formas de ações coletivas, ou demarcam espaços do possível e do permitido. Busca-se reconstruir como o medo social vai sendo tecido, como o público se privatiza, em que circunstâncias e encaminhamentos se dão em termos de estratégias para, caso não solucione, pelo menos equacione as formas crescentes de violência na cidade.

A população, a sua maneira, reage às formas de violência buscando, via de regra, alternativas na esfera do privado. No entanto, uma busca em jornais nos mostra que, em certos momentos, frente a determinados crimes, interpretados como cruéis pela população, esta reage, muitas vezes, por meio de formas

6. De acordo com o Relatório de Desenvolvimento Humano 2002, o Brasil atingiu a 73° classificação IDH, classificado entre os países de médio desenvolvimento, com um PIB *per capita* de US$ 7.625. No que diz respeito às desigualdades no rendimento e consumo, os 10% mais pobres acessam 0,7, enquanto os 10% mais ricos acessam rendimentos e consumo equivalentes a 48,0. Os 20% mais pobres acessam 2,2, enquanto os 20% mais ricos acessam 64,1.

extremamente violentas (como, por exemplo, o linchamento). Em outras ocasiões, favelas inteiras assumem a defesa de traficantes, quando estes são presos pela polícia. Em outras, ainda observamos estarrecidos o mutismo geral. Trata-se de ações motivadas, exclusivamente, por interesses particulares que encontram em uma massa a possibilidade de emergência, explodindo numa reação disforme e cruel ou, simplesmente, num silêncio generalizado decorrente do medo.

O medo social se gesta em um contexto em que o Estado, cada vez mais, não consegue assumir para si: seu papel legítimo de garantir e manter o "Estado de Direito".[7] Isso contribui, cada vez mais, para o isolamento das pessoas e segregação das mesmas, em vez de propiciar a emergência de ações coletivas em torno de reivindicações de direitos sociais legítimos, além de conduzir para a construção de estratégias na esfera do particular e para a ampliação das formas discriminatórias. Desqualifica a força e a ação coletiva, enquanto estratégias que visam à transformação da realidade.

Entendemos a ação coletiva como um processo de identificação de interesses, de carências e necessidades individuais que se coletivizam e passam a ser percebidas como direitos, gerando em torno de si uma determinada forma de organização e mobilização, a partir de reivindicações e desejos coletivos. No entanto, para onde esses desejos são canalizados hoje? Quem, de fato, vem cumprindo o papel de gerenciar os espaços públicos? Será o Estado, através da ação dos executivos e do Legislativo? Ou o tráfico de drogas, que a cada momento ganha espaço junto às massas abandonadas da sociedade, tendo no medo social seu instrumento maior de controle dessa população?

O presente estudo tem como objetivo identificar as diferentes manifestações do medo e das formas de violência na cidade de Santo André, em especial nas áreas de favelas, buscando entender a teia de relação tecida entre os diferentes personagens sociais: políticos, representantes do governo local, associações populares, lideranças, funcionários públicos, traficantes, polícia e os moradores. Busca também identificar como o medo vem afetando o cotidiano dos moradores e dos profissionais que atuam em áreas reconhecidamente violentas.

A escolha da cidade de Santo André se deu por se configurar uma cidade da Grande São Paulo, que vem apresentando aumento nos índices de violência relacionados a crimes contra o patrimônio e índices significativos de homicí-

7. Segundo Vieira (2001), o Estado de direito supõe componentes de ordem normativa (a moralidade e a solidariedade), e componentes de ordem instrumental (a coerção e o auto-interesse).

dios, em especial, esses últimos, nas áreas de favelas e bairros da periferia. Trata-se de uma cidade que conta com a gestão do Partido dos Trabalhadores, reeleita nas últimas eleições e que vem desenvolvendo uma série de programas e ações integradas em alguns núcleos de favelas do município, envolvendo diferentes secretarias municipais. E, por ter participado da gestão municipal anterior (1997-2000), muitas indagações foram nos inquietando, decorrentes da nossa prática em vários programas governamentais locais, em trabalhos diretos com a população que, se de um lado apresentavam grandes avanços no que tange à participação da população, de outro, mostravam fragilidades enquanto movimentos organizados. Várias foram as histórias ouvidas "ao pé do ouvido" sobre ações violentas, sobre o medo da população, sobre famílias que precisavam mudar de localidade por causa do envolvimento de filhos no circuito da droga, reuniões canceladas por causa de toque de recolher em favelas e mortes de jovens, entre outras.

É nesse quadro que a pesquisa foi se configurando e assim surgiram as seguintes indagações: Que tipo de medo mais aparece nos núcleos de favelas? Medo do governo, dos políticos, dos bandidos, dos traficantes ou da polícia? Quem são os produtores e reprodutores da violência e do medo? Que tipo de pessoas ou grupos sociais produz medo nas pessoas? Que poder as pessoas ou determinados grupos exercem sobre os indivíduos e a favela? Existem formas de controlar, diminuir ou combater o medo? Que pactos são firmados com os grupos ou pessoas que exercem violência e medo para sobreviver? A violência e o medo desencadeado por ela afeta a vida das pessoas no seu cotidiano pessoal e profissional? Quem dá segurança aos cidadãos andreenses? A violência e o medo se distinguem nos bairros nobres e nas favelas? Áreas com ações do poder público são mais protegidas que as demais? A quem interessa manter o medo? Que ações são realizadas na cidade para combater a violência e a criminalidade? O policiamento ostensivo na cidade reduz a violência e o medo?

A busca de respostas para o conjunto dessas indagações exigiu a escolha de um caminho teórico metodológico que permitisse:

- explicar o fenômeno da violência na realidade atual, vista não como um dado em si mas como resultado de múltiplos processos da dinâmica social, no contexto do desenvolvimento do capitalismo em seu momento atual e da forma que atinge os diferentes segmentos de classe;
- explicar os nexos que entrelaçam a questão da violência e sua expansão, com o crescimento das desigualdades sociais e com os processos de exclusão social e de globalização, além da impunidade e a ineficácia

dos serviços públicos de segurança e de justiça. Isso exigiu ir atrás de dados que nos dessem índices da forma como a criminalidade e a violência se expressam no Brasil, no estado de São Paulo e, em particular, na cidade de Santo André;

- a construção do entendimento do que é o medo social, de que maneira se origina e se processa e como é construído na dinâmica da cidade; como é germinado e alimentado cotidianamente na vida das pessoas, nas suas singularidades, afetando a forma de ser e viver na cidade.

Escolha dos sujeitos da pesquisa e as entrevistas

A escolha de sujeitos para o estudo da violência é de suma importância, haja vista a dificuldade que as pessoas têm de falar sobre o tema de forma livre e aberta. Os sujeitos da pesquisa foram escolhidos intencionalmente, a partir de critérios entendidos como relevantes e que garantissem a representatividade dos mesmos. Buscou-se aliar intencionalidade e representatividade de um lado e, de outro, a possibilidade de acesso à realização das entrevistas. Para tanto, foi necessário criar o que denominamos rede de contatos, por meio de pessoas conhecidas, que dessem credibilidade e que tivessem, sobretudo, confiança em expor suas opiniões sobre o assunto. Assim, a cada entrevista, os entrevistados indicavam nomes de pessoas que poderiam ampliar e contribuir para a pesquisa. Considerou-se, também, aquelas pessoas que foram mais citadas ao longo das entrevistas. Mesmo tendo esse cuidado, as entrevistas realizadas demonstraram a dificuldade e o medo das pessoas em expor suas idéias e sentimentos.

As entrevistas foram realizadas em locais escolhidos pelos entrevistados, nos horários e dias estipulados pelos mesmos, quais sejam: em salas do poder Executivo, Legislativo ou das corporações das polícias locais; em associações de moradores de favelas; na residência de entrevistados; em salas da PUC-SP. Muitas entrevistas foram desmarcadas e remarcadas, principalmente com autoridades e com pessoas supostamente indicadas como traficantes ou com envolvimento direto com os mesmos. As entrevistas foram feitas entre março de 2001 e agosto de 2002.[8] Uma delas foi suspensa, pois recebemos aviso de que não

8. As entrevistas foram realizadas com o professor Carlos Alberto da Cunha Almendra (PUC-Campinas), que vem estudando e pesquisando o Custo Econômico e Social da Violência. Sua participação se deu como assistente de pesquisa.

deveríamos ir à favela no dia marcado, pois haveria "barulho". No dia seguinte, soubemos que ocorreram assassinatos no local, vinculados a cobranças de dívida de droga. Duas entrevistas que pretendíamos fazer com representantes do CDHU (Companhia de Desenvolvimento Habitacional Urbano) não foram realizadas, pois os entrevistados não se dispuseram a participar.

O início da entrevista sempre se desenrolou como um "bate-papo", um "jogar conversa fora", que tinha como objetivo criar um clima propício para as pessoas se expressarem. Cada entrevista durou em média duas horas, sem contar as conversas paralelas, que envolveram muitas explicações sobre a pesquisa, a finalidade da mesma e como os dados seriam divulgados. Procuramos, durante todo o processo da entrevista, observar as pessoas, a forma de comunicação não apenas verbal, mas também gestual, que expressa incômodos, descontentamentos em relação a determinadas perguntas.

As situações de entrevista foram momentos envolventes, em que as pessoas, depois de sentirem mais confiança, expressavam sentimentos e, principalmente, seus medos. Muitas falas apareciam cifradas. É interessante notar que falas sobre o passado eram mais tranqüilas de serem narradas. Nessas, eram indicados nomes de pessoas e locais com detalhes de situações. À medida que as pessoas começavam a narrar situações presentes, o tom de voz mudava, muitas vezes diminuía, como se fôssemos ouvir segredos jamais revelados.

A cada entrevista realizada sentíamo-nos profundamente afetados pela fala, muitas vezes pela dor, e principalmente por uma narração quase sem saída, em que a impotência era o tema gerador que alimentava a conversa. Foram momentos importantes entre entrevistado e entrevistador. Tratou-se, sim, de uma conversa "entre-vistas" — olho no olho —, em que cada um tentava revelar o outro. Foram momentos de reflexão mútua buscando construir uma lógica para o discurso nada linear que era proferido pelas pessoas.

Foram realizadas 20 entrevistas, sendo 17 individuais e 3 grupais. As entrevistas grupais foram realizadas com um grupo de 23 crianças e adolescentes que participam de um Projeto de Percussão em uma das áreas de favelas da cidade; um grupo de *rap* formado por jovens moradores de uma das favelas de Santo André, e uma entrevista com dois membros da Igreja Evangélica. As entrevistas individuais foram realizadas com: 1 representante do Alto Comando da Polícia Militar e Polícia Civil de Santo André; secretário-adjunto de Combate à Violência Urbana de Santo André; 4 assistentes sociais vinculados a programas do poder público municipal local; 1 membro do Legislativo; 3 lideranças do Movimento Popular de Santo André; 1 psicóloga vinculada a uma organização não-governamental; 1 empresário; 2 moradoras de favelas da cidade; 1 educador social; 1 jovem de classe média. Ao longo deste trabalho, trataremos os nossos sujeitos de pesquisa como *personagens*, visto que cada um, a sua maneira, assume papéis diferenciados e múltiplos na discussão da violência e do medo.

Instrumentos da pesquisa

Quanto aos instrumentais de pesquisa, foi priorizado a coleta de dados quantitativos sobre a violência e criminalidade, e dados qualitativos a partir de entrevistas semi-estruturadas. Para tanto, recorremos às Pesquisas Bibliográfica, Documental e a Narrativas Orais.

- *Pesquisa bibliográfica*: refere-se a leitura atualizada sobre violência e medo social, através de produções impressas em livros, teses e artigos. Foram compilados textos e sites da Internet, através de busca dos temas: segurança, violência, índices estatísticos, criminalidade, medos, pânico, planos e programas de segurança e de políticas públicas, violência contra a criança e contra a mulher, entre outros.[9] Todo material compilado foi transferido para arquivos Word, impressos e gravados em CD. Os textos que guardavam relação direta com a temática foram fichados;
- *Pesquisa documental*: relativa a dados e índices da violência e criminalidade no mundo, Brasil, regiões metropolitanas brasileiras, São Paulo, Grande ABC e Santo André; documentos oficiais, planos de governo, legislação, através das mais diferenciadas fontes;[10]
- *Entrevistas semi-estruturadas*: basearam-se em um Roteiro de Entrevistas, sendo a primeira parte referente a dados pessoais de identificação e tipo de trabalho realizado em Santo André e, uma segunda parte, sobre diagnóstico da violência e do medo, que contou com perguntas abertas. Embora apoiando-se em um roteiro geral, as entrevistas foram realizadas seguindo a sua própria dinâmica. O roteiro se configu-

9. O pesquisador Carlos Alberto da Cunha Almendra disponibilizou o conjunto de *sites* e informações por ele compilado e organizado no formato Word.

10. Dentre as principais fontes de dados estatísticos consultadas, as mais significativas foram: Fundação Seade, Secretaria de Segurança Pública do Estado de São Paulo, 10º Batalhão da Polícia Militar, IBGE, PRO-AIM — Programa de Aprimoramento de Índices de Mortalidade da cidade de São Paulo, Relatório de Desenvolvimento Humano da ONU, Ministério da Saúde, *site* oficial da Prefeitura de Santo André, Anuário Estatístico da Prefeitura de Santo André, entre outras.

rou como um elemento para dar direção e não como uma camisa-de-força, considerando a temática, a situação da entrevista e a necessidade de garantir profundidade em alguns temas centrais da pesquisa. As entrevistas foram gravadas em fitas magnéticas, posteriormente sendo transcritas 231 páginas.

O caminho metodológico escolhido envolveu relatos de vida, que permitiu a coleta de dados e experiências dos sujeitos e de uma coletividade. Permitiu ainda identificar o olhar e a interpretação das pessoas sobre o medo e a violência e como esses afetam sua vida cotidiana. Embora os relatos tenham sido colhidos individualmente ou em grupos, como experiências singulares, pudemos extrair das falas aqueles elementos que faziam referência a outros sujeitos. Interessante notar que os tempos e espaços das histórias e narrativas não seguem cronologias e nem os espaços são delimitados claramente. O narrador assume, de alguma maneira, o papel de um personagem que narra fatos e acontecimentos, muitas vezes fragmentados com falas sobrepostas e sem ligação com o contexto. Às vezes, ele é o próprio autor, que se coloca na perspectiva de quem narra, permitindo um distanciamento que facilita o falar de coisas ocultas. Em determinados momentos, é o personagem principal da história; em outros, aparece como coadjuvante, ou mesmo como figurante. Em outras ocasiões, ainda, coloca-se como um espectador — alguém que vê os acontecimentos se desenvolvendo como numa tela de televisão, os quais pouca ou nenhuma relação têm com sua vida cotidiana. No entanto, expressa através de enigmas os impactos dessas narrativas e acontecimentos em seu cotidiano. A entrevista em si configurou-se, tanto para o entrevistador como para o entrevistado, como um momento de reflexão e análise dos conteúdos que eram relatados. Idas e vindas entre passado e presente eram feitas. Fatos do passado remoto eram relatados como se vivenciados recentemente.

Tratamento e análise dos dados

O percurso que seguimos para análise do material exigiu discutirmos e pensarmos em alternativas que possibilitassem extrair do discurso dos sujeitos os temas-chaves para o trabalho. Interessava aliar temas-chaves com os sentimentos e ações dos personagens entrevistados. Nesse sentindo, a palavra, seu significado e o contexto ao qual se refere foram fundamentais para a análise. Às vezes essas palavras aparecem de forma cifrada, revelando e escondendo aspectos importantes sobre a vida cotidiana dos sujeitos. Tratava-se de enigmas cifrados que deveriam ser decifrados e interpretados pelo pesquisador.

A transcrição das fitas e os recortes feitos às narrativas são escolhas exclusivas do pesquisador e podem parecer, às vezes, atitudes autoritárias e tendenciosas. Entretanto, pondera Queiroz,

> "a transcrição transforma o relato oral em mais um documento a ser utilizado cientificamente, como tantos outros que foram produzidos frente a outros interesses e que acabam por servir a novas pesquisas. Portanto, o problema dos recortes feitos é um falso problema, uma vez que a análise, procedimento primordial de toda pesquisa, significa exatamente decompor, fragmentar e separar diferentes componentes no sentido de realizar as sínteses que se busca" (Queiroz, 1988: 17).

Foram necessários recortes de contextos individuais, feitos pelo pesquisador a partir de contextos analíticos construídos, visando recompor os discursos.

Construímos uma ficha que denominamos *ficha temática* (Anexo I), para coleta de dados das entrevistas, e levantamos as palavras-chaves orientadoras da nossa análise, entre elas: medo, violência, causas da violência, soluções, criminalidade, polícia, segurança, Estado, políticos, traficantes, morte, assassinatos, bandidos, amigos, esperança, lei do silêncio etc. Encontramos alguns programas informatizados que são empregados para análise de conteúdo, entre eles o Spad t., porém tivemos dificuldades para sua utilização. Apesar das facilidades que ele proporciona, não dava conta de identificar os temas selecionados nos contextos em que eram gerados, visto que o programa identifica apenas a frase em que a palavra é mencionada. Assim, construímos um outro procedimento, embora mais demorado, mas que dava conta das nossas necessidades. Para tanto, os próprios recursos do editor de texto Word foram empregados na:

a) Contagem do número de vezes que as palavras-chaves (medo, violência, polícia, segurança, Estado, traficante, causas, soluções, políticos, bandido, crime, criminalidade etc.) apareceram ao longo das entrevistas. Isso nos permitiu a montagem de um Quadro (Anexo II) com o total da freqüência com que essas palavras foram pronunciadas pelos entrevistados. Possibilitou-nos ainda identificar que tipos de vocábulos eram mais usados e por quem.

b) Seleção dos trechos das entrevistas em que essas palavras foram ditas, pois isso permitiria identificar os contextos aos quais se referenciavam. Interessante notar que, embora houvesse perguntas específicas sobre violência e medo, as palavras em questão foram inúmeras vezes pronunciadas e mais explicitadas em momentos em que a pergunta não se referia diretamente a violência ou medo. O procedimento utilizado nesta fase foi: busca da palavra, seleção do trecho significativo em que ela aparecia, cópia e colagem nas fichas temáticas. Esse processo de construção foi moroso, no entanto, permitiu apoderar do discurso e da narrativa de cada entrevistado. Foram feitas 42 fichas temáticas, que depois foram se consolidando em novas fichas por aproximação da palavra e significado. Terminada essa tarefa, passamos a identificar quais eram realmente os temas centrais e que ajudariam a explicar e responder as nossas indagações. Estes temas propiciaram a construção da estrutura de nosso trabalho:

- Medo
- Violência
- Tipos de violência
- Tipos de crimes
- Locais violentos
- Sujeitos do medo
- Sujeitos da segurança
- Sonhos e esperanças
- Reações ao medo — "lei do silêncio"
- Locais seguros
- Papel do Estado
- Papel da prefeitura
- Papel da polícia
- Papel dos políticos
- Papel dos traficantes
- Cotidiano

O próximo passo foi entender e distinguir dois contextos importantes que fazem parte do processo de pesquisa: o contexto dos indivíduos e os contextos analíticos. Precisávamos identificar as noções de espaço e tempo e seus significados na vida dos sujeitos. Trata-se de captar da narrativa, entrecortada, fragmentada, aqueles elementos significativos aos olhos dos entrevistados. Para tanto, fomos buscar subsídios em Pais (2003), que em sua obra, sobre a vida cotidiana, enigmas e revelações, nos fornece elementos essenciais para esse percurso.

Pais identifica no cotidiano dois aspectos que fazem referência ao contexto social: contextos individuais e contextos analíticos. Nos primeiros, a prática cotidiana é o elemento central, nos segundos, o elemento central é a prática científica. Fazem parte do contexto individual "os elementos do meio social relevante para os indivíduos" (ibid.: 115). São, no entender do autor, "as idealizações normativas quotidianamente compartilhadas, embora na verdade, esses contextos não 'determinem' as ações individuais — ou seja — estas não são efeitos daqueles... os indivíduos apenas tomam determinados elementos do meio social como elementos relevantes para 'interatuarem'" (ibid.: 116). Nesse sentido, não há uma fatalidade que arrasta os indivíduos para aquilo que eles não querem ou desejam. Há, sim, um dirigir a forma de ser no cotidiano. Coloca Pais que uma maneira de identificar como os contextos individuais funcionam é exatamente observando como "as interpretações que os indivíduos fazem podem condicionar o curso de suas ações" (ibid.: 116). As normas, as regras, as orientações que dão direção aos indivíduos, o conjunto das representações sociais que dirigem as condutas dos mesmos fazem parte dos contextos individuais. As *normas*,[11] como elementos importantes dos dois contextos, não são reconhecidas somente pelo uso habitual que se faz delas, mas pela quase *obrigatoriedade* que elas representam. Fazem menção não àquilo que freqüentemente se faz, mas àquilo que deve ser feito. Implicam obediência e, conseqüentemente, sanções. Já as *condutas* estão profundamente vinculadas às normas. Elas fazem referência às ações dos indivíduos, que podem ser de uma passividade extrema até a sua transgressão total. Elas são vinculadas a códigos compartilhados por determinados grupos. Os códigos, como expressão das normas, "são apenas convencionais para determinados grupos de indivíduos (os que partilham os mesmos códigos). São secretos porque não entendíveis por outros grupos de indivíduos" (ibid.: 124).

Já os contextos analíticos são entendidos por Pais como "construções teóricas nas quais algumas variáveis se combinam na tentativa de construção de uma estrutura hipotética explicativa" (ibid.: 116). Essas estruturas explicativas ou interpretativas constituem um enquadramento para situar uma dada socie-

11. As normas de conduta "são o conjunto de valores e regras que se apresentam aos indivíduos através de aparelhos diversos: família, Igreja, Escola, etc." (Pais, 2003: 124).

dade no espaço e no tempo. Trata-se de "uma forma (artefato) de analiticamente retalharmos a realidade" (ibid.: 119) buscando explicá-la e interpretá-la. Entretanto, esse retalhamento não se faz de forma aleatória e caótica, pois é necessário distinguir os universos simbólicos utilizados pelos indivíduos. Em outros termos, "quais os nortes de orientação ou bússolas cognitivas — para desenvolverem suas ações (contextos dos indivíduos) dos referentes simbólicos que a sociologia capta como instrumentos interpretativos ou explicativos (contextos analíticos)" (ibid.: 119). Os universos simbólicos dos primeiros dão sentido e direção à vida cotidiana. Os dos segundos dão sentido às interpretações e explicações produzidas da realidade.

Outras duas variáveis importantes para o entendimento e a decifração do cotidiano e das manifestações do medo na vida das pessoas são as noções de Espaço e Tempo, bem apropriadas por Pais. O *espaço* diz respeito aos lugares onde as práticas sociais se gestam, através de determinados signos, normas de conduta e interações cotidianas. "O espaço surge como suporte mediador e cuja mediação se exerce através de sua significação simbólica" (ibid.: 128). Já a noção de *tempo* "é resultante da vida social (...) é objeto de representações sociais, tempo fracionado em durações diversas, em acontecimentos e atividades, em condutas — recompostas, reinterpretadas, num ritmo social de conjunto que lhe dá coerência e significação" (ibid.: 129). Para o autor, tempo pode ser dividido em duas categorias: tempo catalisador da espontaneidade social e tempo da incerteza. O primeiro é o tempo da repetição do cotidiano, das condutas preestabelecidas, hierarquizadas, tempo das coerções e pressões. Já o tempo da incerteza é a presença da vida pulsante, é o espaço do descompasso entre a crítica e a repetição, do já dado e do novo.

Pondera Pais que todo símbolo cultural envolve três elementos: o símbolo em si mesmo, um ou mais referente e a relação entre eles. "A descoberta dos significados simbólicos passa pela compreensão do significado que esses símbolos têm para os indivíduos, mas vai mais longe do que isso: passa também pela compreensão do uso que os indivíduos fazem desse símbolo" (ibid.: 119). Um dos complicadores nessa compreensão é que a relação entre símbolo e referente é uma relação geralmente arbitrária "na qual o referente aparece incrustado no símbolo. Quando essa incrustação toma lugar, há a tendência para se deixar de pensar no símbolo, ele mesmo, e focar atenção naquilo a que ele se refere — outro símbolo cujo referente não se pode adequadamente decifrar senão a partir do símbolo original" (ibid.: 119).

As entrevistas de conteúdos nem sempre expressam, explicitamente, sentidos e significados. Muitas coisas são ditas de forma velada e muitos segredos escondidos. Nem sempre é possível entender, em determinadas narrativas, formas de pensar e condutas relativas a elas, pois essas necessariamente não são explicitadas e sim cifradas. Pais afirma que, quando nos debruçamos em materiais discursivos para buscar entender seus sentidos e significados, "acabamos por entender coisas que o autor do texto não quis dizer e que indiretamente e involuntariamente nos disse contra sua vontade" (ibid.: 120). Isso aconteceu inúmeras vezes nas entrevistas por nós realizadas, ou seja, o não dito revelava uma série de ditos e de significados.

Um outro ponto a ser destacado é quando determinados significados de vocábulos nos escapam numa leitura ou não estão evidenciados, mas ficam explicitados por outros indícios. Nesse caso, não podemos nos colocar numa posição de mera passividade. "Há que sair dele, abandonar a posição de receptividade passiva e construir laboriosamente toda a realidade mental não dita diretamente no texto, mas que é imprescindível para entender satisfatoriamente" (ibid.: 120). O processo para a construção da realidade mental dos sujeitos é feito exatamente através dos contextos analíticos, que vão dando forma, contorno e significado aos conteúdos. São exatamente os *contextos analíticos* "que nos permitem descobrir, por entre linhas (do texto, dos discursos, das condutas), aquilo que os respectivos autores não se propunham diretamente comunicar, ou até se proporiam a ocultar" (ibid.: 121).

Portanto, a análise temática das entrevistas e os recortes analíticos realizados foram uma tarefa morosa que exigiu: identificar palavras-chaves, relacioná-las aos contextos individuais e balizadas nos contextos analíticos construídos. Assim, os vocábulos não foram extraídos do texto isoladamente, distanciados dos contextos a que se referiam na narrativa do sujeito, mas em um contexto que nos dá os contornos que permitem interpretar as palavras e as frases, apresentando seus múltiplos significados.

1. O medo: sentidos e significados

"Temos medo do grito e do silêncio; do vazio e do infinito; do efêmero e do definitivo; do para sempre e do nunca mais."

Marilena Chaui (1995)

Neste capítulo, buscamos explicitar o contexto analítico pelo qual foram construídos o sentido e o significado do medo social e como ele se manifesta na vida das pessoas.

Buscar explicar o medo não é algo novo ou inusitado. Ele sempre percorreu a vida das pessoas e das sociedades. O medo se configura como um sentimento natural, intrínseco aos seres viventes, racionais e irracionais. É um sinal de alerta de que estamos correndo alguns riscos. No entanto, esse risco pode ser real, imaginário ou potencial. Se o medo é real, o risco que se corre pode ser potencial ou imaginário e não necessariamente real. O medo nos mobiliza para ficarmos atentos. A questão que se coloca é o medo condicionado socialmente e o uso que se faz desse medo.

O medo tem sido utilizado como estratégia de manipulação para subjugar, controlar, escravizar e dominar as pessoas. Frente às situações de uso do medo, as pessoas se sentem aterrorizadas, fogem do perigo ou se entregam. Chaui dirá sobre o medo: "estranho sentimento é o que nos torna insensatos pondo 'asas em nossos pés' quando não deveríamos fugir e 'pregando-nos ao solo' quando a fuga seria necessária. Rouba-nos a coragem e dá ensejo à crueldade" (Chaui, 1995: 44).

Como sentimento, relaciona-se com os sentidos, com a faculdade ou habilidade que os sujeitos possuem de perceber, analisar e classificar as coisas no mundo real. Ou seja, um conjunto de cenas, imagens, situações e fatos cotidianos desperta sentimentos de alegria, felicidade, ira, paixão, medo, raiva, tristeza, amor, compaixão, esperança etc. Alerta para sentimentos prazerosos ou de espreita e de medo. Diz respeito às formas como as pessoas são afetadas em relação a cenas, situações e acontecimentos do cotidiano. Faz parte da paixão. "É reagindo a uma ofensa que eu sinto raiva. Sinto medo ao imaginar um perigo iminente que possa me prejudicar ou destruir. A paixão é sempre provocada pela presença ou imagem de algo que me leva a reagir, geralmente de improviso" (Lebrun, 1987: 18).

Silva (2001) diz que o medo coloca nosso organismo em prontidão para uma reação brusca, forte e rápida. Diz ainda que confundimos o elemento imagem de uma situação já vivenciada com o sentimento, transformando-os numa coisa única. Segundo Silva, desde o nascimento, o ser humano tem

> "a tarefa de aprender aquilo que é bom e o que é perigoso, tem de distinguir entre o agradável e o temível. E assim, as imagens, cenas e situações do nosso mundo vão sendo agregadas aos mais diversos sentimentos de forma tão firme, aderente e imperceptível que, por um lado, acreditamos que eles sempre estiveram juntos e, por outro lado, constatamos que se retirar voluntariamente o sentimento que está colado àquela situação, por mais que nos esforcemos, não conseguimos deixar de sentir medo de uma situação que signifique um perigo real e imediato" (ibid.: 2).

O medo mobiliza os seres para ficarem em estado de alerta. Um sujeito, ao andar à noite em uma rua deserta e escura, tende a ficar com medo da presença de um estranho em atitude suspeita e isso o coloca em estado de alerta, indicando que está correndo algum perigo. A grande questão é: como reage a esse sinal e que atitudes e condutas toma?

Segundo Isasa, "o que causa problema em situações de risco ou perigo é a temeridade ou a entrega" (Isasa, 2001: 2). Ressalta o autor que "quando as pessoas estão inconscientes do medo, querem fugir dele e acabam fazendo exatamente o contrário do que deveriam fazer" (ibid.: 2), tendendo a tolices que colocam em risco a sobrevivência. Por exemplo, na tragédia do World Trade Center, em setembro de 2001, ou em situações de incêndios, inundações, há pessoas que pulam de prédios altos com o intuito de se salvar. Trata-se de uma fuga que coloca em risco a vida, o que o autor chama de tolice. No fundo, as pessoas esperam que uma mão mágica vá salvá-las e, às vezes, a mão que salva é exatamente a que as torna subjugadas. Segundo Isasa, quando as pessoas assumem os medos, tornando-os conscientes, conseguem buscar formas de entender o alerta e encontrar saídas certas, tendo um comportamento adequado ao sinal que lhes foi dado. O medo não provoca acidentes, mortes e prejuízos às pessoas, pois é sentimento — sensação que afeta as pessoas de diferentes formas e cada uma delas reage à sua maneira, ou seja, tem uma determinada conduta frente à sensação do perigo. O que provoca acidentes e mortes é exatamente a forma de reação ao medo, que também vem sendo construída socialmente e pode se constituir numa resposta coletiva às formas de uso feitas através do medo.

Uma distinção necessária entre o medo e a reação ao medo deve ser feita. Frente à percepção e à sensação de risco — medo —, a tendência do organismo é à paralisia, ao bloqueio de reações. Essa parada súbita faz as pessoas interromperem repentinamente a respiração. É exatamente esse o sinal de risco, até a pessoa ter clareza do que está acontecendo, ter consciência do que lhe está afetando de forma prudente. Diz Isasa que "o medo é uma força que tem como objetivo evitar perigos de qualquer natureza e funciona como sinal que interrompe qualquer ação imprudente" (ibid.: 2). O medo é simplesmente isso — sinal de alerta e aviso de perigo — e não a reação e os comportamentos advindos desse sinal. As reações aos medos não são naturais, são reações aprendidas e condicionadas socioculturalmente. As pessoas aprendem, ao longo da sua vida, a reagir de determinadas maneiras frente a acontecimentos e fatos. Portanto, outra distinção necessária a ser feita é de que o medo não pode ser confundido com a violência e com as formas de reação a ele. Essas últimas, sim, podem ser violentas ou não. Pode-se reagir ao medo fugindo dele, entregando-se a ele e ao objeto do medo, enfrentando-o, ou pode-se, simplesmente, fingir que ele não existe. Ou seja, violência não é sinônimo de medo ou vice-versa. Medo diz respeito a sentimentos e emoções, e violência é ato e ação. As reações ao medo, essas sim, podem ser violentas.

Na nossa sociedade e na história da humanidade, o medo tem sido usado como instrumento de manipulação das pessoas, subjugando-as, tornando-as escravas e dominadas por determinados indivíduos, grupos ou situações. Trata-se da exploração das pessoas e da coletividade, utilizando-se do medo como mecanismo e instrumento de escravidão. As pessoas atemorizadas tornam-se reféns de outras. O fato é que a pessoa acaba tendo "medo do medo" e, então, para não sentir medo, paga qualquer preço. Este é o ponto mais complexo em relação ao medo: que preço as pessoas estão pagando para não sentir medo? As pessoas alteram sua rotina, sua forma de ser no mundo, alteram as relações sociais, não ficam mais indignadas, aceitam o inaceitável, fingem não ver, estão reconstruindo territórios, buscando formas de defesas, revides, mudando horários etc.

O medo, pensado em suas origens biológicas, "é um fenômeno de paralisação ou detenção do curso vital, que se observa nos mais singelos seres vivos unicelulares, quando se vêem submetidos a bruscas ou desproporcionadas modificações em suas condições de existência" (Mira y Lopes, 1994: 9). Entende o autor que o medo é um dos quatro gigantes da alma e o que o nutre é a carência.

A violência, na forma como vem se constituindo na realidade, faz emergir o medo, que leva as pessoas a paralisarem e alterarem suas relações e suas formas de ser no espaço em que vivem, em seus contextos individuais. O outro, o estranho potencialmente ou não, de acordo com as circunstâncias, é objeto de medo e provoca no sujeito reações de paralisação, de entrega ou de agressão. Isso vai depender, contudo, do conjunto das normas e regras tecidas nesses contextos e dos códigos aprendidos e internalizados pelas pessoas. Delumeau coloca que, em seu sentido estrito,

> "o medo (individual) é uma emoção de choque, freqüentemente precedida de surpresa, provocada pela tomada de consciência de um perigo presente e urgente que ameaça, cremos nós, nossa conservação. Colocado em estado de alerta, o hipotálamo reage por uma mobilização global do organismo, que desencadeia diversos tipos de comportamentos somáticos e provoca, sobretudo, modificações endócrinas" (Delumeau, 1996: 23).

Embora não se pretenda naturalizar o medo reduzindo-o a reações puramente físicas e biológicas, ele, enquanto sentimento, não está desconectado das reações fisiológicas desencadeadas nas pessoas.

Por se tratar de um sentimento, de uma emoção, os efeitos e as reações que o medo provoca são distintos. Interferem nisso as singularidades de cada pessoa, sua história, seu repertório, suas experiências, bem como as circunstâncias e os contextos individuais nos quais o medo é desencadeado. Portanto, medo está vinculado fundamentalmente às noções de espaço e tempo.

Delumeau afirma que, mesmo não podendo reduzir o medo às suas implicações naturais e fisiológicas, estas são úteis para compreender os fenômenos coletivos. Ele questiona se somadas e repetidas agressões sofridas de forma intensa poderiam provocar demasiada intensidade e mobilização de energias (ibid.: 29). Para o autor, mobilizações de energias em grande intensidade, que são úteis aos sujeitos para sua defesa, podem ser utilizadas sem nenhum discernimento, dado o conjunto de agressões repetidas vividas em nossa época. Podem, portanto, resultar em revoltas ou pânicos, exteriorizados imediatamente ou não, ou "mais tarde levar a explosões violentas ou perseguições de bodes expiatórios" (ibid.: 29). Esse é um dos grandes complicadores de medos contidos repetidas vezes, tornando as pessoas prevenidas e sempre em posição de ataque, principalmente em relação àqueles a quem se sentem superiores e com poder de subjugar.

Retomando algumas idéias de Mira y Lopes, este faz uma distinção entre causa e motivos do medo. Para ele, as causas do medo vinculam-se à estrutura pessoal e os motivos são alheios à mesma. Nesse sentido, afirma que as causas são a pólvora e os motivos, o estopim (Mira y Lopes, 1994: 20-1). No caso particular do presente estudo, quais seriam os estopins do medo? O que motiva tanto medo nas pessoas que as impede de buscar estratégias mais coletivas? Seriam as experiências concretas do dia-a-dia de convivência com os crimes cotidianos, experiências anteriores, leitura de matérias no jornal ou a mídia em geral? O medo fóbico do imaginário, do possível, mas não do real? O controle social exercido pelos grupos de poder nos espaços de moradia? Os grupos organizados do tráfico de drogas? O medo da polícia? O medo dos políticos? Quem são as pessoas que desencadeiam sentimentos de medo? Os sentimentos de insegurança e a falta de segurança, a impunidade, a falência das organizações que deveriam garantir os direitos do cidadão e a segurança são estopins do medo e do sentimento de insegurança generalizado.

Romano (2002) pondera que, onde reina o medo, a guerra de todos contra todos se coloca como a não possibilidade da vida democrática e da liberdade. "O fim do Estado é impedir o medo e possibilitar a liberdade de pensamento e de corpos. Quem gera medo não colabora para o alvo maior da comunidade política, destrói os fundamentos do poder legítimo. O terrorista, qualquer que seja a sua posição no mundo, líder religioso ou partidário, impede a confiança, base da república democrática" (ibid.: 1).

Para aprofundar a questão, recorremos aos escritos de Espinosa. O filósofo nos indica que "conhecer alguma coisa adequadamente é conhecer o modo de produção" (Espinosa, 1983: XIV). Conhecer pela causa significa descobrir o modo pelo qual algo é produzido. Trata-se, portanto, de um processo genético. Alerta, ainda, que o conhecimento verdadeiro se dá através do "conhecimento das leis que produzem as coisas singulares e que determinam a natureza própria e o lugar próprio de cada um deles no todo" (ibid.: XV). Entende o autor que as coisas singulares são finitas e sem uma existência determinada. Afirma ainda que "vários indivíduos concorrem para uma mesma ação, de tal maneira que todos em conjunto sejam causa de um mesmo efeito, considerando-os todos juntos como uma só coisa singular" (Espinosa apud Chaui, 2003: 131).

Espinosa afirma que o esforço que o homem realiza para preservar sua existência, vencendo obstáculos exteriores para expandir-se e realizar-se plenamente, é o que ele denomina de "conatus". Trata-se do "movimento interno do corpo e nexo interno das idéias na alma" (Espinosa, 1983: XVIII), que vai se constituir na essência do homem. Cada "conatus" se relaciona com outros "conatus", podendo ou não realizar verdadeiras guerras de uns contra os outros para poder se preservar. É o mundo exterior que possibilita o aumento ou a diminuição do "conatus" em cada um. Segundo Chaui, "corpo e mente se relacionam de maneiras diversas com as causas externas, conforme as afecções corporais e suas idéias dependam de constituintes mais fracos ou mais fortes" (2003: 137).

Para Espinosa, as causas exteriores podem aumentar ou diminuir o poder de "conatus" e são entendidas como causas adequadas e causas inadequadas. As primeiras referem-se à *ação* e significam apropriar-se de todas as causas exteriores que podem aumentar e fortalecer o poder de "conatus". Já a causa inadequada está vinculada ao que ele denomina *paixão*, que significa deixar-se vencer pelas causas exteriores, o que faz diminuir o poder de "conatus". Ação, para Espinosa, é potência positiva guiada pelo intelecto e paixão é potência em declínio guiada pela imaginação. Portanto, diferentemente de Mira y Lopes, Espinosa não distingue causas e motivos e sim causas adequadas e causas inadequadas, e essas últimas fazem parte do mundo imaginário, diminuem a essência da pessoa.

A pessoa livre, que sabe e vive o sentido da liberdade, é aquela que não se deixa subjugar e vencer pelo exterior, mas que, conhecendo as leis da natureza e de seu corpo, sabe dominar o mundo exterior (Espinosa, 1983: XVIII). O papel do Estado seria não de subjugar pelo medo, mas de libertar os indivíduos do medo para que vivam em segurança.

É a partir desses pressupostos que Espinosa definirá a essência humana pelo desejo. "O desejo é a tendência interna de 'conatus' a fazer algo que conserve ou aumente sua força. O desejo do homem livre é o desejo no qual, entre o ato de desejar e o objeto desejado, deixa de haver distância para haver união" (Espinosa, 1983: XVIII). O filósofo, em sua obra, trata das formas como as pessoas são afetadas por coisas exteriores e de como essas afecções podem diminuir ou aumentar a potência do agir, ou seja, do "conatus". O autor define "afecções" como "afecções do corpo, pelas quais a potência de agir desse corpo é aumentada ou diminuída, favorecida ou entravada, assim como as idéias dessas afecções" (ibid.: 176). Nesse sentido, as afecções podem ter causas adequadas, ou seja, aquelas cujo efeito pode ser clara e distintamente compreendido, e causas inadequadas ou parciais, cujo efeito não pode ser conhecido. Dirá Espinosa que os homens são ativos, ou seja, têm uma ação quando se produz neles, ou fora deles, qualquer coisa que seja causa adequada. Quando a pessoa pode ser causa adequada de uma afecção, Espinosa entenderá isso como ação; nos outros casos, entenderá como uma paixão. Ação e paixão são intrínseca e qualitativamente distintas, da mesma maneira que corpo e mente são singularidades complexas, podendo ser desiguais quanto à potência de existir e agir. Entretanto, coloca Chaui que "somos ativos e passivos por inteiro, de corpo e mente simultaneamente" (2003: 137).

Um dos postulados de Espinosa é que o corpo humano pode ser afetado de diferentes maneiras, cuja potência para ação pode diminuir ou aumentar, e por outras que nem aumentam nem diminuem sua potência para agir. O corpo humano pode sofrer inúmeras transformações e conservar-se. Entretanto, independentemente das transformações ocorridas, as impressões ou vestígios de objetos e situações e, conseqüentemente, as imagens das coisas permanecem nas pessoas.

Em sua proposição I, diz que quando a mente do homem age frente a determinadas coisas ela é ativa, e quando sofre frente a outras coisas ela é passiva. A ação está vinculada às idéias adequadas; a passividade, a idéias inadequadas. O inadequado faz referências ao pouco conhecimento ou a idéias mutiladas e confusas sobre as coisas.

Na sua proposição II, afirma que "nem o corpo pode determinar a alma a pensar, nem a alma determina ao corpo o movimento ou o repouso ou qualquer outra coisa" (Espinosa, 1983: 177). Na verdade, pensamento (alma) e corpo estão em unidade dialética, ou seja, enquanto totalidade, são unos e ao mesmo tempo distintos.

A partir dessas proposições, conclui que cada pessoa, em sua singularidade, "governa tudo segundo a sua afecção própria e, além disso, aqueles que são dominados por afecções contrárias não sabem o que querem; finalmente, aqueles que não têm afecções são impelidos de um lado e de outro pelo mais leve motivo" (ibid.: 179). Diz, ainda, que nada é realizado pelo homem, por decisão de sua alma, sem que antes se recorde. Ou seja, sua ação está vinculada a formas de pensar vividas anteriormente.

Na sua proposição XV, afirma que uma coisa qualquer pode ser, por acidente, causa de alegria, de tristeza ou de desejo. Isso dependerá da forma como estas afetam o homem. Afirma ele, em sua proposição XVIII, que o homem experimenta pela imagem de uma coisa passada ou futura a mesma afecção de alegria e tristeza que pela imagem de uma coisa presente. Portanto, a imagem da coisa e a imaginação são elementos importantes na forma de afetação das pessoas.

Em seu Tratado, Espinosa distingue esperança e medo, relacionando-os à segurança e ao desespero. A *esperança* é uma alegria instável, nascida da imagem de uma coisa futura ou passada, de cujo resultado duvidamos; já o *medo*, ao contrário é uma tristeza instável, nascida também da imagem de uma coisa duvidosa.

Um componente presente tanto na esperança quanto no medo é exatamente a incerteza. Ao retirar a dúvida dessas afecções, a esperança transforma-se em segurança e o medo, em desespero.

Na sua proposição XIX, reafirma que uma coisa pode, acidentalmente, ser causa de esperança ou de medo. Causas de esperança ou de medo seriam os chamados bons e maus presságios, sendo, portanto, causas de alegria e de tristeza. Acrescenta, ainda, que é próprio da nossa natureza humana acreditarmos com facilidade naquilo que esperamos ou de raramente acreditarmos no que tememos, formando em torno da questão opiniões favoráveis ou desfavoráveis. É aí que Espinosa coloca o surgimento das superstições, das quais os homens tendem a ser vítimas. "A superstição é descrita como a maneira de viver, existência entristecida que, na busca de alívio para o medo, dá ensejo ao desespero que, por seu turno, buscando alento, abre as comportas da servidão" (Chaui, 1995: 61).

Não há esperança sem medo, nem medo sem esperança. A temeridade e a esperança, em alguma coisa, se baseiam na incerteza de algo favorável ou algo tremendamente assustador. Portanto, esperança e medo têm fundamentos na incerteza, na dúvida do que virá.

Chaui, ao analisar Espinosa, afirma que o medo "nasce de outras paixões e pode ser minorado (nunca suprimido) por outros afetos contrários e mais fortes do que ele, como também pode ser aumentado por paixões mais tristes do que ele. Ainda que o conhecimento do verdadeiro não o suprima e que a ignorância não o cause, é nela e dela que ele vive e prospera" (Chaui, 1995: 56). O medo é uma triste paixão, que se nutre da ignorância, que tem origem e efeitos não como uma paixão isolada, mas articula-se a outras paixões e imagens corporais. O medo "envolvendo as idéias imaginativas na mente, urde um tecido de relações e causalidades abstratas que pretendem oferecer-se como explicação dos acontecimentos, como interpretação dos afetos e como conhecimento do real" (ibid.: 57). As idéias imaginativas constituem-se no que se denomina um *sistema do medo* e formam um campo imaginário. O campo imaginário, "ao atribuir causas exteriores, o que são efeitos das causas interiores, relaciona imagens por semelhança, contigüidade espacial e sucessão temporal, opera com analogias e inventa uma causalidade nova e inexistente, isto é a causa final" (ibid.: 57). A esse finalismo, Espinosa chamará de Ordem Comum da Natureza, "onde corpos se encontram, se separam, concordam ou entram em conflito sem que saibamos realmente como e por que isso acontece" (ibid.: 57).

Em resumo, uma coisa pode afetar de forma diversa diferentes pessoas, e a própria pessoa, em momentos temporais e espaciais diferenciados, pode ser afetada por uma mesma coisa de forma diferente. Uma pessoa pode odiar alguma coisa que a outra ama; algumas podem ter medos que outras não têm e, ao longo de sua existência, podem ter medos que nunca tiveram, segundo a forma como são afetadas pelas coisas. Espinosa diz que

> "além disso, como cada um julga, segundo sua afecção, o que é bom, o que é mau, o que é melhor e o que é pior, daí se segue que os homens podem diferir tanto pelo juízo como pela afecções; daí advém que, comparando uns com os outros, não os distinguimos senão apenas pela diversidade das suas afecções, e chamamos a uns de intrépidos, a outros tímidos e a outros, enfim com outro nome" (ibid.: 204).[1]

1. Espinosa entende por intrépido aquele que despreza o mal de que habitualmente tem medo; audacioso, aquele cujo desejo de fazer mal àqueles que odeia e de fazer bem àqueles que ama não é entravado pelo medo de um mal que habitualmente o reprime; tímidos são aqueles que receiam o mal que habitualmente têm o hábito de desprezar; e pusilânimes aqueles cujo desejo é entravado pelo medo de um mal que não os reprimiria.

Pondera Chaui que a vida afetiva das pessoas, seja ela passional ou racional, é sempre a existência com os outros. E, por isso mesmo, "são os humanos (presentes imaginados livres) e não coisas (imaginadas necessárias) que nos afetam com mais força" (Chaui, 2003: 142).

Estudar o medo é analisar como ele é produzido de maneira singular-coletiva em contextos sociais e individuais historicamente situados. Embora possa ser expresso socialmente, fruto de relações sociais, ele é construído e processado de forma singular por sujeitos singulares em situações semelhantes e similares. É o *eu* que tem medo. É o *eu* que se sente agredido e violentado. É o *eu* que é afetado e reage de diferentes formas. É a mãe que tem medo de morrer se assumir a denúncia da pessoa que matou seu filho. É o morador que tem medo de denunciar o traficante e todas as suas ações ilícitas e perversas. É o profissional que tem medo de admitir que para desenvolver trabalhos em áreas de riscos precisa construir a cada momento pactos. É o soldado do tráfico que tem medo de perder sua vida e seus sonhos. É o policial que tem medo de perder sua vida em uma ação. Como assinala Chaui, dentre todos os afetos e sentimentos, "mais do que qualquer outro afeto, no medo, ficamos expostos à imagem de nossa impotência" (Chaui, 1995: 60).

Não se pode analisar e buscar explicações para a questão da violência e do medo social desvinculadas das diferentes formas de exclusão social. Sawaia (1999) vê exclusão social a partir da categoria sofrimento ético-político com propriedade para análise da questão da violência e do medo social. Para ela,

> "a exclusão vista como sofrimento de diferentes qualidades recupera o indivíduo perdido nas análises econômicas e políticas sem perder o coletivo. Dá força ao sujeito, sem tirar a responsabilidade do Estado. É no sujeito que se objetivam as várias formas de exclusão, a qual é vivida como motivação, carência, emoção e necessidade do eu. Mas ele não é uma mônada responsável por sua situação social e capaz de, por si só, superá-la. É o indivíduo que sofre, porém esse sofrimento não tem a gênese nele, e sim em intersubjetividades delineadas socialmente" (Sawaia, 1999: 98).

Medo, historicamente, sempre veio associado à idéia de covardia, oposto a coragem. Ter medo, portanto, sempre conotou a idéia de falta de valentia, portanto, motivo de vergonha. Segundo Delumeau (1996), o medo e o papel do medo na história da humanidade sempre foram camuflados. Segundo o autor,

> "por causa de uma confusão mental amplamente difundida entre medo e covardia, coragem e temeridade. Por uma verdadeira hipocrisia, o discurso escrito e a língua falada — o primeiro influenciando a segunda — tiveram por muito tempo a tendência de camuflar as reações naturais que acompanham a tomada de consciência de um perigo por trás de falsas aparências de atitudes ruidosamente heróicas" (Delumeau, 1996: 13).

Chaui, em seus estudos, recoloca a construção histórica da valorização da coragem e do desprezo ao medo. Coragem é virtude natural dos nobres, enquanto o medo se constituiu virtude intrínseca da plebe,

> "a que deve ser instigada pelo estímulo ao seu medo natural. Por natureza, a plebe é covarde e, por natureza, seu mote é o medo. Porque, nas sociedades agnósticas, tirano se diz daquele que não possui competidores capazes de igualá-lo com destreza, golpe de vista e maestria, o tirano inigualável é marcado pelo estigma da solidão. Sem amigos, sem amar nem ser amado, o tirano é acossado pelo medo..." (Chaui, 1995: 42).

Tirano e plebe fazem parte dos extremos da divisão social, que é mantida com o apogeu da burguesia. Tanto para aristocracia como para a burguesia, o medo da plebe pode ser perigoso. A plebe, entretanto, "medrosa e covarde, é inconstante, pode mudar de lealdade servindo a novos senhores que lhe pareçam mais bravos e poderosos, mais capazes de protegê-la (...) o medo da plebe engendra um imaginário sócio-político às avessas: por medo à plebe" (ibid.: 42). Com o protestantismo, afirma Chaui, a virtude passa a ser o trabalho e o vício, a vadiagem. Assim, a plebe passa de medrosa para vadia. Vadiagem, enquanto sinônimo de ócio e vício — oposto à virtude —, é vista como temível. "Infundindo o medo do ócio, os grandes e poderosos continuam a ver a plebe como 'temível quando não teme' e, entre as maneiras de conservá-la no temor, além da persuasão à docilidade laboriosa, do uso da força e da morte, usam também a plebe contra si mesma" (ibid.: 43).

Ter medo, como já foi assinalado, é parte da natureza humana e não tem relação com covardia. Assinala Sartre que "todos os homens têm medo. Todos. Aquele que não tem medo não é normal, isso nada tem a ver com a coragem" (Sartre apud Delumeau, 1996: 19). Entretanto, a necessidade de segurança é intrínseca ao homem e simboliza a vida, enquanto a insegurança sinaliza a morte. Delumeau afirma que "a necessidade de segurança é, portanto, fundamental: está na base da afetividade e da moral humana. A insegurança é o símbolo da morte e a segurança, o símbolo da vida" (ibid.: 19). Segundo o autor, o homem é o único ser que antecipa sua morte, pois, desde cedo, sabe que morrerá. Enquanto o medo dos animais é fixo, idêntico e imutável, nos homens ele ganha uma multiplicidade de formas não estáticas, mas em profundas mudanças, pois é construído socialmente. É a proteção necessária para a sobrevivência. É o indicador dos perigos. Portanto, por mais que o medo seja natural, não pode ser naturalizado simplesmente e pensado somente em suas origens biológicas, pois nos homens ele se apresenta de múltiplas formas e significados.

Segundo Delumeau, nada é mais difícil de analisar do que o medo. Essa dificuldade aumenta ainda mais, quando se trata de passar do individual ao coletivo. Ele se pergunta se as civilizações podem morrer de medos como pessoas isoladas. Alerta para as ambigüidades e riscos de passagem do singular para o geral. Questiona o autor se uma concepção individual pode ser tratada pelo coletivo. Distingue reações de medo coletivo de multidões e medos particulares provocados por um perigo repentino, que gera reações habituais em que "subentende e totaliza muitos pavores individuais em contextos determinados e faz prever outros em casos semelhantes" (Delumeau, 1996: 24). O autor trata desse medo, de forma mais ampla, que tem sua gênese não só em experiências individuais, mas no que ele chama de singular coletivo, "o medo é aqui o hábito que se tem, em um grupo humano, de temer tal ou tal ameaça (real ou imaginária)" (ibid.: 24).

A esse medo, que tem sua gênese nesse singular coletivo, trataremos como medo social. O medo social é um medo construído socialmente, com o fim último de submeter pessoas e coletividades inteiras a interesses próprios e de grupos, e tem sua gênese na própria dinâmica da sociedade.[2] Medo produzido e construído em determinados contextos sociais e individuais, por determinados grupos ou pessoas, com vistas a atingir determinados objetivos de subjugar, dominar e controlar o outro, e grupos, através da intimidação e coerção. Esse medo leva determinadas coletividades, territorializadas em determinados espaços, a temer tal ameaça advinda desses grupos.

Delumeau acrescenta, ainda, um aspecto significativo para entender o conjunto dos grupos sociais, comunidades e coletividades que vivem em situação de exclusão socioeconômica e política. Trata-se do que ele define como coletividades mal-amadas da história, que ele compara a "crianças privadas de

2. A esse respeito, ver Almendra e Baierl (2002).

amor materno e, de qualquer modo, situadas em falso na sociedade; desse modo tornam-se classes perigosas" (1996: 27). Comunidades, grupos sociais e coletividades abandonadas à sua própria sorte, sem acesso a direitos socais básicos, sem acesso a direitos de cidadania, vivem um clima de insegurança e fragilidade e, conseqüentemente, de medo, um medo social que tem sua referência no contexto vivido e nas carências realimentadoras do medo. Entendemos que esse medo se expressa de forma diversa, nos diferentes segmentos de classe, e em diferentes sujeitos, visto que o sentimento de abandono e de insegurança também se manifesta diferentemente nos grupos sociais e nas pessoas. Conseqüentemente, as respostas e reações a esse medo também são distintas e diferenciadas, sejam elas de particulares ou de coletividades inteiras.

Afinal, de quem as pessoas de fato têm medo? Do ladrão, do assaltante, do homicida, do traficante, da polícia, dos políticos? De ficar doente, de perder o emprego, de não ter onde morar, de ser seqüestrado, de perder a vida, de ser roubado, de ser morto, de crises econômicas, de crises políticas, do terrorismo, de catástrofes naturais?

Chaui, em seu ensaio "Sobre o Medo", lista inúmeras situações que provocam medo nas pessoas, que vale retomar.

> "*Da morte*, foi sempre à resposta. E de todos os males que possam simbolizá-la, antecipá-la, recordá-la aos mortais. *Da morte violenta*, completaria Hobbes. De todos os *entes reais* e *de imaginários* que sabemos ou cremos dotados de poder de vida e de extermínio. *Da repressão*, murmuram os pequenos; *da subversão*, trovejam os grandes (...) Temos medo *da delação* e *da tortura*, *da traição* e *da censura*... Temos medo *da culpa* e *do castigo*; *do perigo* e *da covardia*; do que fizemos e do que deixamos de fazer; *dos medrosos* e *dos sem medo*; (...) *do esquecimento* e *do jamais* poder lembrar; *da insônia* e de não mais despertar... *do ódio* que devora e da cólera que corrói, mas também *da resignação sem esperança*, da *dor sem fim* e *da desonra*... Temos medo dos vivos e dos mortos... Temos medo *da fala mansa* do inimigo, mas muito mais, quão mais do inesperado punhal a saltar da mão há pouco amiga para trespassar nosso aberto peito ou pelas costas nos aniquilar... Juntamente com o ódio, o medo, escreveu Espinosa, é a mais triste das paixões tristes, caminho de toda servidão. Quem o sentiu sabe" (1995: 36-49).[3]

3. Os grifos são nossos.

Chaui identifica em Espinosa a afirmação da possibilidade de uma revolta e de transformação da situação vivida, da qual compartilhamos. Diz que, no entanto, Espinosa "não conclui dela que o resultado será necessariamente uma república livre e sem medo. A coragem da plebe será medida por sua esperança de cidadania, por sua capacidade de dar a si mesma sua própria lei" (Chaui, 1995: 75). É isso que nos interessa, pois, como Delumeau, acreditamos que não só as pessoas "tomadas isoladamente, mas também as coletividades e as próprias civilizações estão comprometidas num diálogo permanente com o medo" (1996: 12). E esse diálogo exige de todos buscas de respostas.

A busca de explicações dos diferentes personagens que vivem hoje a violência e o medo implica clarificar o papel de cada personagem, em cada acontecimento e em cada momento histórico, considerando os enredos que são tremendamente mutáveis, mas que têm em sua base fundamental dois protagonistas: o mocinho e o bandido.

Decifrar, no palco da vida, os papéis que se cruzam e entrecruzam, que se constroem é a grande tarefa do pesquisador. O artista principal, em alguns momentos, pode ser o "mocinho" e, em outros, "o bandido". Em outros, consegue congregar em si mesmo os dois papéis, porque a força que carrega em si suplanta o papel que lhe foi prescrito. Outras vezes, esses personagens são meros figurantes de um enredo que não foi escrito por eles, para o qual não foram convidados, mas em cuja história, de alguma maneira, fazem uma "pontinha" — trata-se dos milhares de anônimos que vivem as pontinhas do medo e da insegurança, com a esperança do sucesso. Em outros, assumem papéis secundários que, contudo, no desenrolar da história, podem fazê-los virar coadjuvantes ou protagonistas a quem caberia uma estatueta da Academia.

No palco da vida, quais são os cenários e enredos e que papéis são criados e recriados? É possível o ator ser autor de sua própria história e da história de todos? Acreditamos que sim. Acreditamos que somos autores e atores de nossa história singular-coletiva, cujos papéis, por mais determinados e prescritos, podem ser modificados, alterados e redefinidos. Tudo vai depender do Ibope? Não! Tudo vai depender de como os atores e autores se percebam como co-responsáveis pela grande "Peça" da humanidade, cujo enredo central é a construção da cidadania.

2. A violência construindo novas configurações urbanas

"Inimigos da violência
Guerrilheiros da paz... Armados de consciência
Está havendo muita injustiça nesse mundo cão
O futuro da nação... Está em nossas mãos
A discriminação e o preconceito
Opressão no social... Não é direito."

(grupo de rap do Jardim Santo André, 2002)

A violência, nas suas mais diferentes expressões, apresenta-se como temática candente e viva na realidade urbana atual. A leitura rápida de um jornal, considerando os títulos das diferentes matérias, revela o lado perverso da sociedade: a violência, o crime, o assassinato, o roubo, o seqüestro, as rebeliões em presídio, os ataques das quadrilhas e grupos organizados no Rio de Janeiro, em São Paulo e em outras capitais. Os altos índices de violência sempre atraíram manchetes de jornais, principalmente aquelas notícias em que a crueldade aparece na sua maior sordidez. No entanto, a forma como a violência vem se manifestando, e sendo divulgada, divide opiniões, tanto quanto ao seu significado e análise, quanto às formas de enfrentá-la ou, pelo menos, minimizá-la.

Parece que a violência tornou-se um hábito, parte do cotidiano e, como tal, banal... Repetitiva... Coisa de pobre para alguns... Coisa de bandidos e de traficantes para outros. Embora banalizada e naturalizada, a violência vem alimentando a cultura do medo, levando as pessoas, sutilmente, a tecerem novas formas de relações sociais e novos padrões éticos.

Será que vivemos o tempo da barbárie? Hobsbawm, ao refletir sobre o significado da barbárie e a realidade do final do milênio, diz que a "barbárie (...) é antes um subproduto da vida num contexto social e histórico particular, algo que vem com o território" (1995a: 15). Em seu artigo intitulado "Barbárie: o guia do usuário", aponta como as pessoas se acostumaram a viver de forma incivilizada, a tolerar o intolerável e o desumano.

Quando uma sociedade trata a violência como corriqueira, o risco que se corre é de banalização do cotidiano, chegando à barbárie. A realidade brasileira expressa essa situação. A violência aparece como algo corriqueiro, típico do cotidiano das pessoas, quer seja a violência na cidade, quer seja a violência no campo: homicídios, chacinas, ocupações violentas de terra, dizimação de índios, morte perinatal, estupros, acidentes de trânsito, assaltos, roubos a banco, seqüestros, vitimização de mulheres e crianças, violência policial, extorsão, tráfico de drogas, linchamento, tráfico de crianças e uma violência que não ganha visibilidade pelas marcas que deixa no corpo, mas que se expressa no conjunto das relações sociais e na vida cotidiana: ausência de equipamentos sociais mínimos, tempo gasto no transporte, desemprego, filas de espera, baixos salários, qualidade e quantidade dos serviços públicos de direito do cidadão, desrespeito, perda de dignidade, ausência de cidadania, que vai minando o cotidiano dos sujeitos.

A violência generalizada, de caráter endêmico, não é um fenômeno novo na realidade brasileira. Afirma Pinheiro que "é a continuação de longa tradição de práticas de autoritarismo, das elites contra as 'não elites' e nas interações entre as classes, cuja expressão foi dissimulada pela repressão e censura imposta pelos governos militares" (Pinheiro, 1988: 7). Pondera, ainda, o autor que "o crime, ainda que seja uma questão de responsabilidade moral individual, é irrecusavelmente uma questão social e econômica" (ibid.: 23). As desigualdades sociais, a pobreza, o meio familiar e infrafamiliar e cultural colocam os espoliados, desempregados mais vulneráveis ao envolvimento com o mundo da criminalidade. São também esses que "estão ameaçados de serem mais vitimados pela violência e criminados pelo aparelho repressivo" (ibid.: 23).

Sheikmann trabalha com a "hipótese de que a violência é um comportamento que se torna uma linguagem, um modo de se comunicar, de resolver conflitos, transmitida para os mais jovens. É uma degeneração que prospera na marginalidade, provocada pelo desemprego, desestrutura familiar, pobreza, drogas, álcool e impunidade" (Sheikmann apud Dimenstein, 1996: 5). Trata-se de uma hipótese que não considera as desigualdades sociais, as classes sociais, as diferentes formas de violência estrutural e de poder que afetam a sociedade.

No plano da saúde pública, a violência vem sendo estudada como uma endemia. Em 3 de outubro de 2002, a Organização Mundial de Saúde divulgou o Informe Mundial sobre Violência e Saúde, primeiro que trata da violência como um problema de saúde pública em nível mundial. Concluiu o Informe que as mortes e as seqüelas deixadas nas pessoas, decorrentes da violência, configuram-se, hoje, em um dos principais problemas de saúde pública em nível mundial.[1]

Para Minayo, socióloga e pesquisadora do Centro Latino Americano de Estudos de Violência e Saúde (Claves), a violência tem um impacto na saúde — seja através dos altos índices de mortes por causas externas, seja pelas seqüelas físicas e emocionais deixadas nos sujeitos. "Ela representa um risco maior para a realização do processo vital humano: ameaça a vida, altera a saúde, produz enfermidade e provoca a morte como realidade ou como possibilidade próxima" (Agudel apud Minayo, 1994: 9). Em artigo publicado em 1998, afirma que a violência "consiste em ações humanas de indivíduos, grupos, classes, nações, que ocasionam a morte de outros seres humanos ou afetam sua integridade física, moral, mental ou espiritual" (Minayo e Souza, 1998: 2). Nesse artigo, busca analisar a violência como campo de possibilidades interdisciplinares. Tece crítica ao conjunto de visões que analisam a violência no campo da saúde como endemia que tende a reduzir a uma ou outra causa como resultante do fenômeno, seja ela biológica, social, cultural ou estrutural. Analisa que a violência é um fenômeno polissêmico, polêmico e complexo, que envolve diferentes teorias, interpretações e, conseqüentemente, diferentes formas de intervenção. Para Minayo e Souza, a violência é

> "exercida, sobretudo, enquanto processo social, portanto, não é objeto específico da área da saúde. Mas, além de atender às vítimas da violência social, a área tem a função de elaborar estratégias de prevenção, de modo a promover a saúde. Logo, a violência não é objeto restrito e específico da área da saúde, mas está intrinsecamente ligado a ela, na medida em que este setor participa do conjunto das questões e relações da sociedade" (1998: 2).

1. A esse respeito, ver Organização Mundial de Saúde — Informe Mundial sobre Violência e Saúde, 2002.

Segundo dados do Ministério da Saúde, no ano de 1999, doenças do aparelho circulatório representaram a principal causa de mortes no Brasil (32%) em todas as regiões, seguidas pelas causas externas (15%), neoplasias (15%) e doenças do aparelho respiratório (11%).[2] Ressalta-se que as mortes por causas externas envolvem acidentes de trânsito, homicídios, suicídios e eventos de intenção indeterminada. Os homens jovens são os mais atingidos por esse tipo de morte, chegando à cifra de 116.894 em 1999. No Brasil, a taxa de mortalidade por causas externas,[3] em 1999, foi de 71,3. Na Região Sudeste, essa taxa representou 87,3; no Centro-Oeste, atingiu a taxa de 80,2, como pode ser verificado na Tabela 1. Os Estados com maiores taxas de mortes por causa externa são: Roraima, com 148,7; Rio de Janeiro, com 110,1; Espírito Santo, com 97,7; e, em quarto lugar, São Paulo, com 95,3. Dentre as *causas mortis*, os homicídios ocupam o primeiro lugar nas regiões Norte (17,6), Nordeste (17,6) e Sudeste (37,4). Os estados que apresentam maiores índices de homicídios são: Roraima (57,7), Pernambuco (55,6), Rio de Janeiro (52,6) e São Paulo (44,0). Com relação aos acidentes de trânsito, as regiões Centro-Oeste (25,3) e Sul (24,7) se destacam. O estado com a maior taxa de acidentes de trânsito é Roraima, atingindo índices de 55,5, seguido de Santa Catarina com a taxa de 30.

Os suicídios, por sua vez, apresentam maior taxa na Região Sul, seguida de Roraima[4]

Há de se ressaltar, ainda, considerando a Tabela 1, a alta taxa de eventos de intenção indeterminada que aparecem nas cidades do Rio de Janeiro, Goiás, Sergipe, Rio Grande do Norte e Acre. A não clareza da *causa mortis* pode levar a distorções no conjunto das outras *causa mortis*, considerando o alto índice referente a essa categoria de eventos de intenção não determinada.

---

2. Fonte: Anuário Estatístico de Saúde 2001 — Ministério da Saúde.

3. As mortes por causas externas, classificadas pelo Ministério da Saúde, são de óbitos da população residente em determinado espaço geográfico em conseqüência de acidentes e violências classificadas no Capítulo XX — Causas Externas de Morbidade e Mortalidade (códigos V01 a Y98), do CID-10. Os grupos de causas externas mais importantes são: acidentes de transporte (V01 a V99); suicídios (X60 a X84); homicídios (X85 a Y09 e Y35 a Y36) — lesões infligidas por outra pessoa, empregando qualquer meio, com intenção de matar, inclusive as intervenções legais; e causas de intenção indeterminada (Y10 a Y34).

4. Esse dado mereceria um estudo à parte, no sentido de explicar as diferenças entre suicídios e homicídios, e os espaços territoriais em que ocorrem. Segundo dados do Informe Mundial da Organização Mundial de Saúde de 2002, uma pessoa se suicida a cada 40 segundos.

Tabela 1 — Taxas de mortalidade, por causas externas — Regiões do Brasil e Unidades da Federação — 1999

Regiões e Unidades da Federação	Acidentes de Trânsito	Homicídios	Suicídios	Eventos de Intenção Indet.	Demais Causas Externas	Total
Brasil	18,4	26,2	4,0	6,6	16,2	71,4
Norte	14,0	17,6	2,4	4,2	13,2	51,4
Rondônia	24,7	33,3	4,8	1,1	21,3	85,2
Acre	13,5	9,7	1,3	11,9	10,2	46,6
Amazonas	11,1	20,4	2,1	2,0	12,2	47,8
Roraima	55,5	57,7	10,1	-	25,5	148,8
Pará	9,8	10,9	1,6	5,3	11,9	39,5
Amapá	18,0	43,7	2,5	0,5	13,9	78,6
Tocantins	19,0	12,1	2,8	5,6	11,5	51,0
Nordeste	13,2	17,6	2,4	4,3	15,3	52,8
Maranhão	7,7	4,8	1,3	4,7	6,3	24,8
Piauí	10,0	4,9	1,8	2,7	7,5	26,9
Ceará	16,2	15,5	4,3	1,0	16,0	53,0
Rio Grande do Norte	14,8	8,4	3,2	14,4	8,5	49,3
Paraíba	12,6	11,9	1,7	0,6	11,1	37,9
Pernambuco	19,5	55,6	3,6	4,1	12,2	95,0
Alagoas	21,6	20,4	2,5	0,9	9,1	54,5
Sergipe	17,7	19,2	2,2	15,3	11,7	66,1
Bahia	8,2	7,0	1,2	4,5	26,4	47,3
Sudeste	19,3	37,4	3,5	9,0	18,0	87,2
Minas Gerais	15,7	9,2	2,9	7,5	15,4	50,7
Espírito Santo	26,7	51,9	3,1	1,4	14,6	97,7
Rio de Janeiro	17,4	52,6	2,3	20,0	17,9	110,2
São Paulo	21,1	44,0	4,3	6,2	19,7	95,3
Sul	24,7	14,8	8,5	4,1	14,7	66,8
Paraná	28,1	18,2	6,4	3,3	14,8	70,8
Santa Catarina	30,0	7,6	7,6	2,5	16,4	64,1
Rio Grande do Sul	18,8	15,4	11,0	5,6	13,7	64,5
Centro-Oeste	25,3	25,9	5,4	8,8	14,7	80,1
Mato Grosso do Sul	21,7	28,2	7,2	8,0	15,0	80,1
Mato Grosso	26,1	34,6	5,2	1,0	20,4	87,3
Goiás	25,7	17,6	5,5	15,7	12,2	76,7
Distrito Federal	26,8	33,5	3,9	2,3	13,9	80,4

Fonte: Ministério da Saúde/Fundação Nacional de Saúde (Funasa)/Centro Nacional de Epidemiologia (Cenepi). Sistema de Informações sobre Mortalidade (SIM); Fundação IBGE.

Quanto a mortes decorrentes de acidentes de trabalho, que não são computadas como *causa mortis* externas, no ano de 2000 ocorreram 3.094 óbitos, representando uma taxa de 17,3 em 100 mil habitantes. A taxa maior de mortes por acidentes de trabalho concentra-se na Região Norte (51,5) e a menor, na Região Sudeste (14).[5] Trata-se, a nosso ver, de uma modalidade de violência que se manifesta diretamente nos processos produtivos e nas condições de trabalho e que, portanto, merece estudo à parte.

A Organização Mundial de Saúde (OMS), em outubro de 2002, tornou público o Informe Mundial sobre Violência e Saúde. Trata-se do primeiro informe geral que aborda a violência como um problema de saúde pública em nível mundial. Segundo o Informe, por ano, 1,6 milhão de pessoas perdem a vida de forma violenta. Os especialistas em saúde pública indicam que esses dados são subdimensionados, visto que a maioria dos atos violentos não é notificada e ocorre entre quatro paredes. Além das mortes provocadas por ações violentas, milhões de pessoas que sofrem atos violentos e não morrem ficam com seqüelas e incapacidades físicas, sexuais, reprodutivas e mentais.[6] Segundo a Organização Mundial de Saúde, esses dados fazem com que a violência passe a ser um dos principais problemas de saúde pública da atualidade.

No ano de 1999, segundo dados do Ministério da Saúde, as regiões metropolitanas que tiveram maiores ocorrências de óbitos por causa externa, em números absolutos, foram: São Paulo, com 19.610; Rio de Janeiro, com 11.055, e Recife, em 3º lugar, com 3.530 óbitos. No entanto, se considerarmos a taxa de mortalidade por causas externas para 100 mil habitantes, a região da Baixada Santista assume o primeiro lugar com a taxa de 134,1, seguida da região metropolitana de Vitória (129,8) e da região metropolitana de São Paulo (113,2). No que se refere às taxas de homicídios por 100 mil habitantes, a região metropolitana de Vitória se destaca com a taxa de 85,5, seguida da região metropolitana de Recife, com 70,8 e, em terceiro lugar, a região metropolitana de São Paulo, com 66,2. Em termos absolutos, a região metropolitana de São Paulo lidera com um total de 11.486 homicídios.

A Tabela 2 mostra a distribuição dos óbitos por causas externas no estado de São Paulo em 1999 e 2000. Observa-se que a taxa de 94,06 para o ano de 1999 caiu para 90,6 em 2000. Nota-se uma pequena redução nos índices de

5. Fonte Ministério da Saúde-Anuário Estatístico de Saúde — Brasil, 2001.

6. Informe Mundial sobre Violência e Saúde — Organização Mundial de Saúde, outubro de 2002.

homicídios e acidentes de trânsito de 1999 para 2000, entretanto, observa-se um aumento significativo nas demais causas externas, o que também não elucida as motivações das mesmas.

Tabela 2 — Mortes por causas externas — Estado de São Paulo 1999 e 2000

	1999		**2000**		**Variação % 99-00**	
Tipo de Causa Externa	Óbitos	Coef.	Óbitos	Coef.	Óbitos	Coef.
Homicídios	15.719	43,89	15.537	42,0	(1,2)	(4,2)
Acidentes de Transportes	7.313	20,42	5.749	15,6	(21,4)	(23,8)
Demais causas externas	2.482	6,93	4.706	12,7	89,6	83,7
Outros Acidentes	3.707	10,35	3.949	10,7	6,5	3,2
Suicídio	1.541	4,30	1.408	3,8	(8,6)	(11,5)
Afogamento	1.432	4,00	1.334	3,6	(6,8)	(9,7)
Queda	1.239	3,46	644	1,7	(48,0)	(49,6)
Queimadura	258	0,72	177	0,5	(31,4)	(33,5)
Total	33.691	94,07	33.504	90,6	(0,6)	(3,6)
População	35.816.740		36.966.527			

Fonte: Fundação Seade — Secretaria de Saúde do Estado de São Paulo; IBGE — Dados preliminares — Censo 2000 — Classificação pelo CD-10 — em 100 mil hab.

No município de São Paulo, o Programa de Aprimoramento de Dados (PRO-AIM) da Secretaria de Saúde trabalha, desde 1996, com uma classificação mais detalhada dos óbitos devidos a causas externas. A Tabela 3 mostra o total de óbitos em função de causas externas referentes ao ano 2002 na cidade de São Paulo. O homicídio representa a primeira *causa mortis* com 62% do total de mortes por causas externas.

Vale ressaltar que a categoria intervenção legal refere-se às "lesões infligidas pela polícia ou por outros agentes da lei, incluindo militares em serviço, durante detenção ou tentativa de detenção por infração da lei" (CID, 1980: 652). Para esse grupo de *causa mortis*, no ano de 2002, foram registrados 65 óbitos decorrentes de mortes por intervenção legal na cidade de São Paulo. Entretanto, observa-se o registro de 422 lesões de intenção não determinada.

Tabela 3 — Mortes por causas externas na cidade de São Paulo — 2002

Causas externas	**Óbitos resid. ocor.**
Total	8.766
Homicídios	5.433
Queda acidental	642
Atropelamento de pedestre	598
Demais acidentes de trânsito e transporte	579
Lesões de intenção indeterminada	422
Suicídio	392
Outros riscos acidentais à resp.	135
Demais causas externas	133
Acidente não especificado	114
Motociclista traum. em acidentes de trânsito e transporte	78
Intervenção legal	65
Afogamento acidental	58
Exposição ao fogo acidental	56
Choque elétrico acidental	43
Ciclista traum. em acidentes de trânsito transporte	18

Fonte: PRO-AIM/SMS/SP. Ano 2002 — Dados preliminares em 23/3/2003.

O número de mortes por causas externas de lesões de intenção indeterminada, dado o número significativo (422), pode ocultar outras formas de morte violentas.

O Gráfico 1 dá indicações sobre a evolução das mortes por causas externas e os homicídios na cidade de São Paulo no período de 1996 a 2002. Observa-se no gráfico que no período entre 1998 e 1999 ocorreu um aumento dos homicídios, mantendo certa estabilidade nos anos de 2000 e 2001 e tendo uma pequena queda no ano de 2002.

O perfil das pessoas assassinadas revela uma tendência mundial. São jovens com idade de 15 a 34 anos, concentrando-se na faixa de 15 a 24 anos, que, precocemente, perdem a vida em situações que poderiam ser evitadas. O Gráfico 2 mostra a evolução dos homicídios na cidade de São Paulo no período de 1996 a 2002, por faixa etária, demonstrando que, no período de 1998 a 2001, ocorreu um crescimento desse tipo de criminalidade na faixa de 15 a 24 anos,

Gráfico 1 — Óbitos de residentes por causas externas na cidade de São Paulo — 1996-2002

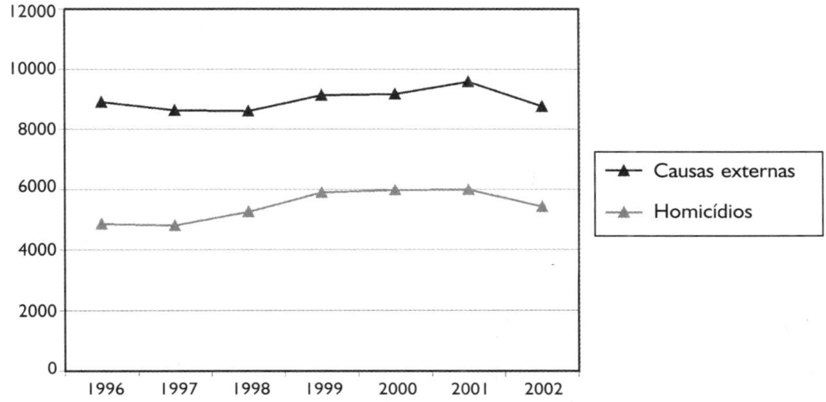

Fonte: PRO-AIM/SMS/SP. Dados preliminares em 25/3/2003.

passando de 1.871 óbitos em 1997 para 2.446 em 2001. Segundo Informe Mundial sobre Violência e Saúde,[7] "a violência é uma das principais causas de morte na população em idade compreendida entre 15 e 44 anos, e é responsável por 14% das incapacidades da população masculina e 7% da população feminina".[8] Há que ressaltar o número, aparentemente pequeno, mas profundamente significativo, de homicídios nas faixas etárias de menos de um ano de idade e de 1 a 4 anos. A faixa de menor de um ano de idade chegou a atingir 10 óbitos no ano de 1998. A mesma média ocorreu em todos os anos com a faixa de 1 a 4 anos. Pode parecer irrelevante, considerando as demais faixas, no entanto seria necessário um estudo a esse respeito para explicar tais mortes, o que, de alguma maneira, foge ao presente trabalho.

Com relação ao sexo, a maioria dos homicídios ocorre com os homens. Do total dos homicídios ocorridos na cidade de São Paulo no período de 1996 a 2002, 92,6% ocorreram com homens, 7,2% com mulheres e 0,8% trata-se de sexo ignorado, o que indica que o tipo de morte deve ter sido com tal atrocidade que não permitiu a identificação do sexo, como pode ser observado no Gráfico 3.

7. Fonte: Organização Mundial de Saúde, outubro de 2002.

8. Boletim da Organização Mundial de Saúde, 2002, p. 1.

Gráfico 2 — Homicídios por faixa etária na cidade de São Paulo — 1996-2002

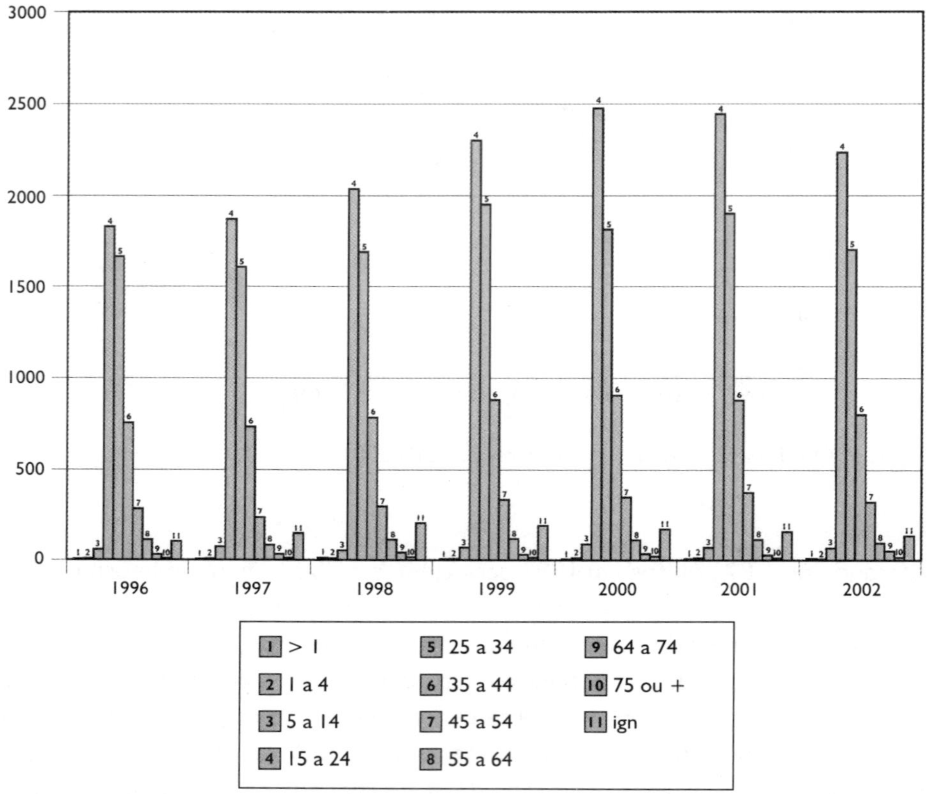

Fonte: PRO-AIM/SMS/SP. Dados preliminares em 25/3/2003.

Este perfil de homens, jovens, solteiros aparece em estudos realizados por Soares e Carneiro (1996); Caldeira (2000); Castanho, Lippi e Costa (1995); Núcleo de Assistência e Seguridade Social da PUC-SP (MAPA DA EXCLUSÃO SOCIAL); Chesnais (1981); Jorge (1982); Zaluar (1994); Caderno do Fórum de São Paulo Século XXI — Segurança da Fundação Seade (2002); Informe Mundial sobre Violência e Saúde (2002); Cardia e Schiffer (2002); Beato (2001), entre outros.

Os dados até aqui mencionados indicam o quanto a violência tira as vidas de pessoas precocemente, em especial nas grandes metrópoles brasileiras. Esses são os índices que ganham visibilidade através da mídia e se evidenciam nas

Gráfico 3 — Homicídios por sexo na cidade de São Paulo — 1996-2002

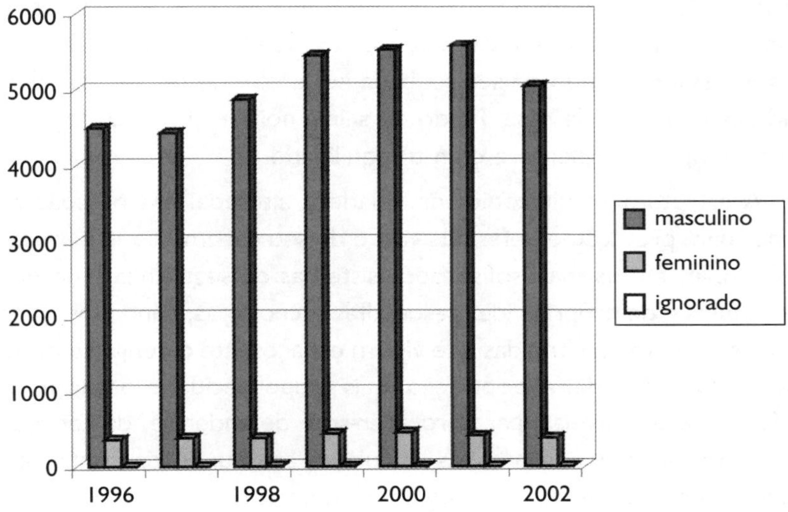

Fonte: PRO-AIM/SMS/SP. Dados preliminares em 25/3/2003.

estatísticas, principalmente no campo da Saúde Pública, e que contribuem para ampliar os medos e os sentimentos de insegurança. Entretanto, há inúmeras outras formas de violência que não têm a mesma visibilidade que aquelas que implicam mortes fatais, mas que afetam profundamente a vida das pessoas, sua qualidade de vida e saúde.

Para Caldeira, a vida cotidiana nas grandes cidades vem se modificando em conseqüência da criminalidade, da violência e do medo. Segundo a autora, a "fala do crime alimenta um círculo em que o medo é trabalhado e reproduzido e no qual a violência é a um só tempo combatida e ampliada" (Caldeira, 2000: 27). A fala cotidiana do crime, um discurso fragmentado e repetitivo do qual as pessoas nunca se cansam de falar e alimentar. No entanto, como pondera a autora, "a repetição da história só serve para reforçar as sensações de perigo, insegurança e perturbação das pessoas" (ibid.: 27). A fala do crime, tanto pelas pessoas como pela divulgação na mídia, tende a ampliar a sensação e os sentimentos de medo e de insegurança nos grandes centros urbanos. Trata-se de uma fala fragmentada, que amplia o medo e não potencializa formas de solucionar a violência.

Frente às diferentes expressões de violência, as pessoas já não ficam mais indignadas: sentem medo e uma profunda insegurança. As pessoas têm medo de sair de casa, de ficar em casa, de assalto, de estupro, do imprevisto e vivem em sobressaltos. Medo de ser roubada no farol e de ter seu carro levado por bandidos na frente de casa. Medo de sair à noite e de ir aos lugares que, em outros tempos, freqüentava com tranqüilidade.

A estrutura arquitetônica da cidade é alterada.[9] As pessoas constroem prisões para proteção e defesa da vida e de seu patrimônio. Criam-se desde os mais simples até os mais sofisticados sistemas de segurança e de proteção de patrimônios e da própria vida: desde altas tecnologias, blindados, sensores eletrônicos, câmeras escondidas que vigiam espaços, até o conjunto de seguros de casa, carro e de vida. A população mais empobrecida, moradora dos bairros periféricos e das favelas, para proteger-se e defender-se, dá carta branca aos grupos organizados e quadrilhas vinculadas ao mundo da contravenção e ao tráfico de drogas em troca de segurança e proteção.

É do conhecimento de todos a existência de quadrilhas de roubo e de tráfico de drogas e armas, que cobram e dão proteção à população, a corrupção na polícia por meio de relações espúrias entre segmentos da corporação com os grupos e serviços de segurança privada, a cobrança de propina de bandidos, a corrupção desenfreada, sendo não poucas vezes denunciada pelos meios de comunicação. No entanto, essas práticas continuam existindo, ampliando a onda de terror e insegurança, sem que atitudes legais sejam tomadas e, não raras vezes, com o consentimento surdo do coletivo das autoridades competentes. Todos, de alguma maneira, fazem "cara de paisagem" frente à violência e ao medo que ela provoca nas pessoas.

Essas mesmas formas, criadas nas franjas da sociedade, representam a segurança para a população, visto que a segurança pública não dá respostas efetivas e nem oferece garantias de proteção à vida e ao patrimônio. Trata-se de novas relações que refletem o certo e o errado. São valores relativizados e construídos a partir de necessidades concretas e na base das relações de trocas. São trocas de mercadorias cunhadas no plano da assistência social, na sua forma mais paternalista, assim como de mercadorias políticas, construídas no mundo da legalidade/ilegalidade, através do uso que se faz do medo, o que gera

9. A esse respeito, ver Ganem (2003).

ligações perigosas, que são tecidas na ampla rede da vida política, social e econômica (Misse, 1998).

A narrativa de um dos nossos entrevistados — liderança de movimento popular da cidade de Santo André — exprime os medos da população. Para ele, a população moradora de favela tem mais medo da polícia do que do traficante, pois esse último "zela" pela comunidade. A polícia aparece como truculenta e corrupta, que não conhece as pessoas e atira em qualquer um. Já o traficante não aparece como aquele que só agride e é violento com os seus.

> "Geralmente o traficante não faz isso. Se for entrar no barraco, é pra pegar aquele e vai atirar... mas eles não têm esse problema de ficar aterrorizando todo mundo. Tem alguns grupos que são mais. Há, por exemplo, na Tamarutaca mesmo, o finado Michel. O cara é muito respeitado, ele mantinha um grupo com ações de injustiças mas ele zelava muito pelo povo... Só tem que a polícia era o ponto que vinha buscar a grana." (Liderança do movimento popular)[10]

Contraditoriamente, a população expressa seu medo em relação à polícia, que deveria ser depositária de sentimentos de segurança. Isso espelha a forma como nossas instituições de Justiça e Segurança estão solapadas e desacreditadas. As pessoas buscam alternativas para enfrentar o medo e combater a violência na esfera do privado, seja aquele pago em moeda, seja aquele pago em silêncio.

Segundo Caldeira, essa forma de enfrentamento da violência, através de alternativas que se deslocam para a esfera do privado, alimenta o "ciclo de violência em vez de contrapor-se a ela" (Caldeira, 2000: 5). Por outro lado, é exatamente o ciclo de violência o alimentador do medo social. O medo se alimenta, nutre e cresce exatamente pela forma como a violência se espalha pela cidade e pela ausência ou impotência do Estado de assumir seu papel de garantia dos direitos e da segurança da população. Isso permite que os cidadãos tenham resistência a entender que as formas de enfrentamento que possibilitariam interromper o ciclo da violência se encontram na esfera pública, submetidos pelo medo. Os instrumentos legais não se configuram para a população como os legítimos, efetivos e eficientes, considerando que a polícia aparece como um sujeito que também aterroriza. Isso faz com que, cada vez mais, as

---

10. Extraído de entrevista por nós realizada para a presente pesquisa. Procuraremos, a partir daqui, incluir narrativas de nossos entrevistados que serão identificadas pela denominação que demos no perfil de nossos entrevistados na Introdução deste trabalho à página 30.

formas de violência sejam banalizadas e quase aceitas como fato do cotidiano e, portanto, com que as pessoas se acostumem com ela.

> "Estou desanimada, descrente e até desinteressada. A violência e a morte já viraram rotina e as pessoas até já comentam menos... Ninguém defende os direitos da criança, as pessoas estão acostumadas com a violência."[11]

O conjunto de práticas de segurança e defesa pessoal que crescem no âmbito privado é reflexo da inoperância da segurança pública, da descrença dos mecanismos legais e públicos de direito do cidadão e da impunidade. Se, de um lado, aparentemente, apresentam-se como formas de defesa, por outro, reforçam e reafirmam o ciclo da violência, sem superá-lo, gerando novas formas de controle social, gestadas por particulares do mundo da contravenção e ilegalidade. Trata-se, sobretudo, de defender a vida e a sobrevivência a qualquer custo. Mesmo que esse custo signifique alterar profundamente as formas de vida cotidiana e tornar-se refém daqueles que aparentemente protegem.

É comum ouvirmos casos de assaltos, de assassinatos, de gangues, como histórias que o povo conta. Mas, na hora de depor, apresentar dados, informações, denunciar... Ninguém viu... Ninguém sabe... Ninguém conhece. O medo, a insegurança e a impunidade fazem ampliar e reafirmar a lei do silêncio. Pesquisa realizada na região sul da cidade de São Paulo,[12] no período de 1993 a 1996, procedeu ao estudo de 92 inquéritos policiais que deram entrada no Fórum de Santo Amaro e revela essa triste realidade. Do total dos inquéritos, 79 referiam-se a homicídios, 16 a tentativas de homicídios, 4 a suicídios, 2 a tentativas de suicídio e 1 a aborto. Considerando somente os homicídios, apenas cinco chegaram a julgamento; 83 foram arquivados e 3 não tinham uma definição no momento da pesquisa. Os motivos alegados para o arquivamento centravam-se na indefinição da autoria do crime e na ausência de provas, o que reafirma a lei do silêncio que impera em torno da questão. As testemunhas arroladas no momento da ocorrência, ao serem chamadas para depor, nada têm a declarar. Além disso, o tempo médio da investigação tem sido de dois anos e meio e, nesse período, os próprios suspeitos são assassinados.

Instala-se uma ambigüidade: medo da violência e medo de denunciar a violência, pois há um risco real, potencial e imaginário de sermos a próxima

11. Depoimento extraído de Costa, Lippi e Oliveira (1996).

12. Cf. Costa, Lippi e Oliveira (1996).

vítima. O depoimento a seguir, extraído de pesquisa por nós realizada na zona sul de São Paulo, no período de 1993 a 1996, retrata essa realidade na forma como ela se dá e como as pessoas aprendem, sentem e reagem, reafirmando um sentimento de medo e impotência:

> "Há barulho de disparos, muito próximo, na rua...Tiros simultâneos que confundimos com fogos. No outro dia, o comentário dos vizinhos que foram ver o corpo era de que tinham sido 12 tiros na cabeça. Houve comentários que poderia ter sido vingança ou tráfico de drogas. Sabe-se que o rapaz era um trabalhador, com passagem pela polícia e que o crime tem características de 'cobrança' ou 'queima' de arquivos. Um policial do bairro diz que a vítima tinha passagem na polícia por ser 'alface fresca' ou falsificador de dólares. O sentimento que passa entre os moradores é de que, enfim, são bandidos, devem morrer mesmo. O primeiro sentimento meu é realmente o de medo, uma vez que os fatos ocorreram muito perto, e a gente fica imaginando que poderia ter presenciado ou até sido atingido por uma bala perdida" (Costa, Lippi e Oliveira, 1996: 112).

Esse conjunto de sentimentos — medo, insegurança e impotência — vai conformando um novo tipo de cidadão, ou melhor, um subcidadão. Uma nova cultura vai se forjando a partir de valores, normas e regras tecidas nos espaços privados e não como respostas às necessidades públicas e decorrentes delas.

A impunidade e a corrupção perpassam todos os escalões do governo, partidos, polícia e todos os meandros da vida social: a morosidade e a não-confiança na justiça, a ineficiência da segurança pública vão conformando um novo tipo de cidadão, um subcidadão, que não percebe com clareza seus direitos individuais e nem luta pelos seus direitos sociais de forma coletiva, na medida em que estes são solapados diariamente. Nessa lógica, busca estratégias individuais, na esfera do privado, para sua sobrevivência e sua segurança. Como assinala Lima, os conflitos e as tensões nos espaços urbanos "estariam inseridos numa lógica (informada de forma multifacetada) que opera simbolicamente o imaginário social de como estes deveriam ser resolvidos. Abre-se mão ou talvez abandona-se a letigimidade do Estado como meio mais eficaz de mediação e de resolução de conflitos" (Lima, 2001: 103).

A violência expressa no uso indiscriminado da força física e na força do poder da palavra, da autoridade, da dominação — como instrumento para potencializar o medo — vai perfilando uma nova cultura. Novo padrão de valores ético e moral vai explicitando-se, tornado difícil distinguir o certo do errado, o bem do mal, o justo do injusto, o legítimo do ilegítimo, o bom do mau nos vários âmbitos da vida social.

Chaui (1984) procura definir a figura de *agente ético* e o conjunto de suas ações balizadas em noções (valores) que considera éticas. Para ela, uma conduta só poderá ser considerada ética se o agente ético for consciente. Para a autora, o agente ético é um sujeito ético, racional e que, por ser consciente do que faz, decide e escolhe, respondendo pelo que faz. Uma ação ética consciente é aquela em que o sujeito ético faz e sabe por que está fazendo, assumindo as responsabilidades desse fazer. É livre quando resulta de uma decisão interior do sujeito ético e não movida por pressões e comandos externos. Aponta a autora que há um conflito entre o sujeito ético e a heteronomia de valores morais de uma sociedade. Esse conflito é resolvido quando o sujeito assume para si e reconhece como seus os valores morais de uma sociedade. A questão que se coloca é quando os sujeitos não assumem para si determinados valores éticos por livre escolha e sim porque se submetem a eles por medo e pressão, e é exatamente nesse ponto que os dilemas éticos se colocam.

Vale apontar, ainda, que uma ação ética é balizada na idéia de virtude, ou seja, voltada para ações com o firme caráter de práticas do bem e do justo. Já as ações éticas se pautam em noções de bom e mau, justo ou injusto, balizadas em valores sócio-históricos, variando de uma sociedade para outra e mesmo dentro da sociedade em momentos diferentes. Portanto, as ações éticas se pautam nas construções sócio-históricas de cada sociedade em um determinado momento, permitindo-nos dizer que a ética ganha visibilidade na ação de sujeitos individuais e sociais através de suas relações de sociabilidade construídas historicamente e em condições determinadas. Assim, os valores morais e éticos não são estáticos, mas sim construções subjetivas e intersubjetivas e legitimadas de homens concretos em sociedades concretas.

Afirma Soares que todos nós

> "sabemos que o mundo não se divide entre santos e demônios, mocinhos e bandidos. Nosso self moral é construído de modo precário, como são precárias todas as construções humanas (inter)subjetivas. Balança sobre o abismo de sua própria negação. Ventanias circunstanciais podem nos levar aonde não gostaríamos de ir, ou além do que nos consideraríamos capazes, para o bem, ou para o mal" (Soares, 1996: 59).

Em seu ensaio, Soares trabalha com uma hipótese de que uma das "dimensões mais assustadoras da violência é a fusão que ela promove entre vítima e agressor" (ibid.: 59). Tal fusão se dá no plano moral. A vítima,

> "atingida, ameaçada, humilhada, aterrorizada, freqüentemente vive, no momento da agressão, ou posteriormente, fantasias de ódio, vingança, imposição de humilhação e terror sobre o algoz (....). A vítima dá-se conta de que talvez fosse capaz de agredir de volta seu agressor com idêntica violência, ou de matá-lo. Ou experimenta esse sentimento quando a paralisia do pânico se dissipa. Igualados no ódio e na comum disposição para a violência possível, vítima e agressor apenas se distinguem externamente" (ibid.: 60).

Nessa perspectiva, é a nossa própria violência a que mais aterroriza, aquela que recusamos reconhecer em nós mesmos, mas que se encontra latente, se potencializa frente a determinadas circunstâncias e, se não refletida e pensada, pode cada vez mais alimentar o ciclo da violência.

Chaui define violência como "todo ato de brutalidade, sevícia e abuso físico e/ou psíquico contra alguém e caracteriza relações intersubjetivas e sociais definidas pela opressão, intimidação, pelo medo ou terror" (Chaui, 1984: 15). Ao definir violência, o faz opondo ética e violência. Os valores éticos bem, justo e legítimo, construídos pela sociedade, e a disposição moral, portanto a virtude, configuram-se como as barreiras éticas à violência. São aqueles padrões de conduta moral que estabelecem as formas de sociabilidade.

A violência seria, então, tudo aquilo que desumaniza, constrange, coage, humilha e viola as pessoas, seres e coisas transgredindo aquilo que as pessoas e a sociedade reconhecem como justo e virtuoso.

Quando numa sociedade o poder não se constitui como um instrumento legítimo e legal, os diferentes grupos passam a arbitrar o que é justo e injusto, a partir de decisões desvinculadas de princípios éticos. É aí que as estratégias individuais, os revides, a violência pelas próprias mãos ganham peso e vulto e que o medo prolifera. É quando a violência passa a ser justificativa da própria violência dos justiceiros, dos traficantes, dos delatores, das revisões constitucionais (tais como modificar a idade penal, instituir pena de morte), colocando em questão os próprios direitos humanos e, principalmente, o direito à vida.

Essa é a marca da impunidade e da fragilidade dos órgãos públicos de justiça e segurança do cidadão. Consideramos que, quando a lei não se constitui como instrumento de aplicação da justiça, passa a ser arbitrada no âmbito do privado, conforme normas e padrões formulados por particulares, pautados em cima de interesses também privados (Costa, 1994: 83). De um lado, temos a vítima, que tem medo e ódio do agressor, e, de outro, o agressor, indiferente à vítima, seja esta quem for, mas que também, à sua maneira, tem medo dela. Costa ressalta que, ao banalizar a violência, transformando-a em corriqueira, uma nova hierarquia moral vai se construindo, nivelando os sentimentos por baixo. A relação entre o eu e o outro se desfaz, e o outro passa a ser visto como um possível inimigo — um agressor. O clima de insegurança generaliza-se e, de alguma forma, todos sentem medo e se colocam em atitude de defesa ou ataque, de fuga ou de paralisia social.

> "Todos se sentem vulneráveis, todos buscam atacar primeiro, todos vivem sob o temor e a represália... O clima de insegurança e o vivido persecutório generalizam-se... Os agredidos tornam-se mais dispostos a conceder aos bandos de extermínio carta aberta para fazer o que bem quiserem, alegando o que bem queiram. É daí que nasce o medo social" (ibid.: 86).

O custo social e econômico da violência e do medo

Os índices de violência na América Latina revelam que, por ano, ocorrem 140 mil assassinatos, 28 mil famílias são atingidas por roubo e furto, o que equivale a 54 famílias por minuto, quase uma por segundo (Costa, 2002). Segundo o Informe Mundial sobre Violência e Saúde da OMS, por dia, 1.424 pessoas perdem a vida por homicídios, o que equivale a quase uma pessoa por minuto. Em nível mundial, a cada 40 segundos uma pessoa se suicida. A cada hora, 35 pessoas morrem em decorrência de conflitos armados. Calcula-se que, no século XXI, 191 milhões de pessoas perderão a vida em razão de atos violentos,[13] ou seja, a violência, nas suas diferentes formas, gera um custo econômico e social inimaginável e, conseqüentemente, alimenta o crescimento de um novo negócio da modernidade denominado Indústria do Medo.

Segundo Teixeira (1995), em 1993, no Brasil, o setor de seguros privados faturou 6,7 bilhões de dólares e, em 1994, 11 bilhões. Segundo o mesmo autor (Teixeira apud Gomes, 2002), no ano de 2001, foram gastos R$ 112 bilhões nesse setor, o que equivale a 10,2% do PIB (segundo o Banco Interamericano

13. Informe Mundial sobre Violência e Saúde Pública — OMS, 2002.

de Desenvolvimento, seria 10,5% do PIB). O Gráfico 4 revela o custo econômico total da violência relacionada ao PIB nos países da América Latina.

Moser afirma que "a criminalidade e a violência afetam adversamente os estoques de capital físico, humano, social e natural, minam o clima para investimentos e esgotam as capacidades de arquitetar e governar das instituições do serviço público" (Moser, 1998: 9). Portanto, trata-se de fenômeno macroeconômico para ser entendido em suas causas como nas formas de enfrentamento.

Gráfico 4 — Custo Econômico da Violência — 1999

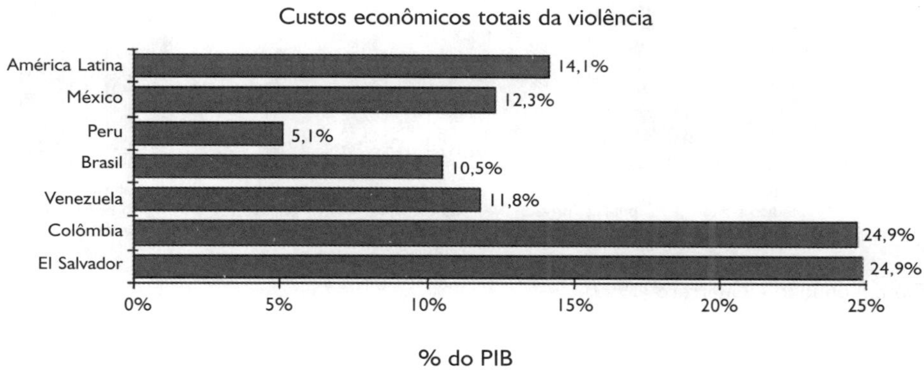

Fonte: Londoño e Guerrero (1999).

Como Moser, Londoño e Guerrero (1999) trabalham com dados que demonstram que violência, além de um custo econômico, tem um custo social que vai dilapidando o capital social e humano, como podemos observar no Gráfico 5.

Os gastos que o Brasil tem tido com a violência, traduzidos em custos econômicos e sociais, têm sido significativos, como mostra o Gráfico 5. O custo com atendimento médico e anos de vida perdidos (1,9% PIB) perde somente para El Salvador e Colômbia; o custo com segurança pública e privada (1,4% PIB); transferência de recursos patrimoniais das vítimas para os criminosos (1,6% PIB); deterioração da produtividade de investimentos (2,2% PIB) e deterioração do consumo e do trabalho (3,4% PIB). Isso sem computar outros custos econômicos e sociais aqui não explicitados, como desvalorização de regiões, áreas, terrenos e moradias por se situarem em áreas perigosas; deterioração

Gráfico 5 — Custo econômico e social da violência na América Latina
Custos econômicos da violência

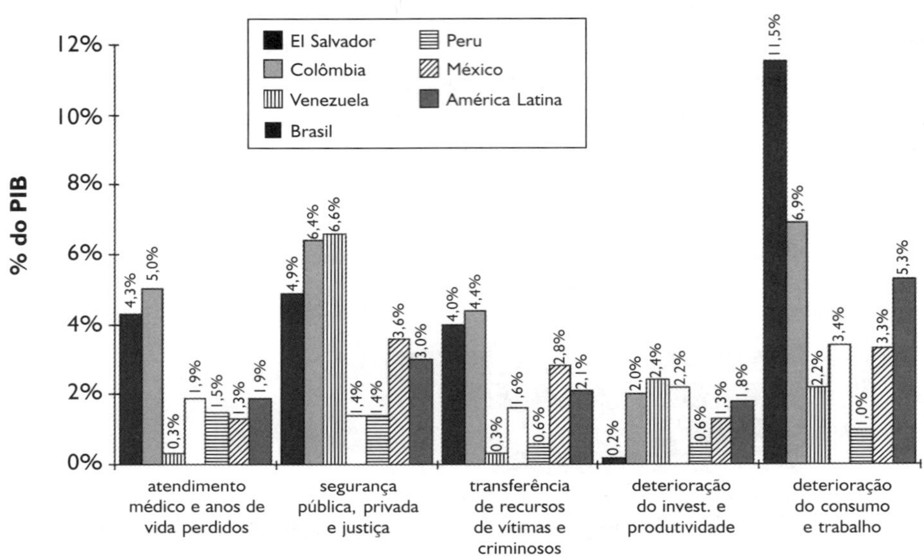

Fonte: Londoño e Guerrero (1999).

dos serviços de transportes públicos e táxis que, em determinados horários, recusam-se a trafegar em áreas de grande incidência de crimes, prejudicando a população usuária que, em muitas situações, abandonam empregos e estudo por dificuldade de transporte; queda no turismo em determinadas cidades,[14] como o Rio de Janeiro. Isso faz ampliar significativamente os gastos com segurança. O Gráfico 5 demonstra o custo socioeconômico da violência em países da América Latina, indicando que o Brasil supera ou iguala a média da América Latina nos itens atendimento médico e anos de vida perdida e na deterioração do consumo e do trabalho.

A violência e o medo gerado por ela fazem crescer um novo mercado, que se encontra em ampla expansão, que é a Indústria do Medo. O mercado de trabalho, no setor de segurança privada, vem ampliando-se a olhos vistos. In-

14. Segundo Moser, "altos índices de violência enfraquecem a confiança dos investidores com conseqüências potencialmente severas para as cidades dependentes de sua imagem como Kingston e Rio de Janeiro" (Moser, 1998: 10).

dústrias, comércio e condomínios fechados mantêm, hoje, um exército de aproximadamente 1,3 milhão de trabalhadores na segurança privada, que vem tendo um incremento de 30% ao ano. Na cidade de São Paulo, os trabalhadores desse setor correspondem a 150 mil homens, o que representa três vezes o efetivo da Polícia Civil e Militar (Correia, 2002). Esse setor de trabalho cresce na mesma medida em que se ampliam os índices de violência e criminalidade. É alimentado perversamente pela própria violência e pelo descaso que se tem com a segurança pública e com as demais políticas sociais. Mas é um mercado que produz uma mercadoria só acessível a quem possa comprá-la; àqueles que não possuem rendimentos para tal, resta a estratégia local: a proteção oferecida pelo tráfico de drogas.

O medo, como fobia social, não permite coletivizar a questão, ao contrário, transporta-a para o particular, para o mundo privado, em que as estratégias encontradas podem se configurar como novas formas alimentadoras do ciclo da violência ou como formas possíveis de convivência social.

Eastman, epidemiologista colombiano, ao tratar da violência na Colômbia, país por excelência berço do narcotráfico, indaga quantas pessoas ali "modificaram seu estilo de vida, seus hábitos de recreação, pelo temor de serem vítimas de uma situação de vingança ou briga entre grupos, para o qual não foram convidados" (Eastman, 1998: 75). Diz que pouco se tem registrado sobre o impacto que "essas atividades causaram sobre os valores sociais, as formas de controle social, desvalorizando a vida e corrompendo a ética do comportamento social" (ibid.: 65). Pondera, ainda, que "o narcotráfico, como forma criminosa de conseguir o enriquecimento, alimenta-se de outras atividades violentas, como a intimidação e a prepotência" (ibid.: 75). Essa é uma realidade não só da Colômbia, mas que se alastra por todo o mundo e, em particular, pelas regiões metropolitanas brasileiras. Quantas pessoas vêm modificando seu cotidiano, sua vida, suas relações por conta de brigas e confrontos para os quais não foram convidadas?

Caldeira (2000) afirma que cidades como São Paulo, Johannesburgo, Buenos Aires, Budapeste, Cidade do México e Miami têm levado as classes mais abastadas a se retirarem para espaços protegidos, fortificados, por se sentirem ameaçadas pela nova "ordem social". As justificativas legitimadoras dessa retirada encontram-se em diferentes referências sobre o medo: crimes violentos contra a vida e contra o patrimônio, essencialmente. No entanto, incorporam também "preocupações raciais e étnicas, preconceitos de classe e referências negativas aos pobres e marginalizados" (Caldeira, 2000: 9).

A violência, da maneira como vem sendo disseminada, gera impacto significativo na sociedade, dilapidando o seu capital físico, humano, social e natural. Segundo Moser, a violência corrói o *capital físico* "quando ela reduz as reservas na fábrica, os equipamentos e a infra-estrutura e outros recursos produtivos dos indivíduos, do setor de negócio ou do próprio país" (1998: 11). Isso acontece quando a habitação, o bem maior das pessoas, é destruído ou desvalorizado devido a ataques violentos de grupos organizados, levando as pessoas a abandonarem suas moradias, ou quando há limitação de circulação de transportes em locais reconhecidos como violentos, ou mesmo quando esses não oferecem segurança aos usuários. Acontece, ainda, quando, devido à sensação de insegurança, cidadãos se vêem privados de trafegar em qualquer horário ou de utilizar espaços públicos por medo da violência. Nessa circunstância, o capital físico está sendo dilapidado pela violência. O *capital humano* é corroído quando não permite que profissionais da saúde, da educação e da área social atuem em determinadas áreas por se recusarem a trabalhar em locais reconhecidamente violentos e perigosos, onde se vêem ameaçados, restringindo, pois, a qualidade do serviço prestado à população com redução de profissionais de qualidade nesses locais, e, conseqüentemente, reduzindo também acesso a empregos. A violência também consome o *capital social* "quando ela reduz a confiança e a compreensão dentro das organizações formais e informais e seus membros" (ibid.: 12) em locais onde há restrição de tráfego em determinados horários, onde há "toque de recolher" e regras explícitas dos horários a serem respeitados. A ausência de iluminação pública em determinadas localidades pode contribuir para erosão do capital social, pois dificulta o trânsito das pessoas à noite, por exemplo. Formas de restrição nos espaços territoriais afetam sobremaneira as relações de vizinhança, gerando desconfiança e tensão entre vizinhos. Por fim, a violência afeta o *capital natural* quando destrói as reservas ambientais.

A cidade de Nova York sempre se destacou em índices de homicídios, tendo um decréscimo significativo a partir da implantação do programa "Tolerância Zero". Nova York nunca tinha apresentado um índice tão baixo de assassinatos desde a década de 60.[15] Segundo matéria da *Veja Online*, foram registrados 85 assassinatos nos primeiros dois meses e meio de 2002, cifra esta equivalente a cada cinco dias na cidade de São Paulo. Para o mesmo período, enquanto Nova York apresentava, em 2002, uma taxa de 8 assassinatos por 100 mil habitantes, São Paulo apresentava 53; Rio de Janeiro, 39; Johanesburgo, na Áfri-

15. *Veja Online*, edição 1744, de 27/3/2002 — Nova York vence o crime.

ca do Sul, 148, e Medellín, na Colômbia, 152. Segundo a mesma matéria, a metrópole mundial, Nova York, no ano de 1993, registrou 1.927 homicídios, caindo para 643 em 2001.

As mudanças ocorridas em Nova York devem-se à ação do prefeito Rudolph Giuliani, por meio de seu programa "Tolerância Zero", ou seja, qualquer que seja o tipo de crime, não será tolerado. A estratégia utilizada envolveu uma total mudança de todo aparelho de segurança da cidade, com alteração nos efetivos da polícia, melhoria da aparelhagem da polícia, demissão de policiais corruptos, entre outros. A ação implicou em dar poderes ao chefe de polícia, limpar a casa, contratar novos policiais de confiança, identificar as quadrilhas e acabar com elas, mapear áreas e regiões de delitos. As regiões que apresentavam maiores delitos recebiam um reforço sistemático de segurança. Essa ação funcionou, aparentemente, e apresentou resultados significativos na grande metrópole. Segundo Moser (1998), nem sempre ações em um nível afetado pela criminalidade e violência trazem de fato soluções efetivas. Segundo a pesquisadora, uma ação em um nível, se não articulada, poderá provocar redução em um local e aumento em outros níveis e em outras localidades. "Por exemplo, programas de policiamento comunitário tendo tido creditados 43% de declínio nos níveis de criminalidade de ordem econômica na cidade de New York, enquanto documentos sobre a violência policial na cidade tiveram um aumento de 41%" (ibid.: 19).

Os dados e as estatísticas sobre a violência no mundo, Brasil e estado de São Paulo dão o contorno da forma como a criminalidade, e em especial o homicídio, vem crescendo principalmente nas grandes metrópoles. O caso de Nova York apresenta ambigüidades: se, por um lado, reduz determinado tipo de criminalidade, por outro, tende a aumentar outras modalidades de violência, conforme sugere Moser.

Por isso, não podemos analisar o aumento da violência de forma localizada. Ela é produto de processos mais amplos, nos quais se constituem as novas formas de sociabilidade. O conjunto das relações sociais vem sofrendo profundas mudanças nas inter-relações entre sociedade civil e demais organizações públicas e privadas, que articulam um conjunto de personagens que, ao tecerem relações entre si, constroem as possibilidades de ampliar, reduzir ou, às vezes, escamotear essas formas de criminalidade por total impotência e pela própria difusão do medo social. A seguir, buscaremos situar os contornos e cenários da violência e do medo social na cidade de Santo André, buscando situá-la no contexto socioeconômico e político da região do Grande ABC paulista.

3. Construindo os contornos do cenário da violência e do medo: o caso de Santo André

Espaço territorial e populacional

A cidade de Santo André, município da região metropolitana de São Paulo, conta com 649.331 habitantes. É um dos sete municípios que fazem parte do Grande ABC paulista,[1] como pode ser verificado no Mapa 1.

O município de Santo André, como pode ser observado no Mapa 1, localiza-se a sudeste da região de São Paulo, limitando-se com os seguintes municípios da região metropolitana de São Paulo: São Caetano do Sul, São Bernardo do Campo, Cubatão, Santos, Mogi das Cruzes, Rio Grande da Serra, Suzano, Ribeirão Pires e Mauá. A cidade dista 18 km da capital do estado de São Paulo e 55 km da cidade de Santos, como se observa na Tabela 4.

Encontra-se próxima a serra do Mar, fazendo divisa com Cubatão e Santos. Conta com uma área territorial de 174,83 km^2, sendo que mais da metade (55,13%) representa áreas de proteção de mananciais. Seu território possui duas grandes bacias hidrográficas do estado de São Paulo: a bacia do Reservatório Billings, responsável pelo abastecimento de água não só da cidade de Santo André, como também da Grande São Paulo, pela produção de energia e pelo abastecimento industrial; e a bacia do rio Mogi. Conta também com uma rede significativa de rios, córregos e ribeirões, somando-se ao total cinco bacias

1. A região do Grande ABC compõe os seguintes municípios: Santo André, São Bernardo do Campo, São Caetano do Sul, Diadema, Mauá, Ribeirão Pires e Rio Grande da Serra.

Mapa 1 — Região do Grande ABC

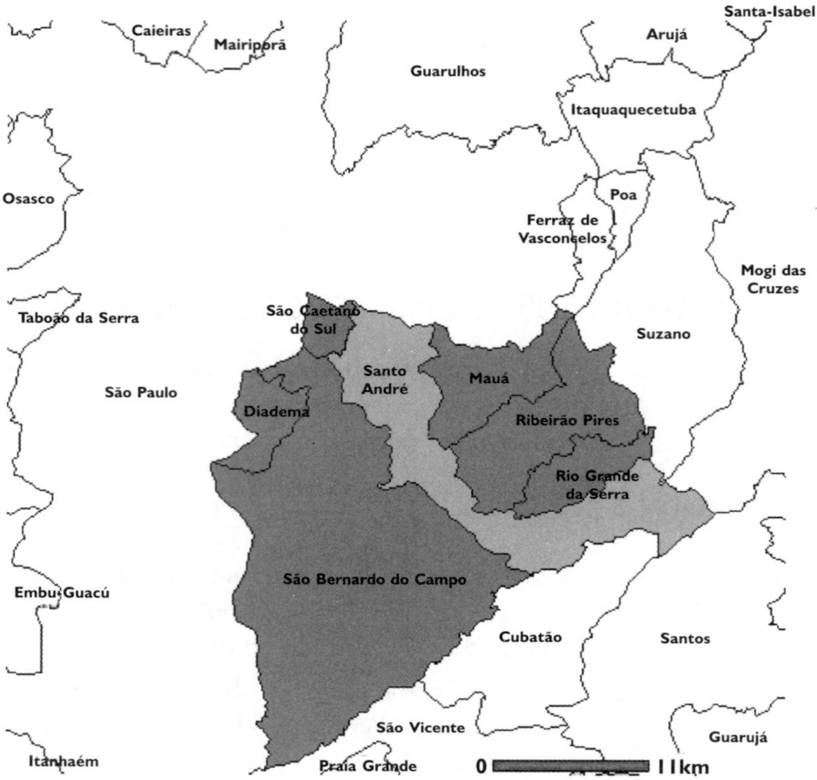

Fonte: IBGE — Instituto Brasileiro de Geografia e Estatística.

hidrográficas. Três delas localizadas na região urbana da cidade: a Ribeirão Oratório, Ribeirão dos Meninos e a do Tamanduateí. Estas se encontram profundamente comprometidas pelo desenvolvimento caótico e predatório da região metropolitana, estando suas águas fortemente poluídas.

A sua população apresenta um comportamento bastante dinâmico. Verifica-se, no Gráfico 6, que da década de 1960 para 70 ocorre uma duplicação da população residente na cidade de Santo André. Isso se explica por ser a região onde, no período referido, ocorreu o grande crescimento da indústria automobilística e, conseqüentemente, para onde foram atraídas levas maciças de trabalhadores.

Tabela 4 — Distância Rodoviária do Centro de Santo André aos Municípios Limítrofes

MUNICÍPIO	km
São Bernardo do Campo	5
São Caetano do Sul	5
Mauá	10
Ribeirão Pires	16
São Paulo	18
Rio Grande da Serra	20
Cubatão	23
Suzano	41
Mogi das Cruzes	52
Santos	55

Fonte: Seade/GPU/DDU/SDU/PMSP.

Gráfico 6 — Total da população de Santo André — 1960-2000

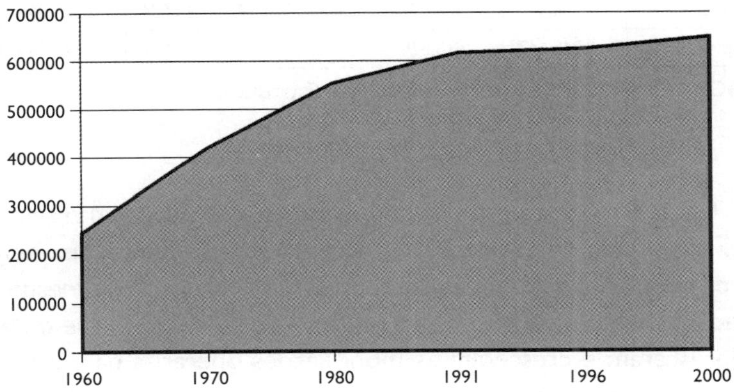

Fonte: IBGE — Censo 2000.

A Tabela 5 mostra a evolução da população residente no Brasil, estado de São Paulo, Grande São Paulo, Grande ABC e, em particular, na cidade de Santo André, no período de 1960 a 2000. Nota-se que o ocorrido na cidade de Santo André, no que tange ao crescimento da população, particularmente no período de 1960 a 1970, é expressão do mesmo processo que se deu na região do Grande ABC. Observa-se, ainda, a desaceleração do crescimento da população residente na região a partir do final da década de 1980, o que expressa as mudanças significativas ocorridas nas indústrias locais, alterando profundamente o mercado de trabalho e as oportunidades de emprego para a população.

Nota-se, pelos dados da Tabela 5, que, no ano de 1960, Santo André respondia por 48,5% da população residente no Grande ABC; em 1970 representa 42,7%; em 1980, 33,4%; em 1991, 30,1%; em 1996, 28,1%, e em 2000, 27,5%. Isso reafirma a desaceleração do crescimento populacional na cidade, o mesmo ocorrendo com a região do Grande ABC.

Tabela 5 — Evolução da População Residente: Brasil, Estado de São Paulo, Grande São Paulo, Região do Grande ABC e Santo André nos anos de 1960, 1970, 1980, 1991, 1996 e 2000

REGIÕES	1960	1970	1980	1991	1996	2000
Brasil	70.070.457	93.139.037	119.002.706	146.868.808	157.079.573	169.799170
Estado de S. Paulo	12.809.231	17.771.948	25.040.698	31.548.008	34.120.886	37.032.403
Grande São Paulo	4.791.245	8.139.730	12.588.725	15.417.637	16.583.234	17.833.512
Grande ABC	504.416	988.677	1.652.781	2.048.674	2.224.096	2.354.722
Santo André	245.147	418.826	553.072	616.991	625.564	649.331

Fonte: IBGE — Instituto Brasileiro de Geografia e Estatística.

A Tabela 6 mostra a evolução populacional das cidades da região do Grande ABC no período de 1960 a 2000. Observa-se, entretanto, um menor crescimento da população nas últimas décadas, sem dúvida fruto do mesmo processo de desaquecimento da economia da região. Vale salientar que se trata da região onde floresceram e cresceram as mobilizações operárias na década de 1970. Foi o berço do movimento operário, que ressurgiu na época do regime militar, dando origem ao conjunto de manifestações populares que culminaram com o fim da ditadura militar, com a reformulação partidária e com a criação de um novo sindicalismo, origem do Partido dos Trabalhadores (PT).

O Gráfico 7 mostra a distribuição da população residente, em 2000, nos municípios do Grande ABC, revelando que Santo André é a segunda cidade mais populosa, representando para esse ano 27,5% do total da população da região.

Tabela 6 — Evolução da População nos Municípios da Região do Grande ABC — 1960-2000

MUNICÍPIOS	1960	1970	1980	1991	1996	2000
Santo André	245.147	418.826	553.072	616.991	625.564	649.331
São Bernardo do Campo	82.411	201.662	425.602	566.893	660.396	703.177
São Caetano do Sul	114.421	150.130	163.082	149.519	139.825	140.159
Diadema	12.308	78.914	228.660	305.287	323.116	357.064
Mauá	28.924	101.700	205.740	294.998	342.909	363.192
Ribeirão Pires	17.250	29.048	56.532	85.085	97.550	104.508
Rio Grande da Serra	3.955	8.397	20.093	29.901	34.736	37.091
Região do Grande ABC	504.416	988.677	1.652.781	2.048.674	2.224.096	2.349.181

Fonte: Instituto Brasileiro de Geografia e Estatísticas.

Gráfico 7 — População residente no Grande ABC — 2000

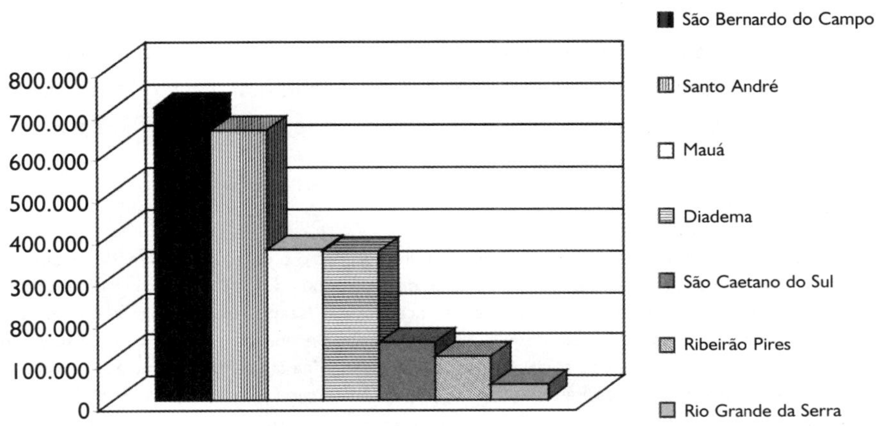

A cidade de Santo André apresenta uma área total de 174,38 km^2 distribuídos em três distritos, a saber: Distrito Sede (81,78%), Capuava (9,38%) e Paranapiacaba (8,84%), conforme mostra o Mapa 2.

Mapa 2 — Divisão Distrital do Município de Santo André[2]

No Plano Diretor (Lei nº 7.333/95), o território de Santo André é dividido em duas grandes zonas: a Urbana[3] e a de Expansão Urbana.[4] Esta última possui 107,93 km^2 e constitui as Zonas de Proteção Ambiental, devendo observar legislação própria de ocupação do solo corresponde, conforme Tabela 7.

2. Fonte: *Site* da Prefeitura de Santo André.

3. Considera-se área urbana aquela contida em um perímetro e definida pela grande quantidade de ruas com infra-estrutura, áreas (lotes) para o assentamento da população, locais de trabalho e de compras, dotada de equipamentos para o atendimento de educação, saúde, lazer e cultura, assim como de serviços, tais como: transporte coletivo, coleta de lixo, correio, telefone e energia elétrica, criando dessa forma condições de vida e relacionamento social adequado. Foi incluído na área urbana um trecho localizado na zona sul do município, próxima ao Pedroso (Zona E), que não permite ocupação pela Lei nº 5.042/76.

4. Entre as diversas fontes de riqueza da região metropolitana, temos os mananciais, cursos e reservatórios de água e demais recursos hídricos como de fundamental importância para o meio ambiente e a vida na região, principalmente no que se refere ao seu abastecimento, assim como para a manutenção de flora e fauna. Dessa forma, o governo do estado de São Paulo, através de legislação específica (Leis de Proteção aos Mananciais — Lei nº 898 de 18/12/1975, Lei nº 1.172 de 17/11/1976, Lei nº 9.714 de 19/4/1977, Lei nº 9.866 de 28/11/1997), além de delimitar as áreas que devem ser preservadas, tendo em vista a proteção dos recursos hídricos, propõe medidas relativas ao uso e ocupação do solo dessas áreas, os locais em que são permitidas edificações, as formas e precauções quanto aos dejetos (esgoto), assim como quanto ao desmatamento e movimento de terra.

Tabela 7 — Macrozoneamento Municipal de Santo André[5]

ÁREA	Km²	%
Área Urbana	66,45	38,11
Área de Expansão Urbana	107,93	61,89
Área Total	174,38	100,00

Fonte: GPU/DDU/SDU/PMSP.

No ano de 2000, segundo dados do Censo, a cidade contava com 313.815 homens (48,3%) e 335.516 mulheres (51,7%), com uma média de 3,47 habitantes por domicílio. No que diz respeito à faixa etária da população, a Tabela 8 revela a dinâmica no período de 1970 a 2000.

Tabela 8 — População residente segundo faixa etária — Santo André — 1970-2000[6]

	1970		1980		1991		1996		2000[7]	
Idade	**Total**	%	**Total**	%	**Total**	%	**Total**	%	**Total**	%
0 a 4	48.782	11,65	61.774	11,17	54.774	8,88	46.270	7,41	47.685	7,35
5 a 9	52.155	12,45	52.745	9,54	60.752	9,85	52.280	8,37	49.075	7,55
10 a 14	47.273	11,29	51.031	9,23	58.851	9,54	58.741	9,40	1166.651	17,97
15 a 19	42.650	10,18	58.427	10,56	53.362	8,65	58.786	9,41		
20 a 24	41.791	9,98	62.305	11,27	56.307	9,13	55.898	8,95	115.020	17,71
25 a 29	36.282	8,66	55.494	10,03	57.874	9,38	53.217	8,52		
30 a 34	32.828	7,84	45.166	8,17	54.113	8,77	54.121	8,66	105.008	16,02
35 a 39	28.124	6,71	35.704	6,46	48.572	7,87	50.555	8,09		
40 a 49	43.297	10,34	58.088	10,50	72.147	11,69	82.355	13,18	89.760	13,8
50 a 59	24.589	5,87	40.025	7,24	48.724	7,90	52.628	8,42	59.072	9,1
60 a 69	13.692	3,27	20.712	3,74	31.725	5,14	35.354	5,66	67.060	10,32
70 ou +	6.892	1,65	11.278	2,04	18.216	2,95	22.898	3,66		
Ign.	471	1	323	0,06	1.574	0,26	1.717	0,27		
Total	418.826	100,00	553.072	100,00	616.991	100,00	624.820	100,00	649331	100.0

Fonte: GPU/DDU/SDU/PMSP.

5. Instituído pelo Plano Diretor de Santo André — Lei municipal nº 7.333/95.

6. Fonte: Anuário Estatístico de Santo André — 2001.

7. Fonte: Censo IBGE 2000 — Apesar de as faixas etárias serem diferentes, a tabela possibilita definir um padrão na dinâmica populacional de Santo André no período escolhido.

Os dados da Tabela 8 indicam que vem diminuindo a faixa etária de 0 a 5 anos. Em 1970, essa faixa etária representava 11,65% do total da população e em 2000 passa a representar 7,35%. Por outro lado, vem se ampliando o número de residentes na faixa etária de mais de 60 anos, que, enquanto em 1970 representava 4,92% da população, passa para 11,32% no ano de 1996. Isso pode ser explicado, em parte, pelo decréscimo de nascimentos através da Tabela 9, que mostra uma redução significativa de tais registros. Por outro lado, o aumento do número de pessoas na faixa etária de mais de 60 anos reforça a idéia do aumento de expectativa de vida da população.

Tabela 9 — Movimento dos Cartórios e Registro Civil do Município de Santo André — 1998-2000

	CARTÓRIO DO 1° SUBDISTRITO			CARTÓRIO DO 2° SUBDISTRITO			CARTÓRIO DE PARANAPIACABA			TOTAL GERAL POR ANO		
TIPO/ REGISTRO	1998	1999	2000	1998	1999	2000	1998	1999	2000	1998	1999	2000
N° Total de Registro de Nascimento	8.969	8.511	8.407	4.887	4.819	4.266	19	17	13	13.875	13.347	12.686
N° Total de Registro de Casamento	1.948	1.974	2.039	1.587	1.602	1.579	5	8	5	3.540	3.584	3.623
N° Total de Natimortos	99	124	95	63	52	38	0	0	0	162	176	133
N° Total de Óbitos de Crianças < 1 ano	153	137	124	70	54	35	0	0	0	223	191	159
N° Total de Óbitos de Crianças > 1 a 2 anos	274	310	291	0	0	1	0	0	0	274	310	292
N° Total de Óbitos de Pessoas > 2 anos	2.501	2.638	2.708	516	508	609	5	5	7	3.022	3.151	3.324
TOTAL DE REGISTRO	13.944	13.694	13.664	7.123	7.035	6.528	29	30	25	21.096	20.759	20.217

Fonte: Cartório do 1° Subdistrito/Cartório do 2° Subdistrito/Cartório de Paranapiacaba.

A Tabela 9 mostra que vem diminuindo o número de natimortos e de óbitos de crianças com menos de 2 anos de idade.

No que se refere à infra-estrutura básica da cidade, esta possui 98% de abastecimento de água, 96% de esgoto, e 87% de suas ruas, do chamado centro expandido, são pavimentadas. No entanto, nas áreas de proteção dos mananciais, há restrição quanto à ocupação do solo. É onde mais se observa a ausência de atendimento de rede de água, esgoto, pavimentação e, em alguns locais, de energia elétrica, devido às próprias restrições legais. Nessa região concentram-se, aproximadamente, 16 mil pessoas, em condições de profunda vulnerabilidade haja vista a existência aí de muitos núcleos de favelas.

Para entender melhor o processo de constituição e formação do Grande ABC, e de Santo André em particular, é necessário percorrer um pouco a trajetória da formação dessa região, para que os cenários onde se expandem as formas de violência e medos sociais possam ser entendidos.

Um pouco de história: aspectos socioeconômicos

Embora a cidade tenha sua data oficial de fundação em 8 de abril de 1938, a região foi habitada por portugueses desde 1550,[8] quando João Ramalho estabelecendo-se no planalto, casa-se com a filha do Cacique Tibiriçá, erguendo a primeira capela de Santo André. Em 1553, é instalada a Primeira Câmara Municipal da Região, quando Tomé de Souza outorga o título de Vila de Santo André da Borda do Campo ao povoado. Entretanto, em 1560, a população da Vila foi totalmente transferida para São Paulo de Piratininga. Portanto, a constituição histórica da região e do município de Santo André está vinculada ao processo de colonização paulista.

Em 1867, um novo povoado começa a surgir em torno da estação ferroviária denominada Alto da Serra ou Vila de Paranapiacaba, conhecida como o atual centro histórico. Em 1910, no chamado bairro Estação, é criado o distrito de Santo André. Na época, este já tinha configurações de pólo industrial, atraindo fábricas de tecelagens e operários vindos do interior do estado de São Paulo.

Vários são os determinantes que possibilitam explicar o rápido crescimento do parque industrial de Santo André e da região, entre eles: terras planas ao

8. A esse respeito, ver Anuário Estatístico de Santo André 2001.

longo do Vale do Tamanduateí, via férrea em seu território (São Paulo Railway, atual Santos — Jundiaí), facilitando a comunicação com o porto de Santos, e incentivos fiscais.

Sua história está vinculada à formação e criação dos demais municípios que compõem hoje a região do Grande ABC. Por um decreto estadual, em 1938, a chamada Vila de São Bernardo é transformada em município de Santo André, transferindo para si a sede do município. Ao longo de seis anos, todo o ABC foi designado como Santo André. Nos anos seguintes, São Bernardo, Diadema, São Caetano do Sul, Mauá e Ribeirão Pires adquirem também a sua emancipação político-administrativa.

A história da cidade está estreitamente vinculada à região do Grande ABC, marcada pelo papel que o movimento operário adquiriu, extrapolando limites regionais e afetando, profundamente, o conjunto das lutas operárias e da própria história brasileira na segunda metade do século XX.

O movimento operário da região caracterizou-se tanto pelos processos de organização como pela força repressiva do Estado sobre suas mais diferentes manifestações. Tratava-se de lidar com a questão social emergente, como um caso de polícia.

A primeira greve operária de trabalhadores do ABC vai se dar em 1902, na fábrica de tecelagem Seabra e Cia. Em 1907, é criada a Liga Operária que irá dirigir o movimento operário até o assassinato, pela repressão do período, do líder tecelão Constante Castelari, em 1919.

Na década de 1920, a mão da repressão continuará agindo sobre o movimento operário da região — que vinha crescendo —, por meio de perseguições às lideranças e dirigentes sindicais. No entanto, apesar da violência, isso não impediu que, na década de 30, fossem criados os sindicatos das indústrias metalúrgicas, de fiação e tecelagem e das indústrias químicas e farmacêuticas.

Os anos 40 passam por uma ampla mobilização na cidade de Santo André e na região do Grande ABC. Lutas contra a carestia e pelas liberdades democráticas, movimento "o petróleo é nosso", criação de comissões de trabalhadores e um conjunto de paralisações nas fábricas proliferarão nesse período. Até os anos 50, visando à articulação dos trabalhadores para fazer frente aos desmandos do Estado, estes se organizam em uma cooperativa de consumo.

Os anos 60 e 70 são marcados pela ditadura militar. Apesar das formas violentas de repressão ao movimento operário, cerceando sua organização legítima, perseguindo e exilando lideranças, isso não impede que, das cinzas da ditadura militar, o movimento sindical reacenda suas chamas em meados da década de 70.

O ABC terá papel singular no despertar dos movimentos sociais em geral, e do movimento operário em particular, a serem deflagrados no período. A greve da Saab-Scania, superando os limites da fábrica, enfrentando a repressão, dará abertura ao surgimento do conjunto de lutas e movimentos que criam os espaços e avanços necessários ao fim do regime ditatorial, à abertura política e à reformulação partidária.

Não se pode desvincular essa análise do próprio desenvolvimento econômico da região, que conseguiu, nos anos 50, 60 e 70, um avanço no seu parque industrial e na vigorosa organização sindical. No entanto, já na década de 70, começam a implementar na região, ganhando força nos anos 80 e 90, a transferência de plantas industriais para outras cidades do Estado de São Paulo e até para outros estados, o que vem a afetar profundamente o desenvolvimento econômico da região e, conseqüentemente, a qualidade e as condições de vida dos seus moradores e trabalhadores.

Muitos são os fatores que contribuíram para isso e, apesar de não caber aqui uma análise exaustiva, é importante enumerar alguns. Vale destacar o alto custo e a carência de terrenos com dimensões adequadas, problemas de acessibilidade e de trânsito para o transporte de mercadorias, o custo da mão-de-obra em valores mais altos do que do interior, pouca disponibilidade de moradias nas áreas urbanas, deterioração da rede ferroviária que escoava a produção para o porto de Santos, precariedade dos sistemas de comunicação e da legislação urbanística, que restringe o uso do solo devido às áreas de proteção de mananciais.

Por outro lado, há que se destacar as profundas transformações mundiais dos processos produtivos, gerando novos setores e afetando profundamente o mercado de trabalho. Especialmente a partir dos anos 80, quando o processo de reestruturação produtiva, com a introdução de novas tecnologias, de novos padrões gerenciais (do fordismo às práticas flexíveis), e o processo de abertura da economia nacional, incorporando as tendências mundiais, trouxeram conseqüências significativas nas taxas de emprego e na própria arrecadação dos municípios. A região do Grande ABC e a cidade de Santo André, em particular, sofreram impactos significativos com transformações profundas nos estabelecimentos industriais, afetando profundamente o mercado de trabalho e, conseqüentemente, a vida dos trabalhadores.

A Tabela 10 apresenta o número de estabelecimentos industriais relacionados ao número de pessoas empregadas nos anos de 1998, 1999 e 2000. Observa-se que, apesar da criação de novos estabelecimentos industriais, isso não representa a geração de novos empregos. Ao contrário, os dados revelam a queda no número de pessoas empregadas. Em 1998, 878 estabelecimentos industriais empregavam 34.158 pessoas, enquanto em 2000 os 1.015 estabelecimentos empregam 27.301 pessoas. Observa-se, portanto, uma queda significativa de postos de trabalhos no setor industrial, o que mostra um desaquecimento do setor e uma tendência poupadora de mão-de-obra pela tecnologia modernizadora da mecanização, que vem gerando um exército de desempregados ou de população economicamente ativa, a qual passa a se empregar em atividades não formais, sejam elas legais ou ilegais, para sobreviver.

Tabela 10 — Estabelecimentos industriais e número de empregados em Santo André — 1998-2000

	Nº DE ESTABELECIMENTOS			**Nº DE EMPREGADOS**		
GÊNERO	**1998**	**1999**	**2000**	**1998**	**1999**	**2000**
Metalúrgica	197	212	214	6.391	6.687	5.715
Mecânica	193	192	236	2.770	2.186	3.896
Papel, Papelão, Edição	38	46	60	497	1191	1279
Vestuário, Calçados e Adornos	92	100	112	744	621	703
Farmacêutico	4	6	6	7	16	16
Plástico	53	64	60	942	1.050	927
Extração Mineral	43	43	41	416	373	393
Produtos Alimentícios	43	57	53	1.989	1.956	1.172
Química	26	29	26	4.337	2.668	2.654
Têxtil	18	25	14	2.688	3.060	2.960
Elétrica, Eletrônica, Informática	34	40	44	1.296	1.167	1.093
Borracha	20	22	21	5.207	8.558	5.417
Móveis	77	93	90	1.144	1.076	814
Outros Tipos de Indústrias	40	49	38	5.730	2.003	262
TOTAL	878	978	1.015	34.158	32.612	27.301

Fonte: Gerência de Tributos Mobiliários/SF/GPU/DDU/SDU.

Já os estabelecimentos comerciais demonstram um pequeno aumento no período, no entanto, também apresentam redução de alguns postos de trabalho, como pode ser constatado na Tabela 11.

O gênero que mais emprega, no ramo do comércio, é a área alimentícia, embora também tenha apresentado queda em postos de trabalho. Ocorreu crescimento de postos de trabalho na área de comércio de ferramentas, ferragens, material de construção e em supermercados.

Tabela 11 — Estabelecimentos comerciais e número de empregados em Santo André — 1998-2000

	Nº DE ESTABELECIMENTOS			**Nº DE EMPREGADOS**		
GÊNERO	1998	1999	2000	1998	1999	2000
Produtos Alimentícios	3.405	3.876	3.695	7.879	9.583	8.801
Supermercados/Hipermercados/ Lojas de Depto.	45	41	39	2.610	2.630	2.920
Distr. Prod. Farmacêuticos e Farmácias	273	301	293	817	939	879
Postos de Gasolina	134	144	150	947	1.055	1.067
Ferramentas/Ferragens e Máquinas	203	234	567	834	852	2.347
Material de Construção e Geral	419	517	571	1.498	1.718	1.909
Móveis e Eletrodomésticos	234	276	285	1.037	1.110	991
Veículos, Peças e Acessórios	581	605	637	2.200	2.390	2.212
Assoc./Fund./Entidades/Sindic./ Cooperativas	273	443	469	3.988	4.446	4.284
Outros Tipos de Comércio	2.581	2.965	2.819	3.339	6.705	5.869
TOTAL	8.148	9.402	9.525	25.149	31.428	31.279

Fonte: Gerência de Tributos Imobiliários/SF/G=GPU/SDU/PMSA.

Os estabelecimentos prestadores de serviços, como pode ser verificado na Tabela 12, também tiveram um incremento nos últimos anos, no entanto, em todos, a mesma lógica: uma redução dos postos de serviço, ou seja, um mercado de trabalho poupador de mão-de-obra. De 1999 para 2000, há uma perda de 1605 postos de serviços nesses estabelecimentos, com aumento de profissionais liberais. Nesse ramo, os gêneros que mais cresceram foram: de escolas em geral, tendo aumento também de postos de trabalho, junto com os serviços automotivos e estacionamentos, transporte e da construção civil, que também ampliaram o número de estabelecimentos aumentando os postos de serviço. Diferentemente, clínicas e hospitais, apesar do crescimento na quantidade de estabelecimentos, apresentaram uma redução no número de trabalhadores. Ocorreu um decréscimo significativo nos serviços de diversões eletrônicas e nos serviços de manutenção de bens.

Tabela 12 — Estabelecimentos Prestadores de Serviços, Profissionais Liberais e número de empregados em Santo André — 1998-2000

	Nº DE ESTABELECIMENTOS			**Nº DE EMPREGADOS**		
GÊNERO	**1998**	**1999**	**2000**	**1998**	**1999**	**2000**
Escolas em geral	480	570	637	4.459	4.878	6.254
Hospitais, Clínicas, Consultórios e Serviços de Apoio ao Diagnóstico	1.714	1.977	2.020	7.498	7.849	7.745
Hospitais e Clínicas Veterinárias	36	53	65	43	81	79
Serviços Automotivos e Estacionamentos	1.160	1.362	1.394	1.533	2.401	2.261
Serviços de Construção Civil	404	494	640	4.601	4.162	4.776
Serviços de Reparação, Instalação, Conservação e Manutenção de Bens	1.225	1.576	1.205	2.724	3.871	1.910
Estúdios Fotográficos e Cinematográficos	97	137	148	224	425	415
Casas Lotéricas	56	57	54	44	46	44
Locação Bens Móveis e Imóveis	326	372	369	481	625	614
Serviços de Diversões	142	162	73	752	831	568
Escritórios Técnicos	2.831	3.449	3.785	6.516	6.984	5.851
Serviços de Higiene Pessoal	479	612	602	497	742	667
Hotéis, Motéis, Pensões e Casas de Cômodos	47	58	57	449	563	557
Serviços de Transportes	294	405	450	6.035	6.565	6.444
Outros Serviços	1.175	1.475	1.659	10.243	10.571	10.804
TOTAL	10.466	12.759	13.158	46.099	50.594	48.989
Profissional Liberal Nível Universitário	2.308	2.233	2.072	—	—	—
Profissional Liberal Nível Médio	4.980	6.176	6.696	—	—	—
Profissional Liberal Nível Diversificado	17.892	20.078	20.550	—	—	—
TOTAL	25.180	28.487	29.318	—	—	—

Fonte: Gerência de Tributos Imobiliários/SF/GPU/DDU/SDU/PMSA.

A Tabela 13 apresenta dados das instituições financeiras em Santo André. Observa-se um aumento significativo nas agências de Título, Valores e Poupança, e nas agências de Previdência e Seguros Privados. Essas últimas passaram de 8 agências, no ano de 1998, para 20 no ano 2000, o que representa um aumento de mais de 100%. Esse setor vem crescendo e gerando novos postos de trabalho por se tratar do setor que lida, de alguma maneira, com a segurança das pessoas, seja no âmbito patrimonial ou de seguros de vida. Trata-se de uma das grandes fatias da chamada "Indústria do Medo". Por outro lado, há uma redução de agências bancárias e postos bancários, além da informatização dos mesmos, com conseqüente redução de número de empregados.

Tabela 13 — Instituições financeiras e número de empregados em Santo André — 1998-2000

	Nº DE ESTABELECIMENTOS			**Nº DE EMPREGADOS**		
Instituições financeiras	1998	1999	2000	1998	1999	2000
Agências Bancárias, Postos Bancários e Caixas Eletrônicos	121	136	131	2.201	2.073	1.941
Agência de Títulos, Valores e Poupança	47	47	137	398	493	937
Companhia de Seguro e Previdência Privada	8	21	20	70	117	112
TOTAL	176	204	288	2.669	2.683	2.990

Fonte: Gerência de Tributos/SF/GPU/DDU/SDU/PMSA.

O Gráfico 8 demonstra, de forma sintética, o número de empregados por estabelecimentos no período de 1998 a 2000. Nota-se que o número de empregados aumenta nos setores do comércio, da prestação de serviços, do setor financeiro, vinculado principalmente à área de previdência privada e segurança. Demonstra, também, tendência de queda de postos de serviços no setor industrial.

O ano de 1999 apresenta uma pequena elevação no número de empregados nos estabelecimentos comerciais e nos prestadores de serviços. No entanto, o ano de 2000 já mostra uma pequena queda nesses dois tipos de estabelecimentos. O único que vem crescendo é o setor de profissionais liberais e dos

Gráfico 8 — Número de empregados por estabelecimento em Santo André — 1998-2000

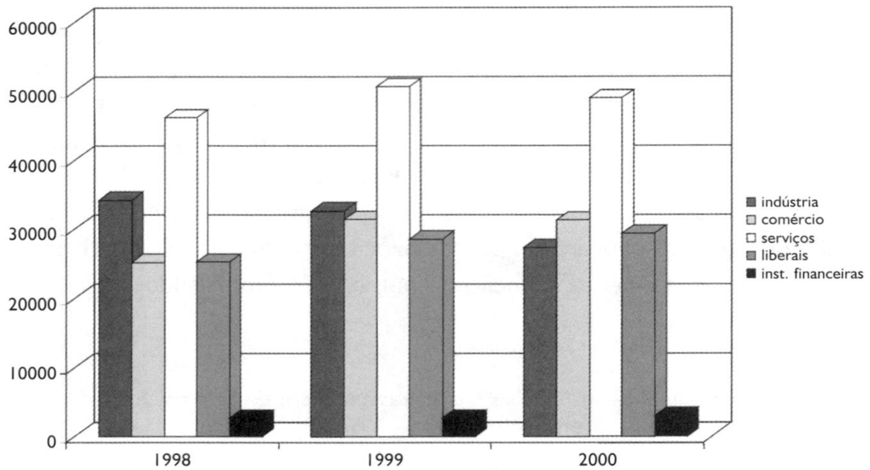

Fonte: Gerência de Tributos/SF/GPU/DDU/SDU/PMSA.

setores financeiros, o que revela uma tendência de mudanças no mercado de trabalho em Santo André.

Segundo dados do Anuário Estatístico de Santo André, no ano de 1999, 108.635 munícipes encontravam-se empregados no mercado formal, sendo que 18% vinculados ao comércio varejista, o gênero que mais emprega formalmente na cidade.

Pesquisa realizada pela Fundação Seade sobre emprego e desemprego na região do Grande ABC,[9] no período de maio de 1998 a janeiro de 1999, aponta alguns aspectos importantes para melhor entender a dinâmica de emprego e desemprego na região. Estimava-se uma População em Idade Ativa (PIA) de 1.930.000 habitantes.[10] Entretanto, não é esse o total da população que integra de fato a força de trabalho, ou por se dedicarem a atividades domésticas, ou

9. Fundação Seade, Pesquisa de Emprego e Desemprego na Região do Grande ABC, período de maio de 1998 a janeiro de 1999, in: *www.seade.gov.br*.

10. Estão incluídas nesse indicador as populações acima de 10 anos de idade; vale ressaltar, entretanto, que a população abaixo de 14 anos não deveria ser tomada como força de trabalho, segundo o Estatuto da Criança e do Adolescente.

por serem estudantes ou aposentados. Esse contingente de população ativa "sobrante" é denominado, na pesquisa, de inativo e se constituiu de 771 mil pessoas.

Assim, para o período mencionado na pesquisa, identificou-se na "oferta efetiva de força de trabalho" a chamada População Economicamente Ativa (PEA), um total de 1.152.000 pessoas. Esse conjunto populacional é constituído, portanto, das pessoas que ativamente se inserem no mercado de trabalho, seja na condição de ocupados — 925 mil pessoas —, seja na condição de desempregados — 227 mil pessoas.[11]

A pesquisa ressalta que o mercado de trabalho regional não tem incluído toda a população economicamente ativa, na condição de ocupados. O mercado de trabalho tem sido insuficiente, tanto para incluir os novos que acedem à categoria de trabalhador, como para manter os ingressados há mais tempo. No período estudado, a taxa de desemprego para o Grande ABC atingiu a cifra de 19,7%, o que equivale a dizer: uma grande parcela da população economicamente ativa que se encontra excluída do mercado de trabalho formal.

A falta de postos de trabalho, a situação de desemprego, principalmente para jovens em seu primeiro emprego, para pessoas que estão desempregadas há muito tempo e para as pessoas mais velhas, é mencionada como uma das possíveis causas do crescimento da violência por todos os entrevistados. O relato a seguir é emblemático dessa situação.

> "Eu acho que o motivo tudo, o motivo tudo dessa violência é o emprego. Porque nesse país da gente não tem emprego... e muita gente não tem como ganhar um dinheiro pra sustentar a família... então rouba... Às vezes, chega um pai de família, e fala assim... Chega numa empresa e diz: tô precisando de trabalho... mesmo de faxineiro, pelo amor de Deus... Ah! Você tem que ter escolaridade... Aí não tem... O que... que vem na cabeça dele? A primeira coisa é roubar... Aí começa a violência" (Educador).

Dados referentes ao município de Santo André revelam, como mostra o Gráfico 9, um percentual variável de 19% de taxa de desemprego no ano 2000, sendo maior nos cinco primeiros meses do ano e reduzindo-se nos meses subseqüentes.

---

11. Fundação Seade, op. cit., p. 2.

Esses dados só reafirmam questões, colocadas até aqui, no que diz respeito às possibilidades remotas para uma parcela da população economicamente ativa de acesso ao mercado formal de trabalho. E cada vez mais essas possibilidades limitam-se às áreas de comércio e serviços.

Gráfico 9 — Taxa de Desemprego em Santo André — 2000

Fonte: PED/DIESE/SEADE/DGER/SDEE/PMSA.

Dados atuais mostram que a taxa de desemprego vem crescendo nos primeiros meses de 2002. Se em fevereiro foi de 18%, em março subiu para 20,4%. Isso representa um contingente equivalente a 255 mil pessoas desempregadas no Grande ABC. "O resultado foi provocado, principalmente, pela eliminação de 28 mil ocupações no período, já que apenas três mil pessoas ingressaram no mercado de trabalho".[12] Destes, 22 mil são postos do setor de serviços.

Essa rápida análise reafirma que a cidade de Santo André passa por um processo que não é específico e particular, mas que se insere na forma como o processo produtivo vem se transformando, através de estratégias poupadoras de mão-de-obra, reduzindo postos principalmente na indústria. De um lado, ampliando a área de serviços e prestação de serviço e, do outro, gerando fileiras de desempregados ou de pessoas que, para sobreviver, necessitam de processos de requalificação para o trabalho ou de outras estratégias de sobrevivência, como o trabalho informal, que muitas vezes está inserido no mundo da

---

12. Desemprego tem alta no grande ABC, in: *http://www.santoandre.sp.gov.br/bn_conteudo.asp?cod=702*.

ilegalidade. Trata-se do desemprego estrutural, que não permite à grande parcela de trabalhadores, que perde postos de serviços, retomar a mesma função ou atividade anteriores.

A região, em particular a cidade de Santo André, vem sofrendo, portanto, um processo de transição, de uma economia industrial forte no passado. "Assiste hoje a convivência de indústrias remanescentes (que se modernizam, poupando mão-de-obra) e um setor terciário (comércio e serviços) em expansão. Embora em seu conjunto apresente razoáveis indicadores de qualidade de vida urbana, ela reproduz os contrastes marcantes entre riqueza e pobreza características do Brasil".[13] Segundo dados de janeiro de 2001, apresentados em Istambul pelo então prefeito Celso Daniel, 16% da população de Santo André vive em 136 núcleos de favelas, o que equivale a 134 mil habitantes, sendo que 6% das famílias vivem com menos de meio salário mínimo *per capita*.

Assim, Santo André equipara-se a cidades ricas que convivem com uma parcela significativa de sua população em situação de extrema pobreza e miséria, com dificuldade de acesso a bens e serviços socialmente produzidos, a emprego, às formas de lazer e cultura, vivendo em situação de extrema vulnerabilidade social e econômica, residindo em áreas não legalizadas, em núcleos de favelas que vão conformando um novo território nas áreas mais periféricas e precárias da cidade.

Governo local e programas sociais

As duas últimas gestões municipais de 1997 a 1999 e de 2000, vinham sendo exercidas pelo prefeito Celso Daniel.[14] Com o seu assassinato, em janeiro de 2002, o vice-prefeito, João Avamileno, assumiu a direção executiva da cidade.

A gestão da Prefeitura, nesses últimos anos, tem sido marcada por propostas de cunho participativo e modernização da gestão pública. Tem inserido,

---

13. SANTO ANDRÉ: O PROGRAMA INTEGRADO DE INCLUSÃO SOCIAL (texto-base da apresentação do prefeito Celso Daniel na Conferência "Istambul +5" das Nações Unidas — Nova York, 5 a 8/6/2001).

14. O prefeito de Santo André foi seqüestrado em janeiro de 2002 e assassinado, deixando uma série de dúvidas no ar quanto aos reais motivos de sua morte. Em entrevistas realizadas na periferia da cidade, particularmente com pessoas envolvidas, de alguma forma, com o tráfico e a marginalidade, nenhum dos entrevistados aceitou a conclusão do processo que explica a morte do prefeito. Pairava no ar a idéia de morte por motivos políticos.

em seus programas, propostas de caráter social, participativo e democrático: orçamento participativo,[15] que a cada ano conta com participação significativa da população no conjunto em suas plenárias; programas de inclusão social envolvendo segmentos da criança e do adolescente, juventude, famílias, idosos, mulheres, pessoas com deficiência, entre outros.

Dos principais programas implantados na cidade, podemos citar alguns relevantes que ganharam visibilidade em Fóruns Nacionais e Internacionais: O Programa Renda Mínima — Família Cidadã;[16] Programa Integrado de Inclusão Social, desenvolvido por várias secretarias, envolvendo intervenções urbanas integradas, em alguns núcleos de favelas; Programa "Andrezinho Cidadão"; Programa de Gerenciamento Participativo em áreas de mananciais; o Programa denominado "Mais Igual"; Programa Cidade do Futuro, requalificando o espaço público e da qualidade de vida na cidade, em especial nas áreas centrais.

A gestão petista nesses últimos anos apresenta como prioridades: modernização administrativa, cidade saudável, inclusão social, participação social, geração de emprego e renda, e participação social na gestão da cidade.

O governo atual criou uma nova estrutura administrativa, envolvendo extinções de secretarias e a criação de novas. É nessa nova estrutura que se cria a Secretaria de Combate à Violência Urbana. Em 2001, criou a subprefeitura de Paranapiacaba visando dar um atendimento diferenciado à região que envolve as áreas de proteção dos mananciais. Conta atualmente com dezesseis secretarias municipais: Administração, Assuntos Jurídicos, Combate à Violência Urbana, Comunicação, Cultura, Esporte e Lazer, Desenvolvimento Econômico e Trabalho, Desenvolvimento Urbano, Educação e Formação Profissional, Finanças, Governo, Inclusão Social e Habitação, Núcleo de Modernização Participativa, Orçamento e Planejamento Participativo, Relações Internacionais, Saúde e Serviços Municipais.

A cidade possui 22 centros comunitários, que, por falta de recursos financeiros e humanos, muitas vezes ficam na ociosidade, sem serem de fato apropriados pela população como espaço público. No ano de 2002, em um dos

---

15. O orçamento participativo da cidade mobilizou 7 mil munícipes em 1997, quando de sua implantação, e 9 mil em 1998, segundo dados da Prefeitura Municipal.

16. Esse Programa foi encerrado em fevereiro de 2002, segundo informação de uma das assistentes sociais, com alteração da lei passando a compor esse novo Programa (Mais Igual) cuja transferência financeira é de até R$ 220,00 reais.

centros comunitários da Cata Preta, ocorreu a chacina de quatro jovens, amplamente divulgada na mídia.

A cidade conta com dez parques municipais, conforme a Tabela 14, onde são desenvolvidas atividades culturais e de lazer em datas específicas. O parque Duque de Caxias fica aberto 24 horas e conta com segurança que permite às pessoas, especialmente as que têm horários de trabalho diferenciados, utilizarem o parque até de madrugada. O Parque da Juventude foi criado para esse segmento da população, visando atividades de lazer e cultura para a juventude.

Tabela 14 — Principais áreas verdes de Santo André — 2000

PARQUES MUNICIPAIS	**Área Total (m²)**
PARQUE DUQUE DE CAXIAS	67.531
PARQUE REGIONAL DA CRIANÇA — Palhaço Estrimilique	66.398
PARQUE REGIONAL DO PEDROSO	8.396.857
PARQUE ANTÔNIO PEZZOLO (Chácara Pignatari)	34.632
PARQUE NORIO ARIMURA	16.755
PARQUE ANTÔNIO FLÁQUER	36.307
PARQUE CENTRAL	346.647
PARQUE DA JUVENTUDE	40.729
PARQUE CIDADE DOS MENINOS	12.619
PARQUE ESCOLA	48.941
TOTAL	9.067.416

Fonte: DPAV/SSM/PMSA.

Possui sete bibliotecas com acervos para pesquisas escolares, alguns materiais em braille para deficientes visuais, videotecas e periódicos centralizados na Biblioteca Central. Conta com dois teatros, o Teatro Municipal e o Carlos Gomes, além das salas de cinema. Conta ainda com um programa denominado Rede de Cidadania, que visa ao acesso da população à linguagem digital, aos terminais de computação e a cursos.

O governo local, por intermédio de suas secretarias, desenvolve uma série de eventos culturais que tem como finalidade dinamizar a vida cultural da cidade e nela criar alternativas para a população, em especial para a juventude, de modo a que esta não se desloque para a capital.

A cidade possui também uma rede de serviços de assistência social, desenvolvida, na maioria das vezes, em parceria com organizações privadas sem fins lucrativos, voltadas para ações junto aos diferentes segmentos da população, que vivem situações de exclusão em diversos âmbitos da vida social. Entretanto, nem os programas governamentais, nem os programas de iniciativa privada em parceria e com recursos públicos, vêm dando conta da situação de miséria de amplos segmentos da população. Além disso, a maioria dos serviços oferecidos localiza-se na região urbana da cidade, o chamado centro expandido, portanto longe das áreas onde se concentram as pessoas mais fragilizadas. Acabam tendo uma marca profundamente compensatória, não possibilitando, de fato, um avanço real em termos de busca de autonomia das famílias e dos segmentos mais vulnerabilizados da vida social.

Os programas governamentais, em particular o Programa Integrado, que envolve um conjunto de secretarias, desenvolveram-se em quatro núcleos de favelas. Estão em curso novos programas, o chamado Mais Igual, que envolve um conjunto de ações de transferência monetária para famílias, articulando um conjunto de Programas (Renda Mínima, Bolsa Escola Federal, Geração de Trabalho de Interesse Social — GETIS — e o Programa de Erradicação do Trabalho Infantil — PET), que deverá inserir aproximadamente 3 mil famílias, assim definido por uma das assistentes sociais entrevistadas:

> "O *Mais Igual* na verdade é assim: Política, numa ponta a política municipal de complementação de renda. A gente está articulando várias modalidades, várias possibilidades de transferência monetária para as famílias. Daí está articulado junto a esse programa o Renda Mínima, o Bolsa Escola do governo Federal e o geração de trabalho de interesse social (Getis), e mais a estratégia do governo do Estado que vem nessa direção, o renda cidadã e também o PET (...) Mas não ainda as 3 mil famílias, porque nós ainda estamos em fase de inserção do... nós estamos acompanhando mais de mil" (Assistente Social 4).

O Getis é um programa baseado na "Frente de Trabalho". A assistente social refere que esse programa trabalhava com o critério desemprego, mas que atualmente o critério de seleção é social, considerando a renda, o grau de dependência, a governabilidade da família e seu local de moradia. Esse programa é uma seleção pública, em que as pessoas se inscrevem. Inscreveram-se 17 mil pessoas e o programa vem atingindo aproximadamente 1.300 pessoas.

> "Foram abertas 600 e poucas vagas pra mulheres e novecentas e poucas vagas para homens. E nem sempre a gente consegue ter um membro da família, às

vezes, o membro da família tá trabalhando, tá cuidando dos filhos. Então tem uma coisa assim do trabalhador nele. E às vezes, a sessão, o departamento onde tá vinculado libera. Então nós estamos com grupos de homens mesmo, às vezes majoritariamente compostos por homens. Então tem uma exigência... ." (Assistente Social 4).

As pessoas vinculadas ao programa inserem-se em grupos abertos, devido à dificuldade de participação mais efetiva por causa do trabalho. Nem sempre são liberados para o grupo (grupo socioeducativo). A mesma assistente social refere que, no Jardim Santo André, em uma das áreas da cidade, apontada como de maior violência, esse programa vem atendendo quinhentas pessoas.

A Secretaria Municipal de Combate à Violência Urbana de Santo André foi criada em 2001 com o objetivo de "reduzir os índices de criminalidade a partir de políticas públicas dentro de um contexto de eqüidade social e de respeito aos direitos humanos". Conta com uma estrutura de duas diretorias: Diretoria da Guarda Municipal e Diretoria de Planejamento e Operações, ambas seguindo a filosofia de políticas públicas de segurança e políticas de segurança pública.

> "A Secretaria tem duas diretorias, uma é a própria guarda municipal. Foi incorporada à secretaria, é uma diretoria nossa. E a outra, é uma diretoria de planejamento e operações. Então com a guarda municipal, nós temos 413 componentes, e com a diretoria de operações e planejamento a gente procura fazer o que for possível na área de política de segurança." (Membro do Executivo)

As políticas de segurança pública se voltam para ações de:

- entrosar com órgãos de segurança da cidade;
- reestruturação da guarda municipal;
- policiamento interativo com a sociedade andreeense acompanhado de atendimento as demandas da comunidade;
- planejamento operacional das políticas de segurança pública em conjunto com órgãos do sistema municipal, visando a diminuição da criminalidade.

Já as políticas públicas de segurança envolvem objetivos e ações voltadas para:

- Desenvolvimento de projetos de segurança em parceria com a comunidade, órgãos públicos, organizações nacionais e estrangeiras, com ou sem fins-lucrativos.

- Utilizar métodos preventivos para reduzir a violência e a sensação de insegurança
- Planejamento de operações das políticas públicas de segurança em conjunto com os órgãos municipais, visando a diminuição da criminalidade.

O conjunto de projetos[17] citados para operacionalizar e atingir os objetivos propostos volta-se para: atenção à criança e aos adolescentes vítimas de violências; construção de quatro bases comunitárias em parceria com a polícia militar;[18] atividades culturais de grafite, dança e música em duas escolas locais em parceira com a Secretaria Municipal de Participação e Cidadania; Curso de Re-qualificação da Guarda Municipal visando orientar novamente a forma de abordagem e ação dos policiais, realizado em parceria com o Instituto "Sou da Paz" e a Secretaria Municipal de Habitação e Inclusão Social; e reestruturação da guarda municipal, melhorando as condições de trabalho, com a compra de equipamentos, uniformes, viaturas e acessórios necessários ao desenvolvimento mais qualificado das ações dos GM.

O orçamento da Secretaria para o ano de 2002, segundo o secretário-adjunto, não chegava a cinco milhões. Para que o conjunto de projetos fosse viabilizado buscou-se recursos e financiamentos externos, o que vem possibilitando a implantação de um conjunto de ações.

> "Mas nós fomos buscar fora, vou te falar como foi isso ai. Nós soubemos que o Ministério da Justiça tava... tava programando ajudar os municípios com uma verba para área de segurança. Enviamos projetos, conseguimos encaixar esses dois projetos e conseguimos verba para esses dois projetos. Para a guarda municipal, um projeto chamado 'Modernização das guardas municipais', recebemos já, já ta na conta 450 mil — um dinheiro muito bem-vindo. A gente não tinha isso aí: dinheiro para comprar viaturas, pagamentos, enfim, para modernizar a guarda." (Membro do Executivo)

Outro projeto mencionado é o Centro Integrado de Cidadania (CIC), um espaço que desenvolverá um conjunto de ações articuladas. Nesse espaço ter-

17. Extraído do site da Prefeitura Municipal de Santo André e das entrevistas realizadas com secretário-adjunto de Combate à Violência Urbana da cidade de Santo André.

18. As quatro bases comunitárias são: Base Sacadura Cabral (avenida Prestes Maia x avenida Lauro Gomes); Base D. Pedro II (avenida D. Pedro II x avenida Goiás x avenida Industrial); Base Três divisas (avenida Presidente Costa e Silva x rua Oratório); e Base João Pessoa (avenida João Pessoa x avenida Sapopemba).

ritorial, localizam-se os bairros Catapreta, Jardim Santo André e Jardim Irene. No CIC serão reunidos: a 3ª Companhia do 10° Batalhão da Polícia Militar, o 6° Distrito da Polícia Civil, Conselho Tutelar e serviço de emissão de cédulas de identidade.

Inúmeros outros programas e conselhos municipais funcionam na cidade, possibilitando a ampliação de espaços de cidadania para a população andreense, que fugiria do objetivo deste trabalho aprofundar.

Mesmo o município contando com um conjunto de políticas sociais voltadas para as parcelas mais espoliadas da cidade, há, entretanto, áreas territoriais onde a quase ausência do poder público, através dos diferentes programas sociais, cria a possibilidade de que novos personagens entrem em cena, ocupando tarefas assistenciais compensatórias para uma população que fica quase à margem, ou, pelo menos, se sentindo fora e sem percepção de que tem direitos e deve lutar por eles. São parcelas da população que têm medo, que reagem de diferentes maneiras às formas de violência sofrida cotidianamente. Parcelas que não conseguem visualizar a concretização de seus sonhos e de seus projetos de vida. São jovens, crianças, famílias inteiras que, embora cotidianamente crivadas por sonhos e desejos de consumo, de uma vida melhor, de um lugar ao sol, deparam-se com a incerteza de que seus sonhos e esperanças se concretizem. Por ser tratar de uma cidade rica, as formas de criminalidade envolvendo roubos e furtos são significativas.

Santo André é uma cidade que vem envelhecendo ao ampliar a expectativa de vida da sua população. É uma cidade que vem se modernizando e ampliando a qualidade de vida da população. É uma cidade marcada por uma estrutura social de famílias tradicionais andreenses, que se orgulham de ser andreenses e que habitam os bairros mais nobres da cidade. Que tem medo do seqüestro, do assalto, do roubo, da violência. Que tem medo do pobre, mendigo, homem e criança de rua, do favelado e do bandido. É uma cidade ilegal, formada pela população "sobrante", que a ninguém interessa muito, que se aloja nas favelas, criando seus territórios e seu jeito de viver e ser andreense. Que tem medo dos outros. Da polícia. Do traficante. Dos conflitos entre polícia e traficante. Que tem medo de sua própria imagem refletida. Que tem sonhos e esperanças.

4. Violência e criminalidade na cidade de Santo André

"O tempo é o que dele fazemos e o espaço é o lugar praticado. Tempo e lugar são folhas em branco que só ganham sentido com a inserção, com as assinaturas que os indivíduos nelas fazem."

José Machado Pais

Não é possível pensar a criminalidade e as diferentes formas que a violência assume e como se manifesta em Santo André, nem o impacto desta na construção dos medos socialmente gerados, sem pensar como a escalada e a ampliação de seus índices se dão em nível mundial, nacional e regional, como vimos anteriormente.

Nesse momento, importa identificar números e estatísticas que fazem Santo André se configurar como um município do estado de São Paulo, que apresenta índices de criminalidade significativos que merecem um estudo não só para explicar a dinâmica dos dados, mas para identificar como a população e os diferentes sujeitos envolvidos lêem os dados e, através dessas leituras — em geral, parciais e segmentadas —, como isto afeta profundamente o cotidiano das pessoas. Nesse capítulo, utilizamos dados da Secretaria de Segurança Pública do Estado de São Paulo e dados fornecidos pelo 10º Batalhão da Polícia Militar. O anuário de dados de Santo André de 2001 não possui informações sobre mortalidade por causas externas. Mesmo tendo clareza dos limites de utilização de dados do Boletim de Ocorrência Policial, entendemos que eles nos fornecem pistas da dinâmica e da forma desigual como a criminalidade[1] se espraia na cidade e como esta se relaciona com os demais municípios da região e da cidade de São Paulo. Assim, buscaremos mostrar a dinâmica dos diferentes delitos criminais na região do Grande ABC e em Santo André. Ou seja, como se distribuem os crimes de homicídios, roubos e furtos, seja a pessoas ou de veículos, na Região do Grande ABC e na cidade de Santo André.

Os homicídios em Santo André

Homicídio é uma modalidade de crime que provoca a morte de uma pessoa, seja por motivo fútil ou não.[2] Mas a morte da pessoa, nessa espécie de delito, envolve determinados tipos de relações entre agressor e/ou mandante do crime e vítima. Já o latrocínio é um tipo de crime que envolve roubo a mão armada, em que o agressor, para se apossar de algum bem material da vítima, o faz por intermédio de formas violentas que resultam na morte da mesma. Entende-se que, no imaginário social, há uma idéia cristalizada de que a maioria das pessoas está sujeita a essa última modalidade de crime, ou seja, o latrocínio. Essa sensação de medo — pela qual a maioria das pessoas se submete — está estreitamente vinculada a dados reais, que dizem respeito ao número de roubos e furtos acontecidos na cidade e ao número de homicídios, mas não necessariamente aos índices de latrocínio. No entanto, as pessoas têm uma sensação de medo e de que podem perder suas vidas a qualquer momento.

Esse imaginário vem construindo novas formas de sociabilidade que tornam as pessoas profundamente amedrontadas, assustadas e fechadas em seus pequenos mundos, dada a situação de insegurança não suplantada pelas políticas de segurança. Tornam os indivíduos propensos a se sentirem alvos das atitudes agressivas de todos e em qualquer situação, provocando o crescimento dos números de instituições de segurança privada como forma de proteção pessoal. Determinam ainda um aumento das ações relacionadas não só à proteção

1. Segundo Boris Fausto, "criminalidade se refere ao fenômeno social na sua dimensão mais ampla, permitindo estabelecimento de padrões através da constatação de regularidades e cortes; crime diz respeito ao fenômeno na sua singularidade, cuja riqueza em certos casos não se encerra em si mesma, como caso individual, mas abre caminhos para muitas percepções" (2001: 19).

2. Há sempre futilidade nas situações de homicídios, no entanto, algumas mortes são consideradas culposas e não dolosas. E outras ainda são denominadas de: intervenção legal, legítima defesa, defesa da honra e outras situações em geral.

do patrimônio mas também à proteção pessoal, por meio de cursos específicos de defesa pessoal e aquisição de armas, como já mencionado anteriormente.

A Tabela 15 revela que o número de latrocínios no primeiro semestre de 2002 foi 145, no estado de São Paulo, enquanto os homicídios dolosos chegaram a 3.148. Na Grande São Paulo, os latrocínios foram 33, enquanto os homicídios chegaram a 905.

Tabela 15 — Ocorrências policiais registradas no estado de São Paulo — 1º semestre de 2002

Ocorrências policiais registradas	Capital	Grande São Paulo (1)	Interior	Estado
Homicídio doloso	1.295	905	948	3.148
Homicídio culposo	210	162	751	1.123
Tentativa de homicídio	695	593	1.314	2.602
Lesão corporal dolosa	7.068	6.250	29.657	42.975
Lesão corporal culposa	4.896	3.751	18.225	26.872
Latrocínio	54	33	58	145
Estupro	325	224	449	998
Extorsão mediante seqüestro (5)	63	27	20	110
Tráfico de entorpecentes	520	253	1.958	2.731
Total de roubo	42.012	17.215	19.881	79.108
Roubo de veículo	12.306	7.215	4.088	23.609
Roubo — Outros	29.706	10.000	15.793	55.499
Total de furto	43.110	20.202	76.948	140.260
Furto de veículo	13.337	5.513	8.733	27.583
Furto — Outros	29.773	14.689	68.215	112.677

Fonte: Secretaria de Segurança Pública do Estado de São Paulo — Departamento da Polícia Civil e Militar do Estado de São Paulo.

Um rápido olhar na tabela anterior indica que o total de roubos, seja de veículos ou de outros tipos, comparado aos latrocínios, revela a distância entre roubo e roubo seguido de morte. Explicitar melhor essas relações é fundamental para desmistificar o clima de insegurança e medo persecutório vivido na atualidade, particularmente nos grandes centros. Entretanto, os números de homicídios, acrescidos de tentativas de homicídios e lesões corporais, são significativamente altos, se comparados com os latrocínios. Embora não possamos abstrair do dado a magnitude e extensão das lesões, o número significativo destas pode dar pistas sobre seqüelas possíveis e o custo social e econômico decorrente desse tipo de criminalidade, considerando: custo hospitalar, saúde, medicamentos, horas de trabalho perdidas, entre outros. Segundo o Informe Mundial sobre Violência e Saúde da Organização Mundial de Saúde (OMS), de outubro de 2002, a taxa de homicídios tem crescido de forma significativa entre os jovens no mundo todo. Calcula-se que para cada jovem morto em razão da violência, entre 20 e 40 anos de idade, sofrem lesões que requerem tratamento médico. "Os estudos mostram que as brigas e intimidações são comuns entre jovens e que o abuso do álcool é uma das circunstâncias que desencadeia a violência."[3]

No que diz respeito à classificação das cidades do Estado de São Paulo com maior incidência de homicídios, a Tabela 16 indica que Santo André, embora não figure entre as dez maiores do *ranking* dos homicídios no estado de São Paulo, vem apresentando taxas elevadas para esse tipo de delito.

Observa-se na Tabela 16 que Diadema e São Bernardo do Campo figuram entre os municípios com índices elevados nas taxas de homicídios. Entretanto, é possível extrair da tabela que, de 1999 em diante, vem ocorrendo um decréscimo nessa modalidade de delito, sendo que em alguns municípios esse decréscimo é significativo, como é o caso de Diadema e Itapevi, entre outros. Vale ressaltar ainda que há municípios que têm uma dinâmica diferenciada — por exemplo, Santana do Parnaíba, que, em 1999, exibia taxas de 55,87; em 2000, passou para 76,78, caindo novamente para 35,46 em 2001 e 44,07 em 2002. Entender essas dinâmicas específicas mereceria um estudo de caso das situações particulares. Entretanto, é importante ressaltar a queda significativa que vem ocorrendo nos diferentes municípios.

Essa dinâmica diferenciada e o movimento que demonstra a queda de índices seriam decorrentes das ações da polícia militar e civil? Ou de ações específicas em cada município, que passaram a criar legislações municipais referentes ao horário de funcionamento de bares? Seriam resultado de uma maior visibilidade que a violência passou a ter na última década, exigindo ações mais efetivas por parte do poder público?

Dos municípios do Grande ABC, a cidade de Diadema figura, em 1999, em primeiro lugar, sendo que vem reduzindo significativamente sua média nos

3. Boletim da Organização Mundial de Saúde de 3/10/2002.

Tabela 16 — Classificação dos homicídios no estado de São Paulo — 1999-2002

Classificação/ Ano:	1999	taxa*	2000	taxa*	2001	taxa*	2002	taxa*
1°	Diadema	102,82	Santana de Parnaíba	76,78	Embu	92,46	Embu	73,60
2°	Itapevi	91,45	Itapecerica da Serra	76,17	Itapecerica da Serra	76,99	Embu-Guaçu	72,90
3°	Itapecerica da Serra	87,32	Diadema	76,15	Itaquaquecetuba	73,29	Cubatão	70,47
4°	Embu	79,15	Itaquaquecetuba	75,98	Itapevi	67,61	Itaquaquecetuba	65,02
5°	Francisco Morato	71,73	Embu	73,70	Diadema	65,79	Itapevi	64,88
6°	Itaquaquecetuba	70,60	Itapevi	70,46	Taboão da Serra	61,82	Hortolândia	57,13
7°	Embu-Guaçu	62,95	Ferraz de Vasconcelos	60,81	Embu-Guaçu	57,59	Diadema	54,12
8°	Barueri	60,77	Sumaré	60,38	Hortolândia	55,90	Cotia	53,73
9°	Jandira	60,29	Arujá	59,49	Carapicuíba	55,68	Osasco	53,61
10°	Hortolândia	58,07	São Bernardo do Campo	52,79	Campinas	55,25	Guarulhos	51,48
	Santo André	39,43	Santo André	43,20	Santo André	32,66	Santo André	29,43

Fonte: Estatística da Secretaria de Segurança Pública do Estado de São Paulo.
* Taxa em 100 mil habitantes.

últimos anos. As taxas de homicídios na cidade de Santo André atingiram, no ano de 2000, 43,2 por 100 mil habitantes, equiparando-se a índices de regiões metropolitanas tidas como violentas apresentadas no capítulo 2, o que indica que se trata de uma cidade igualmente violenta.

A Tabela 17 indica que Diadema lidera o *ranking* dos homicídios na região do Grande ABC paulista, superando a cidade de São Paulo. Nota-se que, no ano de 2000, São Bernardo ocupava o 2° lugar na classificação, caindo para 4° lugar em 2001 e 2002. A cidade de Santo André manteve sua posição em 5° lugar, em todo o período analisado, mantendo um aumento no ano de 2000 e apresentando uma queda a partir de 2001. Mesma dinâmica se observa na cidade de Ribeirão Pires, que mantém em todo o período o 6° lugar. Observa-se, em todos os municípios considerados, queda nas taxas de homicídios. A cidade de São Caetano aparece com a menor taxa de homicídios e no ano de 2002 apresenta uma queda significativa. A cidade de Rio Grande da Serra, não considerada na tabela por apresentar números absolutos de homicídios baixos, também tem um declínio de 23 ocorrências em 1999, passando para 5 em 2002.

Tabela 17 — Classificação dos homicídios no Grande ABC[4] e cidade de São Paulo — 1999/2002

	1999	**2000**	**2001**	**2002**
1°	Diadema (102,82)	Diadema (76,15)	Diadema (65,79)	Diadema (54,12)
2°	Mauá (51,94)	São Bernardo do Campo (52,79)	Mauá (49,43)	Mauá (47,46)
3°	São Paulo (52,58)	São Paulo (51,23)	São Paulo (49,30)	São Paulo (43,73)
4°	São Bernardo do Campo (51,19)	Mauá (46,08)	São Bernardo do Campo (36,94)	São Bernardo do Campo (34,63)
5°	Santo André (39,43)	Santo André (43,20)	Santo André (32,66)	Santo André (29,71)
6°	Ribeirão Pires (22,55)	Ribeirão Pires (28,81)	Ribeirão Pires (20,69)	Ribeirão Pires (22,11)
7°	São Caetano do Sul (12,01)	São Caetano do Sul (12,04)	São Caetano do Sul (14,02)	São Caetano do Sul (7,98)

Fonte: Secretaria de Segurança Pública do Estado de São Paulo. Estatísticas criminais — taxa em 100 mil habitantes.

O Gráfico 10 revela redução de ocorrências policiais registradas no tipo homicídios dolosos em toda região do Grande ABC paulista.

Com exceção de Mauá, que demonstra um aumento a partir de 2001, todas as demais cidades registram reduções nessa modalidade de criminalidade. Esse declínio que vem ocorrendo em Diadema (embora ainda figure como cidade com altos índices de homicídios), está relacionado a duas ações que estão sendo lá praticadas. De um lado, a lei municipal que restringiu o horário de funcionamento de bares (não excedendo as 23 horas) e, de outro, o mapeamento realizado pelas polícias e uma tentativa de articulação com o governo municipal. Isto tem dado indicações de que ações integradas entre diferentes poderes podem contribuir para reduzir índices de criminalidade.[5]

Se considerarmos os dados da Tabela 18 sobre homicídios em Santo André, no período de 1995 a 2003, nota-se que de 1995 a 2000 há um cres-

4. Com relação ao município Rio Grande da Serra, as taxas não foram calculadas pela Secretaria de Segurança Pública do Estado de São Paulo devido à grande variabilidade nas taxas de homicídios dolosos. Esta variação é decorrente de flutuações naturais que ocorrem nos dados, quando se trabalha com número pequeno de eventos, o que prejudica o dimensionamento do fenômeno, podendo levar a conclusões equivocadas sobre aumento e queda. Os totais de homicídios no período, para Rio Grande da Serra, são: 1999 (23); 2000 (14); 2001 (8); 2002 (5).

5. *Folha de S. Paulo*, Caderno Cotidiano, 13/6/2002.

Gráfico 10 — Ocorrências de homicídios no Grande ABC — 1999-2002

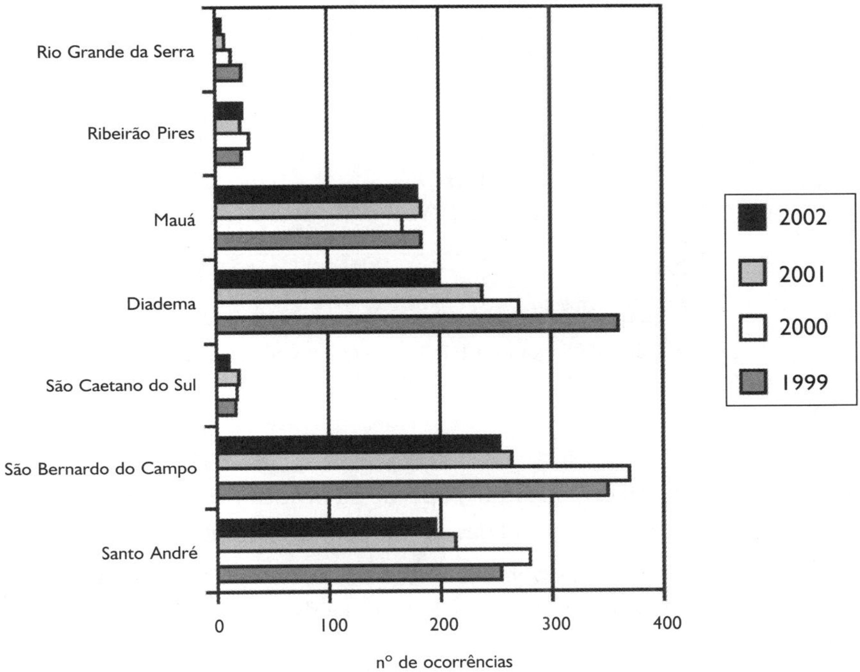

Fonte: Secretaria de Segurança Pública do Estado de São Paulo. Estatísticas criminais.

cimento do número de homicídios na cidade, registrando uma queda significativa a partir de 2001. Para o primeiro trimestre de 2003, observam-se 37 ocorrências e, comparativamente com o mesmo período de 2002, verifica-se uma tendência à queda, considerando que nesse ano ocorreram 47 homicídios. Observa-se, portanto, uma tendência à redução desse tipo de criminalidade a partir de 2001. Entretanto, entender a dinâmica e a forma como os homicídios e demais formas de criminalidade se espraiam pela cidade é uma tarefa desse trabalho.

É interessante observar, no Gráfico 11, a região onde se localiza o 6º Distrito Policial, indicada pela maioria dos entrevistados como a mais violenta da cidade. Essa indicação deve-se ao fato de o entrevistado morar nessa região e poder vivenciar, de certa forma, as diferentes modalidades de violência e cri-

Tabela 18 — Homicídios dolosos em Santo André — 1995-2003

Ano	Nº homicídios dolosos
1995	207
1996	227
1997	239
1998	232
1999	254
2000	280
2001	213
2002	195
2003 (1º semestre)	37

Fonte: Secretaria de Segurança Pública do Estado de São Paulo — números absolutos de ocorrências policiais.

mes no espaço territorial em questão. A partir da prática profissional, essa área se apresenta com situações entendidas como profundamente violentas.[6]

Assim, nas entrevistas, os policiais indicaram essa região como sendo a de maior número de ocorrências criminais nas modalidades de homicídio e tráfico

Gráfico 11 — Locais violentos na cidade de Santo André segundo os entrevistados

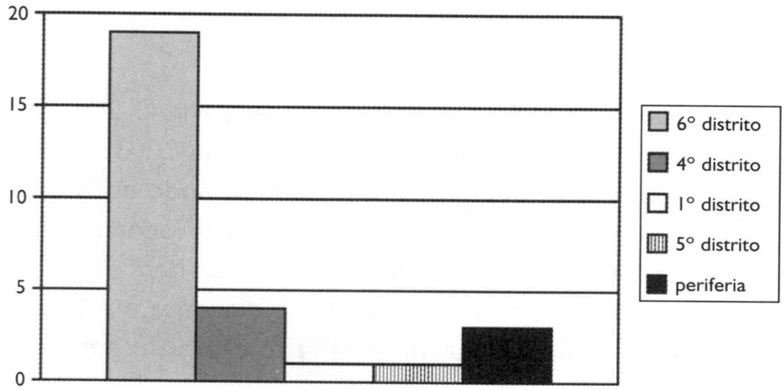

6. Foi perguntado aos entrevistados quais os locais que consideravam os mais violentos em Santo André. Os entrevistados deram mais de uma resposta a essa questão, citando bairros ou localidades da cidade, que congregamos por aproximação às áreas dos distritos policiais.

de entorpecentes. Os assistentes sociais, por sua vez, apontaram-na como a mais carente de recursos públicos, com maiores índices de homicídios, uso de droga, e como um espaço territorial (em particular nas unidades de favelas) difícil de ser penetrado pelo poder público. Lideranças e moradores reportaram-se a ela como uma região difícil de se viver ou mesmo de organização da população.

Segundo dados da polícia militar do estado de São Paulo (10° Batalhão de Polícia Metropolitana), a área onde há maior incidência de homicídios na cidade de Santo André é aquela pertencente ao 6° Distrito Policial, que pode ser observada na Tabela 19. Muito embora saibamos que os boletins de ocorrência policial não nos fornecem dados confiáveis, e são muitas vezes subdimensionados, entretanto, para o objetivo que temos nesta pesquisa, eles elucidam e reafirmam os espaços temporais de maior incidência de crimes contra a vida, a pessoa e o patrimônio, além de mostrar como a criminalidade, de alguma maneira, é distribuída de forma desigual pela cidade. Os crimes de homicídios, na cidade de Santo André, identificam-se com os de outras localidades, ou seja, estão mais concentrados nas áreas de maior exclusão social e econômica.

O 6° Distrito Policial, no que se refere a ocorrências de homicídios, representa em porcentagem 36% (1999), 40,7% (2000), 36,7% (2001) e 46,6% (1° trimestre de 2002), em relação ao total dos homicídios ocorridos na cidade. O distrito de menor incidência é o 1°, que se localiza no centro da cidade, entretanto, é exatamente nesse distrito que se concentram os crimes de roubo e furto, como veremos mais adiante. Observa-se ainda, na tabela anterior, que em 2001 ocorreu uma queda no total de homicídios, principalmente no 6° Distrito Policial, coincidindo com dois acontecimentos significativos: 1. a instalação da Delegacia Secional de Polícia do Setor de Homicídios,[7] em Santo André, que passou a ter uma ação direcionada e especializada, com equipe própria e plantão 24 horas, e 2. a morte de um traficante da região, conhecido como "Índio", que, segundo os moradores e profissionais entrevistados, trouxe temporariamente "calma e tranqüilidade" para a região do Jardim Santo André.

O Gráfico 12 permite visualizar melhor o movimento anual dos homicídios através dos diferentes distritos policiais. Observa-se que no 6° Distrito ocorreu uma queda em 2001, no entanto, vem ocorrendo um crescimento no

7. Isso será mais detalhado no capítulo: "Personagens do medo: decifrando os protagonistas e coadjuvantes".

Tabela 19 — Homicídios em Santo André por distrito policial e por meses — anos de 1999-2002

ano	1999							2000							2001							2002						
mês	1º	2º	3º	4º	5º	6º	Total	1º	2º	3º	4º	5º	6º	Total	1º	2º	3º	4º	5º	6º	Total	1º	2º	3º	4º	5º	6º	Total
jan.	2	3	3	2	5	11	26	1	5	4	2	2	4	18	2	0	2	3	3	13	23	0	1	1	4	0	5	11
fev.	1	2	3	4	4	2	16	2	4	4	1	3	8	22	1	4	2	6	2	9	24	0	2	3	4	0	10	19
mar.	4	2	2	3	2	11	24	5	0	2	1	2	11	21	0	3	3	5	5	5	21	2	0	1	5	1	6	15
abr.	0	2	7	5	3	9	26	1	5	4	4	0	5	19	1	2	4	3	1	6	17							
maio	1	2	1	2	3	9	18	1	4	3	7	1	15	31	2	4	7	3	1	8	25							
jun.	0	2	4	5	2	10	23	2	3	4	3	3	15	30	1	4	7	0	3	6	21							
jul.	2	2	3	4	4	3	18	3	0	3	3	7	11	24	0	2	4	3	1	4	14							
ago.	3	2	7	1	1	4	18	3	2	3	4	4	9	25	1	2	2	1	2	6	14							
set.	5	5	1	3	2	7	23	3	2	5	2	1	4	13	1	4	3	1	1	0	10							
out.	3	3	0	2	6	11	25	1	2	4	7	4	1	29	1	0	5	1	0	6	13							
nov.	4	2	2	6	2	9	25	0	1	3	5	4	13	26	1	1	2	2	0	7	13							
dez.	0	4	2	2	3	8	19	3	4	4	2	2	9	24	0	3	3	2	1	8	17							
Total	**25**	**31**	**35**	**39**	**37**	**94**	**261**	**25**	**32**	**43**	**41**	**33**	**115**	**282**	**11**	**29**	**45**	**30**	**20**	**78**	**212**	**2**	**3**	**5**	**13**	**1**	**21**	**45**

Fonte: 10º Batalhão da Polícia Militar do Estado de São Paulo.

Gráfico 12 — Homicídios em Santo André por distrito policial — 1999-2002

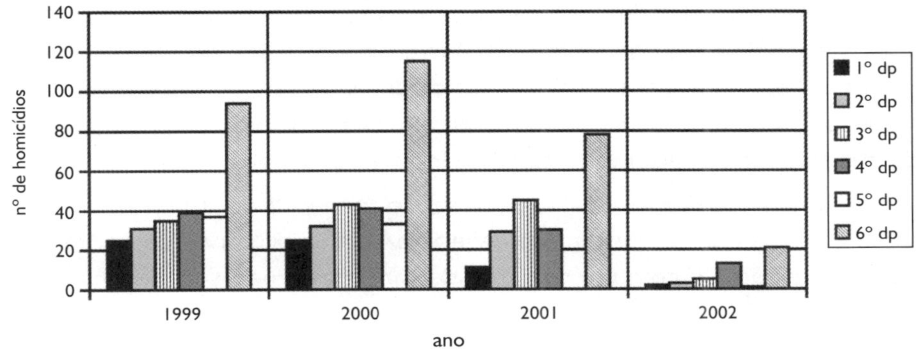

Fonte: 10º Batalhão da Polícia Militar de Santo André.

3º Distrito. Em 2002, nota-se um crescimento no 4º Distrito, se comparado com o 1º trimestre dos anos anteriores. Vale ressaltar que o 4º distrito fica próximo dos bairros nobres da cidade, mas também das favelas Tamarutaca e Sacadura Cabral, mencionadas como áreas de grandes conflitos entre traficantes e policiais e que foram objeto de intervenções municipais integradas. Essas duas favelas são mencionadas, por diferentes entrevistados, como áreas de maior incidência de "desmanches de carros" e de tráfico de drogas. Ficam perto da entrada da cidade, fazendo limite com São Bernardo do Campo. De acordo com alguns entrevistados, as ações públicas — por intermédio do chamado Programa Integrado, que realizou ações de urbanização na área —, acabaram por ampliar esse tipo de criminalidade, uma vez que facilitam as fugas com carro.

A distribuição desigual dos homicídios já foi apontada por inúmeros estudiosos, entre eles Cardia e Schiffer (2002) e Beato (2001). Cardia e Schiffer, em seus estudos, buscam identificar as relações entre áreas mais violentas e "os fatores que representam riscos de vitimização e os de proteção contra a violência" (Cardia e Schiffer, 2002: 25). Aos fatores de risco, apontam a carência de capital social e a superposição de desvantagens, e aos fatores de proteção, "presença de capital social, acesso a direitos — em particular, o direito à saúde, à educação, à cultura, e ao lazer" (ibid.: 25). Tomaram como indicadores, também, a presença de policiais e a incidência de homicídios de autoria desconhecida: estabilidade da população em determinado local. Seus estudos basearam-se em distritos da cidade de São Paulo, que apresentam altas taxas de homicídio e violência em geral (Capão Redondo, Jardim Ângela e Jardim São Luís), na zona sul da cidade. Concluem que "a desigualdade no acesso a direitos alimenta a violência. As comunidades mais afetadas pela violência têm em comum uma superposição de carências" (ibid.: 31). A exposição a diferentes modalidades de violência é típica das comunidades mais carentes de serviços e de acesso a direitos sociais mínimos, criando, portanto, um clima propício para que a violência, nas suas mais diferentes matizes, se instale e se amplie.

O 6° Distrito Policial localiza-se na região conhecida do Jardim Santo André e Vila Luzita, onde se concentram favelas e bairros precários da periferia da cidade, que convive com um conjunto de carências e necessidades. Essa foi a região apontada pelos entrevistados como a mais violenta da cidade, no que concerne aos crimes contra a vida, bem como à presença de disputas e conflitos advindos do tráfico de droga e da relação da polícia com os diferentes criminosos. É exatamente nesses espaços territoriais que as formas mais violentas de ações se intensificam, seja pela disputa dos traficantes por pontos, seja pela ação ou ausência da polícia nesses locais, além de um quase esquecimento por parte do conjunto de políticas públicas muito nítido nas histórias que são narradas ao longo das entrevistas. Trata-se de um mundo próprio onde o dia-a-dia é medido através das possibilidades de continuar vivo e ter esperança de que algo se altere, que sonhos profundos e nem mencionados sejam transformados em realidade.

Os dados até aqui demonstrados revelam que os crimes de homicídio apresentam índices elevados, se comparados com outros municípios do estado de São Paulo. E dão indicações de que eles acontecem exatamente nos espaços onde cresce e se dinamiza o mundo da droga e do tráfico, onde o Estado tem pouca ação ou interferência direta, o que faz germinar formas de medo social.

Roubos e furtos em Santo André

Há sempre, no imaginário, a idéia de que todos se encontram em situação de risco de morte, dado os altos índices de homicídio. Essa mística precisa ser modificada, pois cria na imaginação de todos a idéia que a vida de qualquer pessoa corre riscos, gerando um profundo clima de insegurança. Modificar essa mística significa colocar as diferentes modalidades de crime em seus devidos lugares, buscando as explicações reais e as motivações. Significa também analisar o papel da mídia pela forma perversa como divulga os dados e as estatísticas criminais, sem contextualizar adequadamente. Isso acaba gerando um medo que não tem contrapartida no real, um medo construído em cima de dados parciais e pouco analisados. Os dados demonstram que os segmentos da população mais vulneráveis e com riscos de perder a vida, em situações de homicídio, são aqueles que vivem nos locais mais periféricos da cidade, em áreas de riscos, em favelas, em bairros precários e que tecem relações cotidianas entre si. Diferentemente dos dados de crime contra o patrimônio, que afeta outros segmentos da população, através de roubos e furtos, e que, sem dúvida nenhuma, vem se ampliando nos últimos anos, principalmente na região do Grande ABC.

Santo André é uma cidade da região metropolitana de São Paulo, da região do Grande ABC, que lidera no *ranking* de roubos e assaltos. A Tabela 20 mostra os índices de roubo no estado de São Paulo, classificando as cidades de acordo com a taxa de roubos em 100 mil habitantes.

Os dados indicam que nos últimos três anos a cidade de Santo André vem ocupando as primeiras posições no *ranking* dos roubos no estado de São Paulo, atingindo, em 2002, o 2° lugar com uma média de 929,18 roubos por 100 mil habitantes, perdendo nesse ano somente para a cidade de São Paulo. Nos anos anteriores, Santo André encontrava-se em 3° lugar. Observa-se que a cidade de Hortolândia, de 1999 a 2002, apresentou um decréscimo nessa modalidade de crime, enquanto Santo André manteve aproximadamente a mesma média, tendo poucas oscilações. Nota-se ainda que, dentre os municípios do grande ABC, Santo André liderou no *ranking* de roubos em todos os anos, de 1999 a 2002. Observa-se que quatro dos sete municípios que compõem o Grande ABC encontram-se entre os dez municípios com maior incidência de roubo (São Caetano do Sul, São Bernardo do Campo, Diadema e Santo André), o que indica que a região é muito violenta no que diz respeito a crimes contra o patrimônio.

Processo igual aos roubos repete-se, no que diz respeito a roubos e furtos de veículos, como pode ser observado na Tabela 21. Nessa modalidade de crime, Santo André e São Caetano do Sul vêm se alternado no 1° lugar, e os demais municípios do Grande ABC. São Bernardo do Campo e Diadema também apresentam índices elevados.

O Gráfico 13 mostra a taxa por 100 mil habitantes de roubos na região do Grande ABC, incluindo a cidade de São Paulo, no período de 1999 a 2002. Nessa modalidade de criminalidade, a cidade de Santo André, no ano de 1999, apresentava taxas mais elevadas que a cidade de São Paulo. Observa-se tam-

Tabela 20 — Classificação de roubos, por municípios, no Estado de São Paulo — 1999-2002

Posição/ ano:	1999	Média	2000	Média	2001	Média	2002	Média
1°	Hortolândia	1565,74	Campinas	1136,65	Campinas	1103,84	São Paulo	1139,52
2°	Santo André	1097,13	São Paulo	1046,44	São Paulo	1067,68	Santo André	929,18
3°	São Paulo	1068,39	Santo André	929,76	Santo André	965,29	Campinas	863,74
4°	Jacareí	932,32	Hortolândia	843,19	São Caetano do Sul	856,40	São Caetano do Sul	835,2
5°	São Caetano do Sul	929,95	São Caetano do Sul	814,39	Hortolândia	844,78	Hortolândia	818,88
6°	Campinas	890,68	Jacareí	775,60	São Bernardo do Campo	766,98	Santos	789,25
7°	São Bernardo do Campo	787,71	São Bernardo do Campo	756,49	Cotia	708,69	São Bernardo do Campo	692,89
8°	Osasco	736,67	Cotia	737,68	Diadema	704,69	Taboão da Serra	662,90
9°	Diadema	736,05	Cubatão	717,51	Osasco	699,40	Diadema	653,05
10°	Cotia	722,95	Osasco	713,22	Taboão da Serra	694,44	Cubatão	643,22

Fonte: Secretaria de Segurança Pública do Estado de São Paulo. Estatísticas criminais — por 100 mil habitantes.

Tabela 21 — Classificação de roubos e furtos de veículos no Estado de São Paulo — 1999-2002

Posição/ ano:	1999	Média	2000	Média	2001	Média	2002	Média
1°	S. Caetano do Sul	2215,34	Santo André	2074,30	S. Caetano do Sul	1938,06	Santo André	1730,35
2°	Santo André	1951,92	Campinas	1838,94	Santo André	1819,72	S. Caetano do Sul	1603,60
3°	Campinas	1571,12	S. Caetano do Sul	1573,16	Campinas	1439,36	Campinas	1042,70
4°	São Bernardo do Campo	1297,10	São Bernardo do Campo	1204,12	São Bernardo do Campo	1112,07	São Bernardo do Campo	944,48
5°	São Paulo	1108,17	São Paulo	1175,01	São Paulo	1035,47	São Paulo	909,21
6°	Diadema	970,54	Diadema	976,21	Osasco	812,76	Ribeirão Pires	775,85
7°	Taboão da Serra	754,36	Cotia	802,03	Diadema	810,03	Diadema	673,17
8°	Osasco	741,05	Taboão da Serra	781,47	Cotia	770,21	Cotia	668,82
9°	Guarulhos	709,01	Osasco	756,28	Americana	673,90	Mauá	640,31
10°	Cotia	706,12	Americana	716,19	Jundiaí	668,09	Taboão da Serra	639,76

Fonte: Secretaria de Segurança Pública do Estado de São Paulo. Estatísticas criminais — taxa por 100 mil habitantes.

bém um declínio nessa criminalidade no ano de 2000 em todas as cidades mencionadas, um crescimento novamente em 2001, voltando essas taxas a oscilar em 2002. A cidade de Rio Grande da Serra não aparece nos dados por taxa, devido aos números absolutos serem reduzidos; entretanto, no período estudado, a média dessa modalidade de delito é de 100 roubos anuais. Nota-se também que as duas cidades que apresentam crescimento de roubos em 2002 são Mauá e São Paulo. São Caetano é indicada como uma das cidades de IDH (Índice de Desenvolvimento Humano) elevado, com taxas reduzidas de homicídios, mas que apresenta altas taxas de roubos.

Gráfico 13 — Roubos no ABC e cidade de São Paulo — 1999-2002

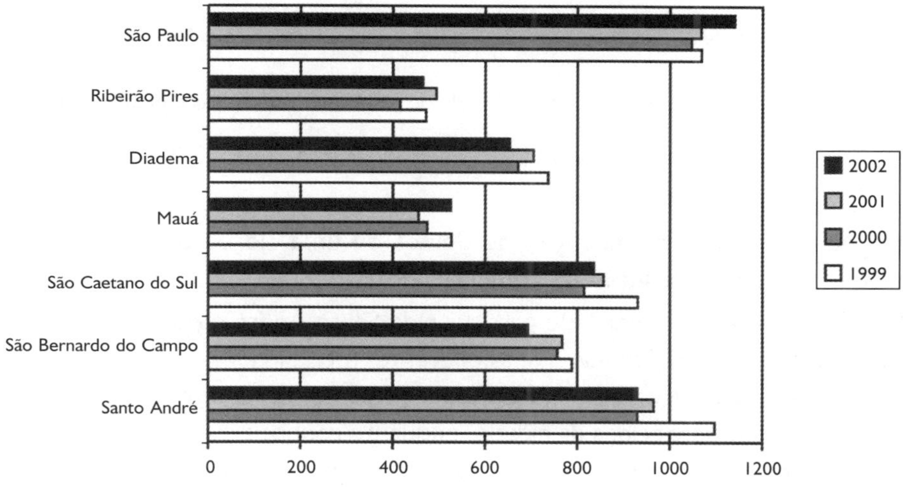

Fonte: Secretaria de Segurança Pública do Estado de São Paulo. Estatísticas criminais — taxa por 100 mil habitantes.

Com relação à modalidade de crimes vinculados a roubos e furtos de veículos na região do Grande ABC, São Caetano do Sul e Santo André se destacam nesse tipo de delito, conforme mostra o Gráfico 14. Nota-se que enquanto Santo André apresenta um crescimento, passando da taxa de 1951,92, no ano de 1999, para 2074,30, no ano de 2000, São Caetano tem no mesmo período uma redução dessa modalidade de criminalidade, passando da taxa de 2215,34 para 1573,16. Considerando a proximidade geográfica das cidades,

Gráfico 14 — Furtos e roubos de veículos no ABC e cidade de São Paulo — 1999-2002

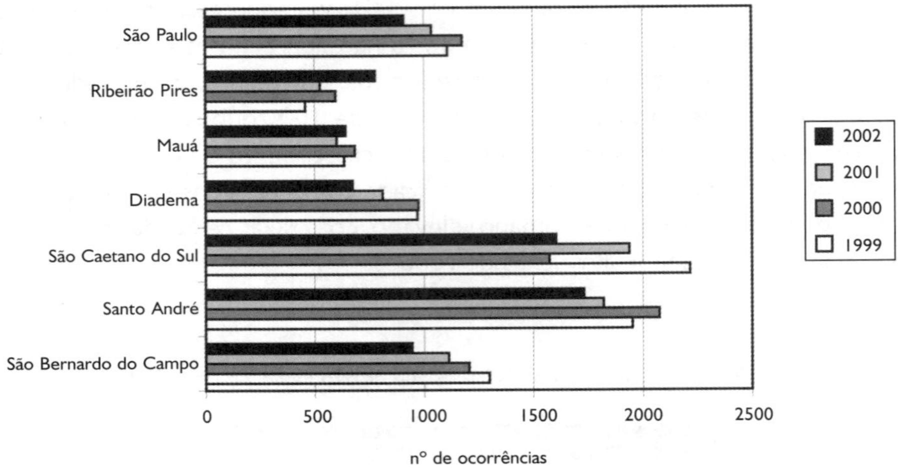

Fonte: Secretaria de Segurança Pública do Estado de São Paulo. Estatísticas criminais — taxa por 100 mil habitantes.

isso pode indicar uma migração de delitos de uma cidade para outra e não necessariamente a redução da criminalidade.

Considerando a realidade particular de Santo André e observando os dados da Tabela 22, reafirma-se que as diferentes modalidades de crimes se distribuem de forma desigual pela cidade, ou seja, os homicídios concentram-se nas regiões mais empobrecidas da cidade, enquanto roubos e furtos e furtos e roubos de veículos concentram-se no 1º Distrito Policial, região central da cidade. Podemos ainda observar uma oscilação no ano de 2001, com uma diminuição de roubos e roubos de veículos no 1º Distrito, mas um aumento no 3º Distrito. Esses dados são importantes, pois revelam a dinâmica da criminalidade e violência na cidade e os espaços de vulnerabilidade, além de fornecer indicadores dos diferentes tipos de ações governamentais que seriam necessários em cada região. Roubos e furtos, em geral e de veículos, se dão essencialmente nos bairros mais nobres da cidade, tendo uma menor incidência na região de Vila Luzita e do Jardim Santo André, onde os homicídios se destacam.

Encontram-se no 3º Distrito bairros de classe média da cidade de Santo André; lá a população vem sentindo alterações na vida cotidiana e na forma como a criminalidade modifica o espaço urbano, mudando de lugar e assustando a população. Nota-se que essa região é mencionada por uma das entrevistadas, moradora do bairro Humaitá, que ao longo da entrevista citou, inúmeras vezes, as mudanças significativas que vinham ocorrendo em seu bairro. Antes, um lugar tranqüilo de se viver, onde todos se conheciam; hoje, um bairro onde as pessoas se fecham em suas casas com medo de assaltos e roubos.

Os dados apontados em relação a roubos de veículos demonstram uma redução significativa do ano de 2000 para o de 2001, provavelmente resultado de ações da polícia civil e militar em programas chamados "Bairro seguro". Entretanto, nos outros tipos de criminalidade — roubo, furto e furto de veículos —, os números aumentaram e, em alguns casos, trocaram de lugar.

Tabela 22 — Criminalidade em Santo André por distrito policial — 1999-2002

Ano 1999	**1ª DP**	**2ª DP**	**3ª DP**	**4ª DP**	**5ª DP**	**6º DP**	**Total**
homicídios	25	31	35	39	37	94	261
roubos	2137	1309	1066	955	1044	632	7068
furtos	2194	929	1129	825	471	559	6117
roubo de veículos	1365	2129	1030	1046	1739	318	7644
furto de veículos	1503	1257	850	567	600	167	4944
Ano 2000	**1ª DP**	**2ª DP**	**3ª DP**	**4ª DP**	**5ª DP**	**6º DP**	**Total**
homicídios	25	32	43	41	33	115	282
roubos	1967	1099	896	960	782	562	6266
furtos	2346	860	1022	828	403	493	5952
roubo de veículos	1880	2702	2077	1153	1643	696	10142
furto de veículos	1386	1018	655	505	341	207	4097
Ano 2001	**1ª DP**	**2ª DP**	**3ª DP**	**4ª DP**	**5ª DP**	**6º DP**	**Total**
homicídios	11	29	45	30	20	78	212
roubos	1605	1619	1835	852	1073	842	7826
furtos	2621	1014	944	785	461	659	6484
roubo de veículos	1605	1619	1835	852	1073	842	7826
furto de veículos	1342	1028	545	527	400	207	4049
Ano 2002*	**1ª DP**	**2ª DP**	**3ª DP**	**4ª DP**	**5ª DP**	**6º DP**	**Total**
homicídios	2	3	5	13	1	21	45
roubos	579	278	217	190	128	79	1519
furtos	624	251	209	164	109	163	1520
roubo de veículos	483	345	410	230	196	190	1854
furto de veículos	306	250	123	120	113	46	958

Fonte: 10º Batalhão da Polícia Militar do Estado de São Paulo.

* Dados referentes ao 1º trimestre de 2002.

Isso nos faz avaliar se ações específicas em bairros mapeados, com altos índices de roubos e furtos, de fato inibem ou reduzem os índices de criminalidade ou simplesmente a transferem para outras áreas e regiões. O aumento dos índices de criminalidade e os deslocamentos destes têm referência apenas à atuação do policiamento urbano e às formas como a segurança pública é realizada nos municípios? Um policiamento mais ostensivo e uma modernização da polícia inibiriam ou reduziriam os índices de violência? De que forma os entrevistados (personagens) sentem e identificam a violência na cidade e as diferentes modalidades de crimes?

Idealizações e interpretações sobre a violência e o medo pelos entrevistados

Os termos violência, crime e criminalidade foram utilizados inúmeras vezes pelo conjunto dos entrevistados durante as entrevistas. O Quadro nº I demonstra a incidência com que essas palavras foram mencionadas ao longo das entrevistas. Relacionamos a palavra violência com os termos "criminalidade" e "crime", visto que, dependendo do vínculo com o processo de trabalho, os sujeitos pesquisados apresentam diferentes leituras sobre violência ou criminalidade.

Assim, os vocábulos criminalidade e crime são utilizados pelos policiais para designar tipos de violência, delitos e seus significados legais e criminais. Trata-se de termos técnicos típicos da linguagem do cotidiano profissional desses personagens. Em contrapartida, a expressão violência aparece na linguagem dos demais profissionais, empresários e lideranças como fato que agride, assusta, amedronta e delimita suas ações no cotidiano, independentemente da relação legal. O vocábulo violência foi mencionado 229 vezes, independente de perguntas diretas ou não sobre os tipos de violência existentes na cidade de Santo André. Muitas vezes a palavra foi empregada para descrever ou explicar determinados fatos e acontecimentos vividos pessoalmente, ou por algum parente ou vizinho, e, em outras situações, referia-se a fatos e acontecimentos que ouviu dizer ou que viu no jornal ou na televisão. Segundo Caldeira, a narrativa tanto do medo como do crime, além das interpretações e explicações estereotipadas e simplistas, organizam também "a paisagem urbana e o espaço público, moldando o cenário para as interações sociais que adquirem novo sentido numa cidade que progressivamente vai se cercando de muros" (Caldeira,

2000: 27). O medo social vivido cotidianamente, falado e contado vai organizando novas formas de sociabilidade construídas em torno de "estratégias cotidianas de proteção e reação que tolhem os movimentos das pessoas e restringem seu universo de interações" (ibid.: 27).

Quadro 1 — Vocábulos: Crime, Criminalidade e Violência expressos pelos entrevistados

	Liderança 1	Evangélico 1	Evangélico 2	Jovem classe média	Educador	Empresário	Liderança mov.popular	Polícia civil	Membro legislativo	Vice-secret. municipal	Moradora de favela	Assistência social 1	Polícia militar	Assistente social 2	Assistente social 3	Moradora favela	Adolescente 1 (m)	Adolescente 2 (h)	Jovem 1 (rapper)	Jovem 2 (rapper)	Liderança 2	Assistente social 4	Psicóloga	TOTAL
Crime	1	1	1	2	2	8	0	31	3	6	3	0	12	0	0	1	0	0	0	4	3	0	7	85
Criminalidade	0	2	0	1	1	1	0	7	3	3	1	0	6	1	0	0	0	0	0	0	0	1	6	33
Violência	1	5	3	18	5	35	19	0	7	1	14	25	1	14	10	7	3	2	4	1	18	6	30	229

Dependendo do lugar que o personagem ocupa na vida social, profissional e territorial da cidade, uma determinada manifestação e interpretação da violência é priorizada. Portanto, a violência é sentida e interpretada a partir do cotidiano e da forma como ela impacta a vida pessoal ou profissional, das pessoas. Assim, podemos identificar um olhar e uma explicação para a violência a partir do vivido diretamente e um olhar e uma explicação a partir do imaginado ou percebido pela fala de outros sujeitos sociais e pela mídia. O Gráfico 15 indica os tipos de violência apontados pelos entrevistados, personagens diretos dos enredos e cenas aqui tratados.

A violência relacionada ao tráfico de drogas e a violência policial juntamente com a violência doméstica, foram as mais mencionadas pelos entrevistados, aparecendo como um componente significativo do cotidiano desses personagens, ordenando de tal maneira as suas interações cotidianas, tanto na vida pessoal quanto na profissional.

Para os entrevistados com formação universitária, que ocupam cargos concursados ou comissionados — no Executivo ou no Legislativo —, e para os moradores de bairros de classe média da cidade, a primeira fala diz respeito à violência do assalto e do roubo (que afeta o sujeito diretamente como cidadão), seguida pela violência produzida pelo mundo do tráfico, que afeta seu trabalho ou vida profissional cotidiana.

Gráfico 15 — Tipos de violência segundo os entrevistados

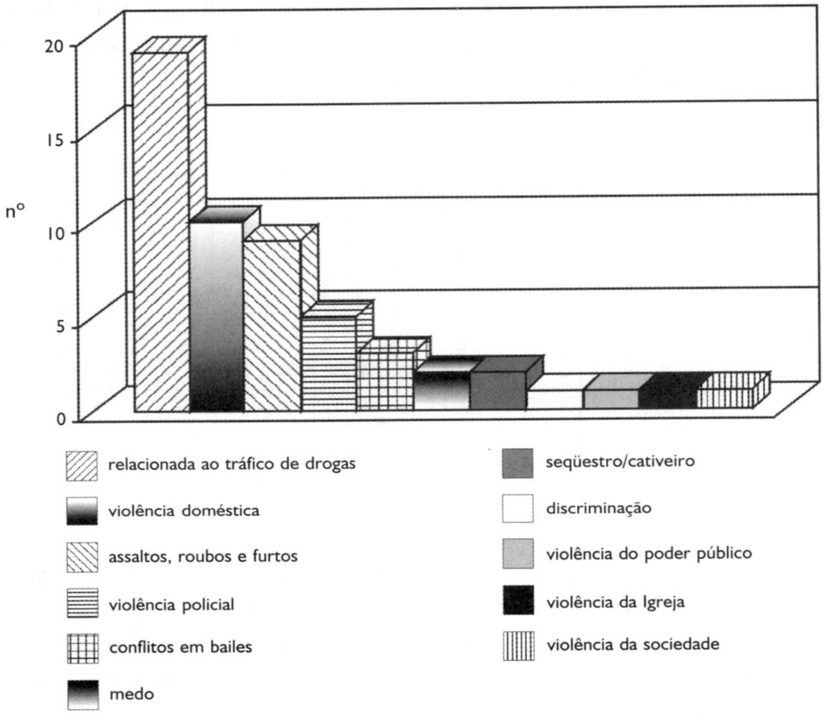

Os adolescentes e jovens moradores de núcleos de favela apontam o mundo do tráfico como violento, entretanto, a violência nos bailes, decorrente de brigas de grupos, é uma modalidade que os afeta diretamente. Os bailes de fim de semana são espaços de interações na vida cotidiana desses jovens que vêm sendo alterados devido a manifestações da violência. A jovem de classe média, por nós entrevistada, que freqüenta outros espaços de lazer, se vê afetada por outros tipos de violência. Assaltos e roubos fazem parte de seu cotidiano, fazendo ela papel de vítima desses tipos de agressões, mesmo que estes não tenham ocorrido diretamente com ela. Sua narrativa é ordenada e construída a partir das histórias vividas por algum parente ou conhecido daquelas ouvidas e repetidas por outros sujeitos pertencentes a seu segmento social.

O empresário entrevistado refere-se à violência que afeta seu trabalho: juros altos, taxas e impostos e a violência urbana que atinge o funcionamento dos seus negócios. Sua fala é ordenada e organizada a partir da violência real que o afeta cotidianamente. Sofreu inúmeros roubos no seu comércio. Os policiais falam da violência da corporação, das condições objetivas de trabalho e da fragilidade do sistema penal e penitenciário como modalidades de violência.

Vale ressaltar ainda a menção ao seqüestro e cativeiro como um tipo de violência. Essa menção foi feita por dois entrevistados, técnicos do poder público, logo após o seqüestro e assassinato do prefeito Celso Daniel. Tratava-se de um momento em que os seqüestros passaram a ter significado na vida das pessoas, indo além da possibilidade concreta de os sujeitos serem seqüestrados ou não.

As violências relacionadas ao mundo do tráfico foram as mais citadas; diziam respeito, fundamentalmente, a brigas, tiroteios e disputas por pontos de distribuição e venda de drogas ou por vingança, cobranças de dívidas e de propinas por policiais, fatos estes que levam a homicídios. Ocorrem, na sua maioria, em áreas onde se localizam as favelas da cidade, citadas pelos entrevistados ora como periferia, ora como favelas.

> "Eu acho que mais por drogas no Jardim Santo André." (Educador)

No decorrer das entrevistas, o Jardim Santo André começou a ser apontado como um dos lugares violentos pelo conjunto dos entrevistados, mas que se encontrava em momento de paz devido à morte de um dos mais importantes traficantes da região.

> "O Morro do Piolho (no Jardim Santo André) acalmou porque houve a morte do traficante... ficava assim: era o Morro do Piolho... um traficante de cá... um traficante de lá... Um queria tomar o espaço do outro." (Educador)

O Índio — traficante mencionado — foi citado em várias entrevistas como um sujeito "perverso e cruel". A quase totalidade o classificou como traficante sanguinário que disseminava o terror e o medo na região. Sua morte foi comemorada com festa, churrasco e rojões. Segundo informações coletadas, fora do momento da entrevista,[8] em geral em um tom de voz mais baixo, mesclando

8. Inúmeras foram as informações fornecidas em momentos que não eram da entrevista propriamente dita. Foram ocasiões em que os entrevistados fizeram menção a determinados traficantes ou a situações que poderiam comprometê-los. Por isso, solicitavam que o gravador fosse desligado e que a informação dada permanecesse em *off*.

uma fala entrecortada de silêncios, com olhar assustado de quem falava, a história foi esta: Índio foi morto pelo pai de um dos adolescentes envolvidos com drogas e tráfico e que tinha sido cruelmente assassinado pelo traficante. Outros disseram que ele morreu em um tiroteio. Um dos entrevistados, também indicado por várias pessoas como possuidor de vínculos fortes com o mundo do tráfico, mas que nega esse tipo de criminalidade e violência em Santo André, em determinado momento da sua entrevista revela:

> "Agora acabou... teve um passado aí de um cidadão aí que ele era complicado... O Índio... ele tumultuou no geral... era dono do pedaço... mas ele foi morto lá em cima... fizeram passeata de carro e comemoraram." (Liderança 1)

O relato de uma outra liderança de favela,[9] apontada também pelos diversos entrevistados como pessoa com relações e vínculos com o tráfico local, nega que a cidade de Santo André tenha violência e tráfico de drogas. Ao contrário, fala de Santo André como a melhor cidade para se viver. Em sua fala, ressalta que a maior violência que existe é a discriminação da classe média contra os mais empobrecidos, como os moradores de favela, e aponta a violência policial como o grande problema que atinge aquela área. O morador de favela sente-se estigmatizado por outros segmentos sociais. Esse estigma e o preconceito sentido e falado servem simplesmente para explicar, ordenar e justificar o conjunto das interações sociais e ações desses sujeitos. Dessa maneira, justifica a violência dos "pobres" através da violência dos outros segmentos contra eles.

> "A discriminação da classe média em relação aos que têm menos dinheiro, do modo deles vestirem. Sabe? É um moleque que se ele não rouba ele vai andar de calça velha, um chinelo velho, e, as pessoas procuram se afastar dele... tipo assim: Olha! É marginal... automaticamente tá induzindo esse menino a roubar pra ter roupa nova... a violência que a gente tem aqui é do pobre, da miséria mesmo: pessoas que roubam pra comer." (Liderança 2)

É significativo o depoimento de uma moradora de favela, cujo irmão, que tinha envolvimento com o tráfico, foi baleado e ficou paraplégico. Ao narrar os fatos, o faz cuidadosamente, avaliando cada palavra dita, buscando não se comprometer na sua própria narrativa.

---

9. Ao longo das conversas e entrevistas soubemos que essa liderança, vinda de uma família de classe média, na adolescência envolveu-se com drogas e foi expulsa de casa.

> "Eu tenho um irmão que usa drogas. Hoje ele não mora mais aqui, mora na Bahia, porque por acidente de tiro ficou semiparaplégico... de um ano para cá as mortes diminuíram... quer dizer... eu fiquei sabendo... acho que diminuiu... porque tava em cada final de semana, matavam três ou quatro. Se passa um final de semana sem uma morte eu acho que tá diminuindo... tá tão generalizado que não dá pra distinguir quem é mais violento: se é a droga, se é a violência de roubo... se é o furto..." (Moradora de favela)

Em momentos da entrevista menciona a diminuição da violência, em outros, fala de como ela está generalizada e como isso tem afetado profundamente seu cotidiano e o de sua família. Seu discurso é descompassado. O envolvimento de membros da família com o mundo do tráfico altera, profundamente, o cotidiano das demais pessoas. As pressões são imensas, as cobranças e as ameaças afetam física, econômica e emocionalmente a todos.

> "... minha mãe está com depressão profunda devido ver, ouvir muita violências... ela vê coisas... ela fica delirando... porque agora mesmo eu estou saindo com ela para levar no psiquiatra... A cada dia que passa ela fica pior... Agora graças a Deus está mais calma por causa do tal tratamento... ." (Moradora de favela)

A história do irmão e da mãe assusta a moradora que receia seguir o mesmo caminho que eles. Deve ter vivido e presenciado muitas situações-limite, as quais até tem medo de mencionar.

> "Eu tenho medo de ficar traumatizada. Eu só em saber de mortes, com os problemas da minha mãe, eu acho que afeta todo mundo da família... vou passar no psiquiatra para ele passar uns medicamentos pra mim... eu me sinto assim: às vezes não consigo dormir... dá um aperto... aquela angústia... Eu acho que devido a convivência com a violência, a tendência do ser humano é ter problemas psicológicos." (Moradora de favela)

Uma moradora de favela e liderança coloca que o envolvimento de drogas leva a criança e o adolescente se iniciarem na criminalidade, e isso gera o medo de a família, por meio deles, se envolver com esse mundo.

> "Começa com o pequeno furto, depois passa para o maior e assassinato de muitos jovens... o medo do envolvimento com a droga. De a gente ter uma pessoa da gente que a gente vê... medo de um assassinato... de uma perda." (Liderança de favela)

Uma das assistentes sociais entrevistadas fala em três tipos de violência: a física, a doméstica e a do tráfico de drogas, que identifica a partir de sua prática profissional.

> "Você tem vários tipos de violência. Você tem tanto as violências físicas de assaltos, roubos e outras coisas mais; como você tem a violência doméstica... e tem a violência que é a presença do tráfico de drogas." (Assistente social 1)

A fala de outra assistente social, que coordena trabalhos no Departamento de Habitação, também aponta o tráfico de drogas como um tipo de violência que está presente nas áreas onde a prefeitura desenvolve alguns tipos de ações. Em algumas regiões é difícil a entrada de programas da prefeitura, dado o papel desempenhado pelo traficante que domina a área.

> "... em algumas áreas que a gente trabalha há violência do tráfico de drogas... Na Catapreta tem... lá nós temos uma série de problemas...[10] e aí... o tráfico, a violência é extremamente forte... é ingerência mesmo." (Assistente social 2)

A violência doméstica é apontada como se ocorresse essencialmente nessas áreas periféricas. Isso também aparece no imaginário da população em geral, como se a violência doméstica fosse exclusividade das famílias de baixa renda. Interessa apontar que é exatamente nessas áreas que a violência, nas suas mais diferenciadas manifestações, ganha visibilidade, e sobretudo a violência doméstica e a dirigida contra a mulher.

Percebemos, em nossas entrevistas e pela observação do cotidiano local, que a notificação de casos de violência doméstica tanto contra criança, adolescente ou mulher, não expressa de fato esse mundo intrafamiliar. A falta de dados estatísticos e, principalmente, denúncias por parte de quase todos os segmentos populacionais tende a desviar a análise e reproduzir no imaginário social que essa manifestação da violência é fruto exclusivo das condições de pobreza. Observa-se esse discurso na fala de uma jovem de classe média que aponta os assaltos, roubos e furtos como típicas manifestações de violência que ocorrem mais na região central, em especial em bairros de classe média como Bairro Jardim, Vila Campestre e Bela Vista, enquanto a violência doméstica aparece nos bairros periféricos. Interessante notar que a jovem de classe média

---

10. A Catapreta, na região do Jardim Santo André, é uma favela dominada por um traficante que não permite a presença do poder público.

tem uma representação de que a violência doméstica existe somente nos segmentos mais empobrecidos. Embora não seja objeto deste estudo o aprofundamento de tal questão, vale ressaltar que trata-se de um mito expresso pela falta de denúncia por parte de segmentos das classes média e alta, que têm mais resistência a apresentar denúncias do mundo privado e íntimo, tendendo a deixar a violência entre quatro paredes. Já nas populações mais excluídas e fragilizadas, essa manifestação da violência torna-se mais escancarada.

> "Eu acho que é mais assalto... pelo menos ali na minha região, na Bela Vista, tem um número muito grande de assaltos e de seqüestros... nas favelas não sei se é crime... é contra a própria criança e adolescente vivenciada dentro de casa... a questão da mulher que o marido bate... então eu acho que essa é a diferença." (Jovem de classe média)

Uma das assistentes sociais da prefeitura fala dos tipos de violência que presencia na cidade. É interessante que, em sua narrativa, ela faz distinção entre sua pessoa como cidadã e como profissional e funcionária da prefeitura. Nesses papéis desempenhados, aparecem as diferentes formas como a violência se expressa na cidade e seus rebatimentos em sua vida cotidiana. Ela, como cidadã e moradora de bairro de classe média, percebe o aumento significativo de assaltos e roubos de carro, principalmente por ter sido vítima desse tipo de violência e que afetou profundamente seu cotidiano.

> "Hoje tem uma coisa muito forte assim: de assalto, roubo de veículos... eu moro no bairro Humaitá, um bairro que nunca se ouvia falar em assaltos. Hoje na minha rua todo mundo já foi assaltado, inclusive eu... Acabou pra mim enquanto pessoa. Eu sempre fui uma pessoa que estava muito acostumada a lidar e trabalhar em meios de riscos: com favelas eu trabalhei muito tempo... mas na minha vida do dia-a-dia a partir dessa questão dos assaltos... eu pelo menos tenho medo de chegar, tenho medo de sair... Toda vez que tenho que sair à noite já me preocupo..." (Assistente social 3)

A sua narrativa expressa as mudanças significativas que vem enfrentando no local em que reside. Moradora nascida na cidade e naquele bairro, que conhecia desde pequena e onde se sentia segura e acolhida, hoje se sente acuada e insegura. O bairro deixou de ser aquele espaço seguro, conhecido, de solidariedade e de trocas, em razão da onda de assaltos e roubos, principalmente de veículos; isto faz com que as pessoas se fechem em suas casas, afetando, assim, as relações de vizinhança e de sociabilidade. Na narrativa, "a condição individual se entrelaça com a situação social e com as transformações na cidade, no espaço público e no bairro" (Caldeira, 2000: 39).

> "Uma coisa que mudou muito, principalmente porque eu nasci no bairro que eu moro, conheço muito as pessoas. Eu tinha uma relação... uma relação com o bairro muito familiar e acabava achando que era acolhedor e que era seguro. Mas, agora, eu tenho muito receio." (Assistente social 3)

Aqui, a experiência concreta de ser vítima de um assalto, juntamente com as experiências contadas pelos vizinhos e conhecidos, reafirmam o estudo realizado por Caldeira. A narrativa do crime e o uso que se faz dela simplifica a análise da vida cotidiana como "um divisor entre um tempo bom e outro ruim (...) reduzindo o mundo à oposição entre o bem e o mal, que é a oposição central que estrutura as reflexões sobre o crime" (ibid.: 33). A violência sofrida e a criminalidade passam, de certa maneira, a ser interpretação e explicação possível das profundas transformações ocorridas no espaço urbano.

A mesma lógica explicativa é utilizada para interpretar a violência vivida pela população com quem ela trabalha, originária das áreas de favelas. Afirma que a violência nas favelas é muito maior[11] e expressa que isto afeta o cotidiano dessa população, em especial as mulheres, que não podem participar de atividades noturnas, como ir a teatros, cinemas e eventos culturais em geral, conseqüentemente afetando o seu trabalho profissional.

> "Elas (mulheres) não se propõem a participar de atividades noturnas, porque elas falam que não podem sair, porque tem risco de sair à noite nos lugares onde moram." (Assistente social 3)

Os adolescentes são sobremaneira afetados pelas diferentes formas de violência que ocorrem na cidade de Santo André. São vítimas, de um lado, e agressores, do outro. O mundo da infância com o mundo dos adultos se mesclam e se entrelaçam, sobrando pouco espaço para a brincadeira, para o "faz-de-conta", para crescer com esperança e sonhos. As falas da violência e do medo se entrecruzam com seus sonhos de sucesso e de serem artistas. Uma adolescente de 14 anos, em sua narrativa, revela seus medos, mostrando como sua vida cotidiana é afetada pela violência. É interessante notar que uma adoles-

---

11. Esse "muito maior" faz referência a um tipo de violência que coloca mais em xeque a vida das pessoas e limita mais a vida cotidiana.

cente já tem uma linguagem e uma análise da questão da violência como muitos dos adultos entrevistados. Relaciona a violência local com a violência no país:

> "Violências de matar e roubar... o lado ruim... Às vezes, ainda mais adolescentes da nossa idade, a gente quer sair... e com tanta violência hoje em dia, a gente não sabe se a gente sai e não sabe como vai voltar... não sabe se vai voltar... A gente vai pro salão, numa festa... acontece briga, confusão... Esse é o maior problema aqui... Hoje, acho que no país inteiro... ." (Adolescente I)

Pondera Caldeira (2000) que a experiência vivida do crime divide a história entre o "antes" e o "depois", sendo o "antes" relacionado a um período de felicidade, relacionamentos de vizinhanças e tranqüilidade, e o "depois", a um período de esgarçamento das relações de sociabilidade e com perdas materiais e simbólicas, reforçadoras de sentimentos de insegurança, o qual desordena a vida e traz mudanças significativas nos ritmos do cotidiano.

O desordenamento da vida se dá nos vários âmbitos do cotidiano, alterando ritmos e horários. Nova dinâmica é imposta a esse cotidiano que afeta: a vida familiar, a vida da vizinhança, a vida religiosa, as relações de amigos, a estrutura arquitetônica das moradias, promovendo, entre outras exigências, um maior controle na vida dos filhos e familiares e o impedimento de transitar em determinadas áreas e locais.

Nos espaços territoriais onde se localizam as favelas, a presença e comandos dos traficantes incidem bastante sobre os ritmos e a dinâmica cotidiana.

> "Só foi falado, quando estávamos no culto, que era para fechar as portas que ia ter barulho... Quando eu saio de casa, vou visitar outras igrejas para fora, que a gente é convidado... quando é festividades em outras igrejas o culto se prolonga... fomos cultuar em São Bernardo, homenagear uma igreja, então o culto se prolonga até dez, dez e meia... Depois pra voltar? Aí a gente não sabe como que está o ambiente aqui. A gente vem com a luz apagada do carro... vem meio apreensivo, desconfiado de tudo e de todos... ." (Evangélico 2)

A violência é percebida e sentida pela população entrevistada de forma diferenciada, em razão da maneira desigual como se distribui pela cidade. Isso significa que as áreas periféricas, onde se encontram os bolsões de pobreza e as favelas, são áreas propícias a violências contra a vida, em especial aquelas decorrentes de disputas por pontos de tráfico de droga e por queima de arquivos, cobranças e vinganças e pela ação truculenta da polícia, enquanto as áreas centrais constituem-se nos cenários dos roubos e assaltos.

5. Personagens dos medos: decifrando os protagonistas e os coadjuvantes

"A vida é uma arte, perturbadora — que alucina!!
Exige transformar cada gesto e cada ato cotidiano como:
A melhor 'performance' do grande papel de nossa vida singular — coletiva"

Ao buscar decifrar como o medo social se constrói e se processa na atualidade e, em particular, na realidade da cidade de Santo André, isso nos leva a identificar o conjunto das personagens que permeiam a história local: como se entrecruzam e se articulam. Quem são os autores, os atores — os protagonistas e os coadjuvantes — ou os espectadores das cenas de violência e como os medos se expressam nos diferentes papéis vividos no cotidiano?

Ao longo da pesquisa de campo — por intermédio das entrevistas, das conversas e contatos realizados com as personagens —, os medos foram se revelando: tanto os medos próprios dos entrevistados, como os medos que estes crêem que os outros tenham. Quando se referem à população ou a pessoas, estão falando das pessoas com quem tecem relações pessoais e/ou de trabalho.

Um dos medos — inominável — que tomou conta de quase todos os sujeitos da pesquisa durante o processo da entrevista foi o medo de falar e do que falar durante as longas conversas. Há que se ressaltar que esse medo também afligiu a própria pesquisadora em alguns momentos. Falar da violência urbana e do medo social afeta profundamente a todos. O medo do desconhecido, da não clareza de quem é o outro que está a sua frente e de suas intencionalidades, por mais que essas tenham sido explicitadas, gerou momentos nas entrevistas de grandes perturbações. Falas entrecortadas permeadas de profundos silêncios, sussurros e suspiros. Era visível a afetação das pessoas, tanto no tom de voz, nas formas de elaborar suas idéias, como, e principalmente, nas suas posturas corporais, muitas vezes não condizentes com as palavras ditas.

Há de se salientar também que alguns dos entrevistados mencionaram não ter medo algum quando perguntados sobre os medos que tinham. Demonstravam em suas falas que admitir medos seria assumir fraquezas, vergonha e covardia, como já falamos anteriormente. No entanto, ao longo das conversas, quando um clima de "entrevistas" já tinha sido criado, as defesas mais desarmadas, os medos foram se revelando muitas vezes de forma fragmentada, pontual e esparsa.

É interessante observar que, no roteiro utilizado para a entrevista, apenas duas perguntas se referem diretamente ao medo e, em geral, elas eram feitas no meio da entrevista. A primeira pergunta sobre o medo sempre foi: de quem e do que a população tem mais medo? Depois, perguntava-se, quase no final da entrevista, de quem ele/ela tinha medo e do quê. Em geral, falar sobre o medo dos outros foi muito mais fácil do que falar dos seus próprios medos. Na verdade, nota-se, ao longo das entrevistas, que muitos dos medos nomeados como dos outros referiam-se, sim, a seus próprios medos, os quais os entrevistados tinham dificuldades de assumir explicitamente.

Na contagem das palavras-chave escolhidas nessa pesquisa, a palavra medo foi proferida 302 vezes pelo conjunto dos entrevistados, conforme mostrado no Gráfico 16. Ressalte-se que o vocábulo medo, em termos de incidência, foi o 4º mais pronunciado, perdendo para os vocábulos pessoa, trabalho e polícia, como pode ser constatado no quadro do Anexo II.

Esse vocábulo foi mais proferido pelo empresário (35), pela psicóloga (31) e por uma das assistentes sociais (29). Vale ressaltar que essa expressão nos discursos e narrativa referia-se muito mais aos medos dos outros do que aos seus próprios medos. O termo foi menos utilizado pelos jovens e adolescentes e, quando expresso, referia-se efetivamente aos seus próprios medos. Ressalte-se que adolescentes (meninas) e um dos jovens não mencionaram a palavra medo ao longo das conversas.

O Quadro 2 trata dos medos nomeados e dos sujeitos do medo. Buscou-se retirar do conjunto das entrevistas exatamente a forma como o medo foi expresso pelos entrevistados. O conjunto dos medos narrado e explicitado refere-se a um conjunto amplamente complexo de sentimentos das pessoas, difí-

Gráfico 16 — Incidência da palavra medo na narrativa dos entrevistados

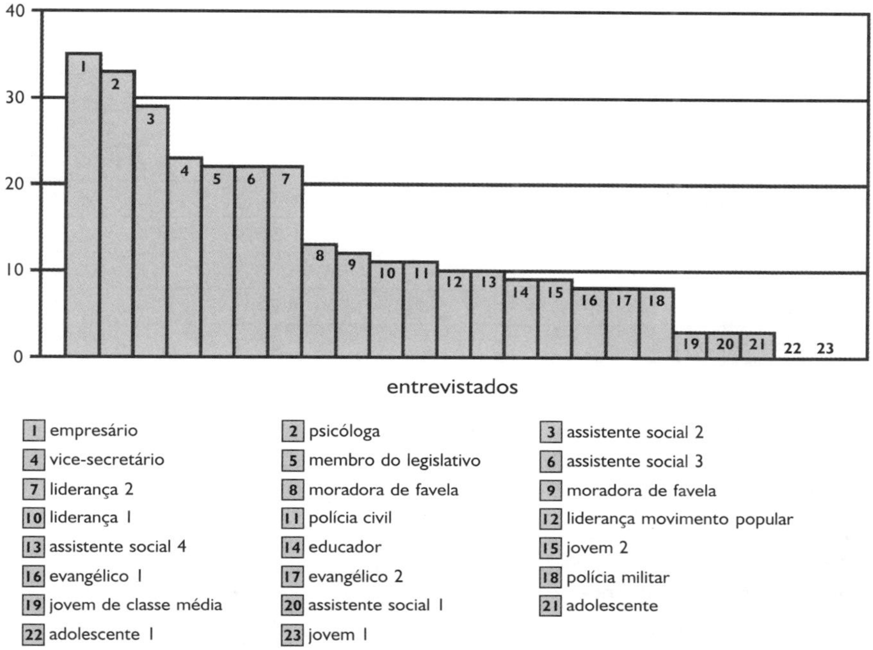

cil de classificar em categorias. Muitos fazem referência a medo de determinadas pessoas que representam e exercem poder sobre os outros, seja esse poder legitimado e legalmente instituído, seja o poder instituído pelo medo e pela submissão — por exemplo, o medo da polícia, do traficante, do bandido, do seqüestrador, do ladrão e do marido. Outros medos referem-se a medo de envolvimento com situações de conflitos entre traficantes e, entre traficantes e polícia. Outros são gerados pela falta de segurança nos locais de moradia e na cidade. Há, ainda, medos da possibilidade de morte de filho, de ver filho passando fome, de ficar doente, traumatizado. Há os que têm medo da falsidade, da desumanização e da perda da esperança. E há aqueles que têm medo de barata, de falar em público, da morte e do morto, medo de ser preso e de ser confundido, de transitar em vielas à noite e de ser seqüestrado.

Há, portanto, uma complexidade de medos, que se relacionam com medos particulares e singulares, fruto da história de cada um, das experiências das pessoas e da forma como são afetadas pelas coisas e acontecimentos. Há

Quadro 2 — Medos nomeados e sujeitos do medo

Medos	**entrevistado**	**população**
da polícia	4	10
de morte e do morto	4	
envolvimento com drogas	3	1
de ser assaltada/roubada	3	1
de sair de seu território/do centro da cidade	3	3
não tenho medo	3	
do traficante	2	4
de morrer	2	1
do bairro em que mora	2	
de tudo	2	
do bandido	1	2
da falsidade	1	
da favela	1	
do vizinho		1
de conflitos entre bandido e polícia	1	
dos conflitos entre traficantes		2
de perder a esperança	1	
de barata	1	
de se apresentar em público	1	
de ser preso	1	
de ficar doente		1
de ficar traumatizada	1	
de uma perda familiar	1	
do marido	1	
por causa dos filhos		1
de ser estuprada	1	
de seqüestros relâmpago	1	
da desumanização	1	
dos justiceiros		1
de entrar na favela para trabalhar	1	
de falar e de ouvir de morte	1	
de perder a casa		1
de passar a noite nas vielas	1	
de criança ficar doente	1	
de ver filho morrer de fome	1	

outros, no entanto, que são medos singulares sim, mas que têm sua construção socialmente definida e que são criados exatamente como um instrumento de submeter os outros a desejos e interesses em contextos individuais bem definidos. São construídos em processos de relações de poder e de submissão, em que a força, seja ela da palavra, do físico, de uma arma ou farda, se constitui no elemento-chave da submissão e realimentador do próprio ciclo do medo e da violência.

Esses medos podem ser classificados, como indica Delumeau[1] tentando distinguir a natureza do medo, em: *espontâneos e refletidos; permanentes ou cíclicos.* Os *medos espontâneos* seriam aqueles sentidos e vivenciados por um conjunto amplo da população; já os *medos refletidos* seriam aqueles "decorrentes de uma interrogação sobre a infelicidade, conduzida pelos conselheiros espirituais da coletividade — portanto, antes de tudo, pelos homens de Igreja" (Delumeau, 1996: 31). Para o autor, os medos espontâneos podem se distribuir entre *medos permanentes* e *cíclicos*. Os *permanentes* são "ligados, ao mesmo tempo, a um certo nível técnico e ao instrumental mental que lhe correspondia: medo do mar, das estrelas, dos presságios, dos fantasmas, etc." (ibid.: 31). Os *medos cíclicos* são aqueles voltados para acontecimentos periódicos, como epidemias, aumentos de impostos, miséria e guerra. Os permanentes são aqueles, via de regra, sentidos e compartilhados por sujeitos de diferentes classes e segmentos de classe. Já os cíclicos são medos que podem atingir toda uma população, como no caso de epidemias, ou somente determinados segmentos de classe. Por exemplo, hoje, a dengue ou a gripe asiática, ou a perspectiva de armas químicas, que podem afetar qualquer segmento de classe. No entanto, o medo da violência e da criminalidade, embora atinja todos os segmentos de classe, afeta de maneira diferente cada segmento e, conseqüentemente, as formas de reação ao mesmo. Parece-nos que Delumeau nos oferece pistas para pensarmos a forma como o medo social se constrói nas realidades urbanas, no campo onde se manifestam as diferentes formas de violência, que se expressam e atingem diferenciadamente o conjunto da população.

Os medos expressos por nossos entrevistados têm nomes, sujeitos que os provocam e os mantêm vivos e permanentes, mudando quando muito sua aparência, mas que refletem processos construídos e articulados historicamente e que mesclam um conjunto de personagens, autores e atores.

---

1. Vale ressaltar que muito embora os estudos realizados por Delumeau refiram-se à história do medo no Ocidente de 1300-1800, estes nos ajudam a pensar a forma como os medos se constroem na atualidade.

A pesquisa reafirma que a ausência de políticas públicas cria espaços propícios para a disseminação das diferentes manifestações de violência, criando, assim, a possibilidade de outros poderes paralelos, dominados pelo mundo do tráfico, se expandirem e se fortificarem. O poder público tem dificuldade de entrar em muitos desses espaços, sobretudo quando estes já são dominados por traficantes com uma especialização maior, com vínculos e relações com outros comandos exteriores à cidade. Quando entra, o faz por meio de negociações nem sempre explicitadas e oficializadas com as lideranças e os "donos das áreas". O medo e a convivência com ele se fazem presentes na vida do conjunto dos entrevistados.

Os enredos da violência e do medo traçados anteriormente permitem, agora, identificar o conjunto dos personagens que participam desta história. O papel do protagonista é dedicado ao conjunto das pessoas que vivem e convivem com os medos urbanos. Nesta história, o enredo é complexo e profundamente maleável, pois os personagens, embora claramente delimitados, emprestam falas e ações aos demais personagens. Os personagens principais deste enredo são: a polícia (civil e militar), os traficantes, as lideranças, os moradores comuns, membros do Legislativo, membros do Executivo e o conjunto de técnicos e profissionais que mudam de cena e lugar dependendo do capítulo da história. Destes, dois personagens principais se destacam: o traficante e a polícia.

Personagem: o traficante

O traficante e as lideranças vinculadas ao tráfico de drogas têm papel significativo nas áreas de favela. Traficante é aqui entendido como aquele sujeito que comanda e tem o poder de domínio em uma determinada área, seja ela uma favela inteira ou setores da favela. O traficante é identificado como "ele" ou "eles", o "braço direito do homem" ou o "dono da área", "patrão da área", o "chefão". Algumas vezes, também é designado como as "lideranças". Claro é que essa designação minimiza o papel do traficante enquanto sujeito que de fato organiza e articula o tráfico de drogas, armas e criminalidade e que não tem no local das favelas seu lócus residencial e de vida. Mas optamos por essa designação, considerando ser a denominação mais utilizada no decorrer das entrevistas. Ao falarmos dele, não estamos falando do traficante, vinculado ao tráfico internacional, que tem nessas favelas apenas pontos de passagem para que seu negócio se realize, mas daquele que trafica drogas e interfere poderosamente no cotidiano dos moradores, tendo em vista que sua presença é notada e constante.

> "O cabeça, ele mesmo, você nunca pega... ele vem como se fosse uma sombra. Ele faz isso." (Evangélico 1)

A forma de designar ou nomear a pessoa que tem o poder total sobre todos — e o exerce — na localidade vinculada ao tráfico varia de segmento para segmento da população entrevistada. Os técnicos entrevistados, de maneira geral, ao se referirem a esses sujeitos, falam das "lideranças", do "traficante" e, às vezes, até dos "bandidos". Em geral, essa nomeação vem acompanhada de risos, buscando expressar que essa "liderança" não significa as lideranças populares nas áreas e sim, as lideranças que têm poder significativo no local e que, sem dúvida nenhuma, são identificadas como os traficantes e os donos de boca de fumo, crack e cocaína, além de estarem vinculadas a outros crimes, como roubo, assaltos, desmanche de carros, tráfico de armas etc.

Com certeza, o tráfico de drogas em Santo André, mesmo que ainda em proporções reduzidas se comparadas a outras localidades brasileiras, como já vimos anteriormente, nos dá indicações e pistas da sua dinâmica e de como ele afeta a vida cotidiana das pessoas em um determinado território, em especial nas favelas, onde tem visibilidade e é escancarado.

> "Ele pode estar no bairro... com certeza... mas... no núcleo ele é mais visível, mais escancarado, vamos dizer assim: não se esconde... não é velado... não tem a preocupação de ficar escondendo... eles estão lá... eles estão nas esquinas... estão conversando." (Assistente Social 2)

O poder do traficante é exercido em todas as instâncias da vida dos sujeitos moradores locais. Ele intervém nas situações de sobrevivência imediata das pessoas (alimentação, medicamentos, transporte de emergência a hospitais), nas relações familiares que envolvam conflitos entre homem e mulher, pais e filhos e nas relações de vizinhança. Intervém criando empregos, mesmo que no mundo da ilegalidade. E, particularmente, intervém nas áreas da vida do cidadão em que caberiam ações e políticas do Estado.

> "O tráfico é a alternativa de sobrevivência, de trabalho, que mantém e garante a sobrevivência de algumas famílias." (Psicóloga)

De alguma maneira, é o tráfico que ocupa o vazio deixado pela ausência de políticas sociais públicas no âmbito da habitação, assistência social, saúde e educação, empregabilidade, segurança e lazer. Gera empregos no campo da ilegalidade, à medida que arrebanha exércitos de crianças e adolescentes que assumem as mais diferenciadas funções no mundo do tráfico. Assume o papel de garantir a "ordem e a segurança" nos espaços por ele ocupados e apresenta característica de uma fatia do mercado de trabalho "ilegal e ilícito", mas consentido e tolerado. Chega a ser mencionado por uma das profissionais entrevistadas que a relação de convivência do Estado com essa situação é de tal forma que poderíamos pensar numa "parceria" do Estado com o mundo da ilegalidade e marginalidade.

> "Crianças e adolescentes, porque são filhos de usuários, porque são usuários, por que são aviõezinhos... eles começam cedo nesse mercado de trabalho... A gente percebe, na favela, que o tráfico é uma possibilidade de trabalho real de manutenção da família... é o funcionário do tráfico." (Psicóloga)

O tráfico e o conjunto das ilegalidades e atividades ilícitas que se circunscrevem em torno dele geram empregos informais e ilegais. Portanto, o mundo do tráfico gerencia não só a sobrevivência no campo da assistência social, mas dá conta, à sua maneira e a partir de regras e normas de condutas próprias, do mundo do trabalho, da sobrevivência e subsistência da população esquecida e que se encontra "à margem" da vida social. Isso porque, mesmo sendo uma atividade ilegal e ilícita, seus contornos se mesclam e se confundem com os contornos do mercado formal e das políticas oficiais. Por outro lado, o produto do tráfico — as drogas — é consumido amplamente por segmentos de classes, não moradores de favelas que, percebendo ou não, mas indiferentes a isso, são alimentadores e sócios desse grande negócio.

> "Parece-me que a ausência do Estado tem a ver com a identificação dos moradores, no sentido de impotência que eles passam a sentir, tanto o morador, que é vítima do traficante, o Estado também fica refém do traficante... porque ele também tem medo... ele não fala sobre isso... ele finge que não vê... ninguém sabe o que aconteceu... ." (Psicóloga)
>
> "O traficante é a mão longa do Estado. Ele faz o que o Estado não faz." (Membro do Legislativo)

A ausência do Estado em determinadas áreas é apontada também pelo policial civil como a situação que propicia ao traficante ocupar o espaço vazio, pois o traficante aparece como o protetor.

"Nos lugares mais carentes o traficante chega primeiro do que o Estado... então as pessoas podem buscar no traficante, naquele ladrão, um paradigma, seu protetor." (Polícia civil)

Aos olhos dos entrevistados, sejam eles moradores de favelas, sejam os funcionários públicos que exercem funções de coordenação ou de comando na prefeitura, sejam os policiais, moradores de bairros de classe média ou membros do Poder Legislativo, o traficante é visto de forma ambígua. Ao mesmo tempo, é tido como um sujeito que se encontra no mundo da contravenção e da ilegalidade, mas que, no entanto, representa um papel de suprir as necessidades mínimas e básicas da população. É ele que, na hora da "precisão", ajuda as pessoas. De onde vem essa ajuda ou de onde vêm os recursos e as intencionalidades "dele" é pouco mencionado ou, de alguma maneira, minimizado. Os fins aparecem aqui como justificativas dos meios. Apesar de ser um dinheiro "sujo", ele está sendo "bom" para as pessoas, ajudando-as nas horas de dificuldade. E pouco se fala, ou se tem noção, do caminho que o dinheiro do tráfico percorre entre os "traficantezinhos" locais e as grandes máfias da propina, dos paraísos fiscais, de empresas, de bingos e outras formas de lavagem de dinheiro.

"Quem ajuda? Os traficantes, porque as pessoas chega nele... sabe que vende droga... sabe que faz todas essas coisas aqui... as pessoas chega, pede a eles... mas ele não vai negar... ele vai e compra... se você precisar de alguma coisa aqui... ele vai vir... ele vai chegar... tudo bem que o dinheiro dele não presta, é de droga, mas se você tiver precisando de algumas coisas, normalmente ele vai chegar e vai dizer: tudo bem, eu vou mandar comprar uma cesta básica, uma carne que você tá precisando. Ele vai lá e compra. Dinheiro pra bebida ele não dá. Ele dá alimentação." (Educador)

A representante do Legislativo narra uma história de quando foi procurada por um grande traficante[2] da cidade para dar cursos às mulheres de uma das favelas locais. Logo de início, explicita o que deseja e que não veio em busca de nada do Estado para a população, pois isso ele mesmo faz.

"Aqui quando a gente precisa de cesta básica pra população nós vamos buscar... ninguém vai pedir cesta básica para a senhora. A população não precisa de nada:

2. Trata-se de um dos traficantes que acabou sendo preso após uma ação da polícia na favela, o que deixou a população contrariada. Em uma das "megaoperações" realizadas pela polícia civil de Santo André, na favela, foi encontrado um caminhão roubado com carga de mil litros de leite.

chega carga de carne, cesta básica, remédios e leite... Ele rouba a carga. Então aquela comunidade é uma das poucas que conheço que ninguém passa fome." (Membro do Legislativo)

O empresário entende que a segurança dada pelo traficante é mais ampla e eficaz que a do Estado, não só em relação à proteção dos moradores locais, uma vez que ele oferece respaldo para outras questões da vida, e afirma que isso é sabido por todos.

> "O traficante ele pode não dar segurança... segurança só vale até... o ponto que o cara está com dor de barriga e vai procurar alguém que sare a dor de barriga dele, isso é segurança. O cara que quebrou a perna tem que ir correndo ao hospital, a ambulância é do traficante. Todo mundo sabe. Ou não sabe?" (Empresário)

Interessante notar que "ele" é respeitado em função do medo, do poder que exerce e do conjunto de trocas simbólicas e materiais. O conjunto das trocas — simbólicas e materiais — escamoteia e encobre, na verdade, o poder que ele exerce baseado no medo que desperta nas pessoas. Assim, contraditoriamente, é mencionado como alguém que respeita a privacidade dos moradores até certo limite. O limite é não interferir nos seus negócios e acatar as "regras" e a "lei" local por ele traçada e ditada. Esse respeito à privacidade é comparado com o desrespeito como é tratado pelos policiais. Novamente a figura do bem e do mal aparece nas narrativas, agora comparada a um mal maior. A população respeita e protege o traficante, pois ele lhe oferece coisas que ninguém mais oferece: bens materiais e segurança no espaço de moradia. O medo é desencadeado, principalmente, em decorrência dos conflitos gerados entre traficantes e com policiais, e não necessariamente o medo do traficante em si.

> "É engraçado que a população tem medo do tráfico e não do traficante... eles são buscados em alguns momentos de dificuldades: se alguém está doente... dificilmente tem alguém que tenha carro na favela para levar ao hospital num caso de emergência. Normalmente quem socorre são as pessoas que têm carro: eles dão assistência médica, psicológica e social paralela à assistência oficial... o medo é dos conflitos que existem entre os traficantes e não do traficante." (Psicóloga)

Evidentemente, essa relação de respeito é crivada por sentimentos de medo, segurança, insegurança e de esperanças, balizados pelo poder que "ele" exerce em suas áreas de comando.

> "Respeitam a privacidade do pessoal... mas quando ele fala assim: toque de recolher. Aí as pessoas logo em seguida têm que fazer tudo o que ele manda... se não fizer... ." (Educador)

Trata-se de uma relação de proteção de dupla via, conforme aparece na narrativa a seguir:

> "O A... foi preso, ficou meia hora na delegacia. Deu 50 mil reais e saiu. E a população já estava em polvorosa porque ele tava preso." (Membro do Legislativo)

Enquanto a polícia entra na favela para deter um suspeito, e o faz aterrorizando a todos, o traficante entra para pegar uma pessoa, um determinado sujeito. Aos olhos dos moradores, isso ele faz "com respeito". É interessante notar que a ameaça constante vivenciada em relação ao traficante é minimizada, entendida e sublimada. A própria noção de respeito é relativizada aqui. Noções de respeito e justiça, ou de desrespeito e injustiça, vinculadas ao medo, se confundem no mesmo discurso. A ameaça maior vem da polícia; o medo do traficante, ao contrário, aparece subliminarmente.

> "Entram aquele monte de gente dando tiro, ameaçando, chutando barracos... O traficante não faz isso. Se for entrar no barraco é para pegar aquele sujeito e vai atirar... Mas ele não tem esse problema de ficar aterrorizando todo mundo." (Educador)
>
> "O cara é respeitador. Ele mantinha um grupo com ações de injustiças, mas ele zelava muito pelo povo." (Liderança do movimento de moradia)

O fato de "ele" entrar em barracos e assassinar cruelmente pessoas é visto, de alguma maneira, de forma natural, pois é entendido como briga "entre eles". É "legitimada" no imaginário popular a "justiça" feita pelo traficante, mesmo que essas ações possam ser entendidas como ilegítimas e injustas, pois ele zela pelo povo, independentemente da forma lícita ou não com que realiza suas "ações sociais" no território. A justiça da favela é construída a partir de padrões gestados pelo dono da área, que define as regras e normas de condutas a serem cumpridas naquele território. Cabe a "ele" o papel de juiz, no sentido de julgar e prescrever as penas àqueles que tentam, de alguma maneira, burlar ou não cumprir as regras. As penas vão desde advertências, avisos, expulsão da favela até execuções sumárias. As formas e os meios que "ele" utiliza para ser respeitado e legitimado no exercício de seu poder são, sem dúvida, formas sustentadas pelo medo, coerção, intimidação e ameaças explícitas.

> "Matam quem cruzar na frente... Se alguém da comunidade começar a falar muito, questionar... claro que esse cara eles não chegam logo matando... eles vai ameaçando." (Educador)

Assim se reafirma a "Lei do Silêncio" como a grande "lei" que rege a vida nas favelas e nas comunidades. A grande lei, não escrita, mas falada de boca em boca pelos diferentes códigos e sinais, essa tem de ser respeitada e é constantemente relembrada e explicitada. Trata-se de regras estabelecidas e aceitas por aqueles pertencentes a essa coletividade, como das sanções estabelecidas, por intermédio das diferentes interações cotidianas, naquele espaço e tempo, que condicionam as normas de condutas. Trata-se do tempo catalisador da espontaneidade social, em que as condutas e normas preestabelecidas são seguidas repetidamente no cotidiano através das coerções e pressões.

O traficante ou o dono que comanda a área, organiza seu trabalho informal, ilegal e ilícito, e ilegal, de forma cada vez mais empresarial. É um trabalho que se efetiva em rede, com códigos e leis próprias, tecidas no cotidiano, que permitem que sua ação ilegal seja legitimada pelo conjunto dos moradores, tanto em função das "benesses" recebidas — sejam elas materiais ou simbólicas — como pelos próprios vínculos criados com ele. A rede de relações tecidas e construídas no território do traficante com as lideranças locais e moradores tem o consentimento e conivência de profissionais e técnicos que desenvolvem ações locais através do poder público, municipal ou estadual, ou por meio de organizações não-governamentais. A legitimidade de seu poder é fundamental para que as estruturas organizacional e empresarial do tráfico funcionem adequadamente.

Ele é a "segurança local", com a conivência dos poderes locais: Executivo, Legislativo e policial, por impotência e total inoperância. A fala de um representante do alto escalão do Executivo e da polícia militar é reveladora nesse sentido.

> "Quando a gente fala com o pessoal da favela, eles falam assim: a polícia nunca entra aqui. Quando ela entra... ela entra atirando ou batendo... Aqui nós temos proteção do fulano... e o fulano normalmente é o traficante que dá entre aspas a segurança na favela." (Membro do Executivo)
>
> "Pela ausência total do Estado, o traficante não tem interesse que pessoas estranhas compareçam àquele ambiente ou que mexam com aquelas pessoas." (Policial militar)

O traficante é alguém por quem a população sente "confiança e respeito", motivada pelo medo e por não vislumbrar outra alternativa. Mesmo que o respeito seja construído com bases no medo, a confiança se reafirma, pois ele não "ataca" indiscriminadamente uma área ou alguém, a não ser os chamados grupos "pés-de-chinelo"[3]. Esses acabam amedrontando e assustando a população moradora de favela. O traficante e os gerentes de área estabelecem relações de trocas, que vão além dos benefícios materiais. Ele é reconhecido como a segurança local, acima dos poderes instituídos. Nota-se, entretanto, que a confiança é especificamente em relação ao traficante do seu bairro e de sua favela e não a um outro qualquer. Isso porque o traficante local sabe quem é quem dentro de um território. Por comandar a área, tem domínio e conhecimento de todos — domina, portanto, todas as informações necessárias para que seu negócio se realize.

> "Eu falo com sinceridade, é mais fácil você confiar no traficante do seu bairro... mesmo que você não saiba quem ele é... por que eu não sei... mas se ele sabe quem sou eu ele não vai usar de uma violência para mim se eu não fizer nada contra ele... do que confiar na polícia que você não sabe se ela é polícia ou bandido." (Moradora de favela)

A trama da rede tecida é de tal monta, que as pessoas envolvidas ou não com o tráfico são coniventes e consentem a existência desse poder paralelo por total impotência, tornando-se parte de seu cotidiano. Esse consentimento, surdo e silencioso, legitima esse poder que passa a ser naturalizado onde os beneficiários são os mais variados. As benesses não são só materiais, elas se deslocam para o campo da subjetividade dos sujeitos. Trata-se, em última instância, de preservar sua vida, a própria existência.

A ação do traficante se dá também nas relações familiares e nos conflitos intrafamiliares. Várias foram as narrativas dos entrevistados indicando que os traficantes "do seu bairro" não permitem violências sobretudo contra a mulher, ou que se busque ajuda fora da favela para resolver conflitos domésticos. Ele mesmo arbitra sobre essas questões. O depoimento de membro do Legislativo é revelador dessa instância de poder.

---

3. Os pés-de-chinelo são identificados como os bandidos menores, que não têm experiência e que, por conta de suas contravenções, acabam trazendo a polícia para dentro da favela, atitude essa imperdoável dentro das leis do tráfico.

> "Ele resolve até problemas de violência doméstica. Eu presenciei uma mulher chegar lá e falar: ele tá bebendo demais. Ele tá me batendo. Ele pegou um menino (parece coisas do império), e, ele faz assim: vai buscar o fulano. O menino de 11 anos tem a moral de chegar no barraco e trazer o fulano. O A. mandou chamar. Ele tem medo daquele menino de 11 anos... E vai... E os meninos cumprem esse papel. É um *boy* trabalhando para o chefe." (Membro do Legislativo)
>
> "Isso aí até o pessoal não aceita. Se ver um cara batendo numa mulher... ??? ninguém deixa... É assim... cada um faz o que quer da vida, mas essas baixarias assim, não aceita." (Jovem 1)

As relações tecidas entre moradores de favela e o mundo do tráfico deslocam-se para um campo da subjetividade. O traficante passa a ser visto como amigo, como família. O trabalho dele é como outro qualquer. A segurança da própria vida fica entrecortada com a segurança em relação ao cotidiano vivido. O problema de o traficante lidar com atividades ilícitas e ilegais é suplantado pelo fato de ele morar lá, ter família com a qual as pessoas tecem relações de vizinhança e que até levam a justificar suas atitudes e buscar explicações para o envolvimento "dele" com o mundo da criminalidade. Trata-se de um "mal" menor diante de males maiores.

> "... talvez as circunstâncias da vida... achou que aquilo era a solução, e, entrou naquela, não teve mais como sair. Mas, na maioria, não queria a mesma coisa para o seu próprio filho... quer outra vida para seu filho. Então se seu filho pega outra vida, outro começo, tem outro caminho, é respeitado... eles todos são famílias... cada um dentro das suas possibilidades, dentro de seu conceito de vida... cada um é cada um... tem sua responsabilidade, seu respeito." (Moradora de favela)
>
> "É tudo amigo nosso... é tudo pessoa que era sossegado na infância, não se envolvia com drogas, com crime... agora passaram a fazer parte aí, a gente cumprimenta, tudo, mas... ." (Jovem 2)

Os vínculos criados com os traficantes que se mantêm a partir do medo podem ser alterados em função do conhecimento que as pessoas passam a ter do sujeito ou tinham anteriormente. Trata-se de uma estratégia do próprio traficante de manter seu domínio. Por parte da população, configura-se como uma estratégia de reagir ao medo, suplantando e minimizando os conjuntos das injustiças presentes. Muitos deles fazem parte do rol de amigos, que cresceram juntos. O trabalho do traficante e suas ações não fazem grande diferença no cotidiano, pois é exatamente no cotidiano que ele ajuda: nos momentos mais difíceis e nos alegres também. Ele tem família como a maioria dos moradores, tem filhos e, portanto, os laços criados são laços de afetos, medos, incertezas e desejos. A narrativa do empresário é emblemática para explicitar essas relações e como elas se efetivam.

> "Eu tenho que ser truculento, eu tenho que ser mau, ter matado um monte de gente... mas isso pode ser um monte de mentiras. Eu posso ser simplesmente um ser humano normal que tô traficando, né? Você não me conhece, tem lá uma puta barreira entre eu e você. Quando você passa a me conhecer, o que eu faço passa a ser secundário. Então a sociedade não paga, não recebe só pelo silêncio. Porque quando ela passa a conhecer a pessoa, quando ela precisa da pessoa aquilo acaba." (Empresário)

No entender desse empresário, aquele sujeito que é traficante é também amigo das pessoas. As pessoas o vêem como amigo, que ajuda, e isso faz com que fechem os olhos para as suas ações ilícitas.

> "Porque também se você não fala, porque ali tem um amigo seu, tem um cara que te ajuda. Ele não paga pra você ficar quieto. Por que eu vou querer que você pegue meu amigo que tá ali? É meu amigo. Ele é traficante? Eu sei lá no que ele trabalha... passa a ser secundário aquilo que o amigo faz. Se eu puder ficar com o amigo eu não quero saber o que ele tá fazendo. Eu fecho o olho pra o que ele tá fazendo. Não é isso? Corrupção é um tráfico... É muito pior que o tráfico... O mundo vive corrupção e o mundo fecha o olho para um monte de amigos seus... ." (Empresário)

A articulação do traficante local com redes externas é explicitada por um dos entrevistados que identifica no traficante local somente a ponta do *iceberg*. O patrão mesmo raramente aparece ou é conhecido das pessoas, mas deixa seus soldados de vários níveis organizando o trabalho local.

> "Ele faz isso... ele determina de uma maneira, ele usa o segundo, ele usa o terceiro e o quarto, para chegar ao quinto que é o que vai fazer a parte." (Evangélico I)

Para seu exército, ele arregimenta crianças e adolescentes que se encontram em situação de vulnerabilidade social e pessoal, através do poder da sedução — do ganho fácil — e, principalmente, pela total ausência de políticas públicas voltadas para esse segmento ou que atinjam esse segmento oferecendo de fato alternativas. As mulheres são mencionadas por um dos entrevistados como pessoas que levam e trazem a droga no interior da favela e raramente são revistadas, além das crianças, pois estas não "pegam cadeia". Adolescentes entrevistados narram as pressões sofridas para entrar no mundo do tráfico, seja como usuário, seja como trabalhador: o processo de sedução é difícil de não funcionar.

> "Muita pressão para usar droga... começar usar para ficar viciado, pra trabalhar pros caras e pra usar a droga." (Adolescente 2)
>
> "Sofri muita pressão pra consumir a droga." (Adolescente 1)
>
> "Usam as crianças porque não dá cadeia... mulheres porque é difícil a polícia revistar mulher... a polícia age mais com homem." (Evangélico 1)
>
> "Ele criou um exército próprio [grande traficante] da juventude." (Membro do Legislativo)

A forma de sedução da criança e adolescente inicia-se pelo consumo da droga, através de processos que envolvem criar vínculos, criar dependência através do prazer que, aos poucos, se transforma em relação de medo e de busca de *status*. Essa fase do processo leva o adolescente e o jovem para outras esferas de ações ilícitas: de usuário para trabalhador do tráfico e da sustentação do tráfico. Portanto, o traficante tem uma estratégia de conquista e de envolvimento do jovem que se desenrola através de passos, indicados por uma das lideranças:

1) Dar a droga de graça para conquistar a criança e/ou adolescente;

2) Dar dinheiro e fumo para o menino ("pois ele sabe da situação econômica e das necessidades da família e do menino");

3) O menino topa;

4) Nesse estágio, começa a cobrança e a iniciação em outros tipos de atividades ilícitas: "Você fumou, tá me devendo... você vai me trazer um carro... aqui tá uma arma";

5) "Se você não fizer isso até amanhã, você já sabe..."

Esse processo envolve não só o medo, mas é permeado de prazer, desejos e fascínio de conseguir acesso a bens de consumo e de ter poder e *status* propiciados pelo mundo do tráfico e da marginalidade. É profundamente sedutor para adolescentes e jovens, conforme narra a representante do Legislativo com relação a possibilidades de ganhos.

> "Acredito que, hoje, se você estalar os dedos, você cria em dez minutos um exército da juventude... tem emprego de R$ 400,00, mais cesta básica... você vai ser olheiro ou avião, ou qualquer outro tipo de coisa." (Membro do Legislativo)

Para os entrevistados, em geral, as crianças e adolescentes são usados pelos traficantes, pois, de alguma maneira, a "impunidade" e as garantias do ECA (Estatuto da Criança e do Adolescente) "abrem essa brecha", de um lado e, de outro, a criança e o adolescente, diferentemente do adulto, são "mais corajosos e enfrentam riscos". Trata-se, ainda, de uma mão-de-obra em disponibilidade, facilmente substituível e descartável.

> "Eles estão trabalhando muito a faixa de 14 a 17 anos (por causa da brecha do estatuto). Eles estão pondo na cabeça da meninada que roubar, assaltar com arma não é preso... Esses meninos têm coragem. Os meninos nossos dizem que a reação deles é de despeito. Ele vai pra cima e elimina com pouca conversa. Então não tem nem terror. É diferente de adulto que pensa um pouco mais." (Liderança de Movimentos de Moradia)
>
> "É por isso que eles estão usando o adolescente nessa faixa. E também pela questão que falei inicialmente, dos parâmetros da lei. O pessoal fala que se argumenta da proteção, de que não vai preso, que eles chama advogado... que daí isso é fácil. E depois essas questões, a gente viu que o problema financeiro da maioria dos adolescentes está no mercado de consumo. As famílias não têm estrutura pra bancar. Se na classe média, para muitos já é difícil, imagine desses muitos que estão totalmente desprotegidos." (Polícia civil)

Segundo o policial civil entrevistado, em 80% dos homicídios ocorridos na cidade de Santo André há envolvimento com o tráfico de entorpecentes. Esse envolvimento pode ser ou como mero usuário, que deve ao traficante e não pagou, ou por meio de desavenças e conflitos surgidos "pelo estado alterado em que ficam ao usar o entorpecente". Isso é corroborado pelo policial militar quando afirma que os crimes e homicídios cometidos na cidade são decorrentes de vingança e de crimes vinculados a entorpecentes, principalmente de cobrança do narcotráfico.

Na narrativa do policial militar, podemos identificar três categorias de usuários de droga: usuário convencional, o traficante usuário e o traficante eventual. Dessa forma, os usuários de droga mantêm vínculos diferenciados com o mundo do tráfico e com o traficante. Aqueles que têm dificuldade de pagar para seu consumo próprio podem passar a trabalhar para o traficante em troca da droga. A esse o policial militar denomina de traficante eventual, que trafica para manter seu vício.

> "Nós temos pessoas que se drogam, depois chega num ponto que não têm mais dinheiro pra comprar a droga. Então fala, então você vai trabalhar para o tráfico.

> Então cada 10 pedras de crack que você vender, 3 são suas... Então vende, não recebe nada em pecúlio, ele recebe só em droga, pra sua subsistência." (Policial militar)

Já para aquele que não pode pagar, não consegue roubar da mãe e do pai, não se dispõe a trabalhar para o tráfico, a possibilidade de continuar vivo passa a ser remota, pois dívida de droga precisa ser paga e não é perdoada. Lei maior do tráfico que, se não for seguida, tem como sanção a "pena de morte".

> "A criança que não consegue pagar o traficante, não consegue roubar do pai e da mãe, o traficante vai e liquida o filho." (Evangélico 1)

Os policiais (civis e militares) não mencionam as brigas e disputas pelos pontos como uma das causas dos homicídios. Portam-se como se essas coisas não existissem realmente. Mas elas são mencionadas pelos moradores que vivem e presenciam constantemente esse tipo de ação.

As lideranças locais e moradores referem-se a esses momentos como "acerto de contas" entre eles, seja na disputa de um ponto de tráfico ou uma boca, seja na aplicação do castigo às pessoas que desrespeitaram a lei. Nessas circunstâncias, é explicitado aos moradores antecipadamente, através de sinais e mensagens que chegam, o "toque de recolher". A liderança do movimento de moradia explicita a diferença entre as disputas e os acertos. A "disputa de ponto" é uma ação mais demorada, que pode levar dias, e o "acerto de contas" é uma ação localizada, para eliminar uma determinada pessoa que infringiu algumas das leis estabelecidas.

> "Quando eles ficam muitos dias vigiando é porque estão disputando ponto. É um grupo para entrar e tomar o ponto de outro... no acerto de contas os caras vêm a pé, encapuzados ou de carro para ver se vêm pegar o cara e aí pegou vai embora." (Liderança do Movimento de Moradia)

Uma disputa por um determinado ponto de venda de drogas pode se dar de duas maneiras: ou o ponto é comprado ou é dominado "à bala". Quando comprado, não há brigas e tiroteios no local. Mas quando o ponto é invadido e ocupado, as disputas que se travam podem se transformar em pequenas batalhas locais que levam dias.

> "Quando você fala de ponto, você fala que eles vai comprar, eles compra do outro ou toma na bala. Depende... Lá na Vila Luzita, tem uma favelinha que a

gente tem um trabalho, tem uma informação, que foi cobrado 28 mil reais o ponto do comando na região. Lá é uma região que tem vários pontos na cidade." (Liderança do Movimento de Moradia)

Nas ocasiões de disputas pelo ponto, o cotidiano dos moradores de favela e dos profissionais que atuam nas áreas é profundamente afetado. As regras precisam ser respeitadas e os horários estabelecidos devem ser cumpridos. Esses embates são os que mais assustam e amedrontam tanto a população como os técnicos que atuam nas áreas.

"(...) volta e meia tem uma questão de guerra de quadrilhas de tráfico, e são coisas violentas... e daí a violência pega um monte de gente... isso aí dá medo" (Assistente social 4)

"Aí seis horas não vê pé de gente na rua." (Educador)

A forma como o tráfico vem se configurando em algumas regiões da cidade evidencia contornos espaciais claros e delimitados. Quando isso acontece, "a questão parece ganhar uma dimensão política completamente diferente daquela que se encontra na criminalidade pulverizada, seja ela convencional ou não. Se por um lado essa 'territorialização' reforça estereótipos e estigmatiza importantes segmentos sociais do espaço urbano, por outro passa a constituir efetivamente novas redes de sociabilidade, que emergem das relações de poder que demarcam esses territórios" (Misse, 1998: 2).

O tráfico de drogas em Santo André, apesar de não ter sido apontado pela polícia local como avançado, dada a quantidade de apreensões de entorpecentes feitas, dá indícios de um tipo de hierarquização e especialização, principalmente na região do Jardim Santo André e Catapreta. Sua estruturação se assemelha com aquelas estudadas por Misse (1997) no Rio de Janeiro.

A partir da narrativa dos entrevistados, identificamos uma estruturação assim organizada: há uma coordenação central, que não mora na cidade, chamada por alguns de "sombra" e, por outros, de "tubarões", aqueles que jamais serão presos. Na região, há um coordenador-geral, que comanda diferentes favelas. Ele é quem gerencia e julga todas as ações e pessoas locais. É visto como um indivíduo frio, com quem as pessoas não se relacionam diretamente e de quem têm muito medo. Nas áreas de favelas, há uma diretoria com presidente (gerente), vice, tesoureiro e secretário. No total, somam, em média, quatro a cinco pessoas que comandam e dominam uma determinada área, tendo um chefe a quem todos se dirigem — o dono da área. São esses que estabelecem as relações, direta ou indiretamente, com os moradores, lideranças locais, profissionais e técnicos que atuam na área. Por intermédio de seus comandados, arrebanham adolescentes e jovens para as diferentes tarefas envolvidas com o tráfico. O ponto pode estar localizado no interior da favela ou próximo a bairros nobres (nas franjas da favela) para facilitar a aquisição da droga pelos consumidores das classes média e alta.

> "O gerente é responsável pelo grupo... porque nem sempre o ponto forte deles é na favela... Aqui mesmo eles tinha um ponto forte aqui no bairro." (Liderança do Movimento de Moradia)

O foco e o interesse deles são os clientes pagantes e não aqueles que não têm como bancar o vício. A esses, pode caber o papel de tornar-se membro do grupo, não só como usuário, mas, e principalmente, como alguém que ajuda na passagem da droga e na manutenção da estrutura através de pequenos furtos e roubos. Os chamados "*nóias*" não interessam ao gerente da área, pois atrapalham a organização local e atraem a polícia, gerando conflitos indesejáveis aos donos da área. Os "*nóias*" são os mais facilmente eliminados, como narrado por liderança do movimento de moradia.

> "... ele chegou a deixar bem claro... nós não queremos o povo pobre, nós queremos o povo que tem dinheiro, nós queremos é classe alta... que dá o crédito... compra... e o pessoal bem sabe... que vê... lá na Tamarutaca entra cada carrão, nem de classe média é, é filho de tubarãozão mesmo que vem buscar... Então isso é muito bem organizado. Como tem muito dinheiro é fácil a organização. Então essa disputa dentro da área, é claro que na favela tem sempre os que chamam 'nóias', que dá problema e que precisam ser eliminados. Por que dá problema, é o que não tem dinheiro rouba coisinha barata, aquele que leva a polícia lá dentro, é aquele que enche o saco... e por isso é eliminado e, chama atenção, por isso chama o nóia." (Liderança Movimento de Moradia)

A forma de organização, no entanto, é desigual na cidade, pois depende dos vínculos locais ao tráfico mais organizado que extrapola os limites da favela, da cidade e do Estado. Na fala dos entrevistados, algumas regiões e favelas possuem estrutura mais articulada e empresarial, como, por exemplo, na favela Catapreta, Sacadura Cabral, e o conjunto de favelas do Jardim Santo André. Nessas áreas, o gerente-geral, além de comandar toda a área, decidir todos os conflitos, inclusive os intrafamiliares, é responsável por roubos de cargas de carne, leite, alimentos e remédios que distribui para os moradores. Nas áreas de comando mais organizado, os conflitos são resolvidos pelo patrão da área. Em geral, nas áreas mais organizadas, o comando está centralizado em um "chefão".

> "Na Sacadura Cabral que é uma área de tráfico pesado... ali tem um único chefão... pequenas disputas não tem.... Porque eles não permitem que tenham porque eles não querem a polícia lá dentro, porque atrapalha." (Assistente social 2)

Nas áreas de comandos menos organizados, onde o tráfico está pulverizado e dominado pelos chamados "pés-de-chinelo", os conflitos são maiores e sem controle. Estes atacam mais e de forma indiscriminada, e conseqüentemente, são mais atacados, como se observa na narrativa de liderança.

> "Agora, cada comunidade pode ter uma ação. Às vezes pode ter um grupo mais organizado, de poder econômico mais alto, eles têm uma visão diferente. Agora pode ter outros grupos, aqueles chamados pés-de-chinelo, aqueles que não têm uma visão mais alta, eles atacam e são atacados demais. Ali não tem poder aquisitivo para bancar uma coisa maior então eles saem atacando... ." (Liderança Movimento de Moradia)
>
> "Na Tamarutaca é diferente, você tem disputa entre pequenas gangues do próprio tráfico. Então é mais perigoso." (Assistente social 4)

Segundo policial militar, a cidade de Santo André não é rota de passagem de tráfico. O tráfico existente é pequeno e, portanto, as quadrilhas não são tão significativas assim. Embora vinculadas a um tráfico maior, a incidência delas na região é pequena ainda em termos de ramificações. Trata-se da ponta de uma ramificação, cujas relações encontram-se fora da região e das quais nem os chamados "traficantezinhos pés-de-chinelo" têm domínio.

> "Aqui o que é grande para nós é de repente você ter dois quilos de *crack*... cinco quilos de crack são grandes traficantes. Mas isso é a pontinha de um *iceberg*... o tráfico funciona com tantas ramificações... pra chegar na pessoa... o traficante mesmo... o traficante é aquele que tá de terno e gravata. Tem às vezes seu avião particular. Esse é o traficante... daí eles vêm... tem seus gerentes do tráfico, supervisores e esses traficantezinhos do Jardim Santo André, isso aí é pé-de-chinelo... esse tem ligação com outros, mas a nível baixo." (Polícia militar)

O grande traficante, aquele que articula, organiza toda a ação do tráfico, esse jamais aparece, é o tubarão, é o sombra, é o que, em última instância, mais se beneficia com a contravenção e sempre está impune.

> "É aquele que não aparece nunca, porque nada é no nome dele, é tudo por celular... é tudo por outras formas de comunicação. Tem um sistema de lavagem de dinheiro... de repente são empresas... bingos... feitas pra isso mesmo." (Policial militar)

Regras e normas de convivência: sinais e pactos

Há um respeito em relação às atividades, programas e projetos desenvolvidos nos territórios dominados pelos traficantes, desde que determinadas regras sejam obedecidas. Tais regras são explicitadas aos técnicos e lideranças e moradores de diferentes maneiras: seja pela visita e contato direto, seja por mensagens que chegam sem uma identificação clara de sua origem. Por exemplo, em um dos trabalhos desenvolvidos no Jardim Santo André, de percussão junto a crianças e adolescentes, o "braço direito" do dono da área procurou inúmeras vezes, os responsáveis, pois suas "crianças e meninos" estavam participando do projeto. A narração do fato explicita o processo de construção do pacto com o traficante, que envolve também as crianças e adolescentes locais. O primeiro contato foi para identificar se o educador era um concorrente local, alguém que, porventura, estivesse querendo instalar ponto novo na localidade.

> "Ele já veio aqui... tem pessoas daqui da coligação do braço direito deve vir... fez pergunta a mim... qual era meu objetivo aqui... isso no começo... Foram dois... um finado que já morreu... veio... perguntou qual o motivo... (o braço direito dele)... qual a intencionalidade aqui... então tudo bem, porque aqui não pode entrar nenhum traficante meu desconhecido..." (Educador)

O segundo passo foi cobrar do educador os "meninos dele", que ele estava desviando e tirando do tráfico, regra não permitida no local, pois interfere no negócio.

> "Tinha uns três garotos dele que sempre passava droga... ele falou o que eu tinha a ver com isso... que eu tava tirando os meninos dele de dividir as paradas dele... Aí eu falei: eu não obrigo ninguém a tocar, ele vem aqui porque ele gosta de fazer, eu não vou dizer não toque porque fulano... eu não posso fazer isso, porque a intenção do projeto é atrair as crianças para o que gostam de fazer." (Educador)

O terceiro passo é o estabelecimento do pacto, do permitido e do não permitido.

> "Ficou estabelecido que aqui a gente vai mostrar que o Jardim Santo André não é lugar perigoso, tem músico aqui... ele falou tudo bem, já que eu não posso fazer isso, os direitos da criança é de todos. O direito da criança é que manda... ele manda a criança passar droga, e normalmente tudo vê, tudo que é criança faz o que ele pede pra fazer. A criança chegou pra ele e falou: pô! Eu quero tocar, eu gosto de fazer aquilo... ele viu que ele não tinha saída." (Educador)

A jovem de classe média, que desenvolveu trabalho voluntário em áreas de favelas, refere que as próprias crianças indicavam os locais ou áreas que podiam ou não ser transitadas. As crianças aparecem como os mensageiros, que indicam ao "estranho", ao "de fora", a lógica do funcionamento local.[4] Se essa lógica não for alterada, se os limites dados não forem extrapolados, os trabalhos e a ações locais podem ser realizados e muitas vezes não só com o consentimento, mas também com o apoio do traficante.

> "A gente escutava o que as crianças diziam: que ali os traficantes sabiam que a gente ia lá e fazia visita nas casas. E assim, como eles sabiam que a gente estava fazendo um trabalho legal com as crianças e adolescentes, então eles não mexiam com a gente... sabia que tinha tráfico pesado lá... a gente ia visitar uma casa já começavam... aqui não... As próprias crianças quando iam: olha tia, vai por ali que aqui não é legal... aqui você não pode... Elas conhecem onde vivem..." (Jovem de classe média)

Nota-se na narrativa dos entrevistados o pacto sendo realizado, muito embora a maioria negue fazer pactos ou qualquer tipo de acordo com os traficantes. Sempre é necessária uma conversa, uma troca de idéias, uma negociação em que os limites e as possibilidades de trabalho vão sendo tecidos e forjados. As falas giram em torno de que suas atividades nunca sofreram interferência do tráfico, embora precisem ser negociadas a cada momento.

> "Aqui em Santo André, pelo que eu sei, que se não tiver intervenção política[5] eles nunca atrapalhou em nosso trabalho social. Olha, nessa região aqui, a gente não

---

4. Em algumas entrevistas realizadas no interior de favelas, quem nos levou e acompanhou até o entrevistado foram crianças indicadas para essa tarefa, com a mensagem clara que estando com elas poderíamos, sem nenhuma preocupação, entrar nos territórios de tráfico. Ou seja, também tivemos que pedir autorização e permissão para poder entrar.

5. A intervenção política, aqui, diz respeito a não interferir no negócio e nas ações do tráfico e da criminalidade local.

> tamos não fazendo acordo, mas sempre precisa conversar, na Tamarutaca. Porque na Tamarutaca tá tendo um problema, um conflito entre a meninada da favela e a escola Padre Agnaldo. Como compete às escolas fazer esse trabalho. A gente vai ter que negociar com os caras para colocar alguns limites. Porque a meninada tá no maior esparro, os noínhas deles." (Liderança do Movimento Popular)

A liderança do movimento popular, por sua vez, interfere nas relações entre os comandos locais com os garotos que participam de projetos na área, mas que estão envolvidos com o consumo de drogas e pequenos roubos. A liderança interfere e negocia para que os meninos não sejam eliminados, visto serem eles o elo mais frágil da corrente. São formas de construir relações e pactos negociados.

> "Infelizmente meninos do próprio projeto que estão envolvido, ele rouba a frente de carros, pra poder lá vender e ganhar o seu dinheiro. E os caras não gosta, porque isso atrapalha um pouco a atividade deles. Então isso tem um monte de conflitos. Então, tem momento que a gente tem que dar, a pessoa que vai dar uma conversada, ver como é que tá, e também pedido pra que eles não eliminem a própria meninada. Porque o próximo passo é eles mandar eliminar esses meninos tudo. Eles têm respeitado muito nessa área." (Liderança do Movimento Popular)

Há relutância em admitir acordos ou pactos realizados com o mundo do tráfico, pois isso envolve dilemas éticos. Talvez o termo "pacto" soe com uma força que assusta e incomoda a todos. É admitir a si mesmo que essa é a única alternativa para que determinados serviços, trabalhos e programas possam ser realizados. A fala vem sempre entrecortada, aparentando afirmação e negação.

Tanto os moradores como os profissionais e técnicos entrevistados referem-se a "eles" como pessoas que lhes são desconhecidas, mas "eles" os conhecem. A percepção dos nossos entrevistados é de que o traficante sabe tudo o que acontece na sua área de domínio: quem entra, quem sai, quem são as pessoas bem-vindas e aquelas que esperam que não ultrapassem os limites. Portanto, o espaço local é administrado pelos "traficantes".

> "Os traficantes nunca interferiram no trabalho... eles respeitam... Se eles moram, eles convivem numa área eles conhecem. É difícil às vezes a gente conhecer eles mas eles nos conhecem... eu nunca conversei com nenhum assim... talvez eu tenha conversado, mas eu não sei... eles não interferem na vida da gente e a gente não interfere na vida dele." (Moradora de favela)

Os responsáveis pelos comandos nas áreas, embora negado pela maioria dos entrevistados, interferem profundamente nas ações que podem ou não ser realizadas nas áreas de seus domínios: sejam elas ações de órgãos públicos, sejam ações de entidades e organizações privadas. Em última instância, segundo nossos entrevistados, são "eles" que permitem que determinadas ações sejam realizadas. Via de regra, até apóiam ações que interessam e que não vão interferir em seus negócios locais. Eles sinalizam os limites territoriais, os tipos de ações permitidos e os horários e dias de entrada e permanência na área. Em última instância, tudo pode acontecer, desde que com a permissão "deles". A fala de uma das assistentes sociais, que coordena ações de urbanização nas áreas da favela, é emblemática quanto a essa questão. Explicita as regras e sinais aos quais precisa ficar atenta e principalmente a ausência total de confiança nos mecanismos legais. Sua fala é de aceitação da "privatização" de um espaço público, dominado por sujeitos que assumem para si o poder de mando local. A reação ao medo aqui é de aceitação e retirada. Não há como se contrapor a esse poder que amedronta e coloca em risco a vida.

> "A gente tem essa, esse negócios de sinais... e a gente procura respeitar... por exemplo horário... no finalzinho de tarde, a gente tem que ter sensibilidade... se não começa a atrapalhar... então a área não é nossa... se você ficar circulando lá... em determinado horário... aí, a gente já... é... são sinais que a gente procura respeitar... a gente não se contrapõe... dão sinais nesse horário... são sinais mesmo... não precisa falar... a gente percebe... a gente se retira... ." (Assistente Social 2)

O morador comum da favela também respeita os horários, independentemente de "toque de recolher". Após as 19 horas, não é adequado transitar na favela, mesmo que isso implique em abrir mão de um momento de lazer de final de tarde para conversar com vizinhos, já que as oportunidades de lazer são reduzidas para esses moradores. À noite, não é um bom horário para sair, principalmente sozinho, pois se torna difícil ser reconhecido, podendo ser confundido tanto pelos traficantes, como pela polícia.

> "Às sete horas você já vê as coisas diminuindo, as pessoas cada uma nas suas casinhas. Não vê ninguém na rua no horário de lazer. Uma que nós não temos lugar de lazer". (Moradora da favela)

A interferência do tráfico nas ações do poder público se explicita na narrativa de uma assistente social, que exprime seus medos e inseguranças. Os recados, os sinais, as mensagens não são bem claros ou explicitados. Funcionam como uma rede de comunicação, em que as notícias e as ordens são dadas e espalhadas, sem saber muito bem de onde elas chegaram. Entretanto, esses sinais inquietam, provocando medo e insegurança tanto nos moradores como nos técnicos que atuam nas áreas.

> "Você não consegue fazer um trabalho de urbanização de favela, se você não tiver autorização desses grupos... vamos parar com o trabalho, porque vai morrer gente... é uma rede que parece ser de intriga... realmente estão dando esse recado ou é um boato? Ou é o medo que está estabelecido que acaba criando um fantasma?" (Assistente social 3)
>
> "O nosso trabalho social dentro da favela é muito respeitado, tanto pelos moradores envolvidos pelo tráfico, com o tráfico ou não... quando existe perigo, quando eles já sabem que vai ter uma disputa de um determinado ponto... isso significa tiroteios, mortes, assassinatos... eles vêm nos avisar... e a gente recebe recados. Não são os traficantes mesmo! Mas a gente recebe recado: melhor não entrar na favela amanhã." (Psicóloga)

A psicóloga assume que seu trabalho na favela só é realizado porque "eles" autorizaram.

> "Eu entro e consigo realizar um trabalho com a permissão 'deles'." (Psicóloga)

O pacto é assumido e explicitado por uma técnica que desenvolve ação direta em áreas de favelas, reafirmando que o pacto não só se efetiva em troca da lei do silêncio. Enfatiza a profissional que o pacto se constrói exatamente pelo vácuo deixado pelo Estado e pela falta de alternativa de se contrapor por medo e insegurança. Tragicamente, anuncia dilemas éticos que, talvez, nas circunstâncias em que as pessoas vivem na favela, a torcida fica de fato para o lado dos bandidos. Mas quem são, de fato, os reais bandidos?

> "Se, de um lado, existe o crime, de um outro existe um benefício que o Estado não está podendo dar... e o crime consegue... o crime organizado... Isso significa que o crime está mais organizado que o Estado... talvez a gente até acabe torcendo pelos bandidos, mais do que pelo mocinho, já que eles dão conta e o Estado não." (Psicóloga)

Outra assistente social também enfatiza a necessidade do pacto e do acordo com os traficantes em situações em que o técnico assistente social precisa fazer visitas em favelas. Estas são realizadas com o consentimento deles e através da rede de comunicação interna das favelas. Enfatiza em sua narrativa que, na morte de um traficante, o trabalho realizado em uma favela teve de ser suspenso, pois ninguém podia sair de casa.

> "Agora mesmo, para acordar as famílias do Peti (Programa de Erradicação do Trabalho Infantil)... a gente teve que pedir permissão... falar essa palavra radicaliza bastante... daí chegaram dois homens e perguntaram o que elas queriam com as famílias... e eles consentiram." (Assistente social 4)

As narrativas até aqui pontuadas demonstram o papel desempenhado pelo traficante nas suas interações com as demais personagens locais. Os moradores das favelas tecem relações cotidianas com os traficantes locais, seja através de ligações diretas ou de pessoas da família ou vizinhanças, seja através da cumplicidade e/ou consentimento nas ações realizadas. Nas relações diretas, há desde aqueles que têm ligação direta, seja como usuário, seja como trabalhador do tráfico, até aquele que é o olheiro, aviãozinho, soldados ou parte do gerenciamento, seguranças ou simplesmente amigo.

> "Todos na favela de alguma forma têm ligação com o tráfico: ou é parente, ou é filho, ou é irmão de traficante, ou é filho de usuário, primo, vizinho, pai... então ligação com o tráfico eu poderia dizer, não tenho as estatísticas, mas eu poderia dizer que 80% das pessoas que mora na favela têm ligação com o tráfico." (Psicóloga)

Personagem: O policial

A quem cabe o papel de garantir a segurança dos cidadãos?

Caberia à polícia, em última instância, pois tem ela o papel de prevenir, coibir e conter as diferentes formas de violência e criminalidade. No entanto, na história brasileira e na prática concreta das organizações policiais, seja a civil e/ou a militar, seu papel e a representação social têm sido profundamente contraditórios.

Essas organizações, a partir da suas próprias estruturas, cultura e por intermédio da prática de seus agentes policiais, têm sido responsáveis por um conjunto de ações truculentas e arbitrárias que desconsideram os direitos humanos, de um lado e, de outro, têm sido palco de inúmeras formas de relações ilícitas com o mundo da criminalidade.[6] Trata-se de um poder exercido com a autoridade que lhes é delegada, mas, muitas vezes, para fins escusos e particulares.

Um membro do alto escalão do Executivo de Santo André, que tem sua história e formação vinculada à polícia militar, aponta, em sua narrativa, a linha tênue que separa a legalidade da ilegalidade na ação dos policiais. Relaciona a polícia civil a diferentes formas de corrupção[7] e a polícia militar à arbitrariedade, que tem suas origens nas heranças deixadas pela ditadura militar. Trata-se de organizações que não se democratizaram.

> "Na polícia, a gente fala muito que o policial trabalha numa linha tênue entre a legalidade e a ilegalidade. Uma teoria muito confusa... porque se você começa a admitir isso, a gente começa a admitir que a ilegalidade faz parte do dia-a dia do policial... tem que abordar também essa prática truculenta, essa prática arbitrária... herança da polícia militar." (Membro do Executivo)

A população, que deveria olhar a polícia como alguém em quem confiar, ao contrário, identifica-a como sujeitos truculentos, que desrespeitam a lei e agridem as pessoas indistintamente, em vez de transmitir segurança. Esse personagem — o policial — aparece como o sujeito que mais provoca medo nos moradores.

> "Então eu acho que hoje, todo o cidadão, seja ele do crime, ou seja ele cidadão normal... ele é ofendido com a polícia... ele não gosta da polícia pela maneira como a polícia trata ele... Só porque o cara usa farda, tá com uma arma, empunha uma arma... fala... encosta aí... é uma agressão... você se sente agredido... Não dá para confiar na polícia... é mais fácil você confiar no traficante do seu bairro." (Moradora de favela)

A polícia civil, em especial, e a polícia militar são apontadas como os sujeitos que mais medo provocam na população, seja nos territórios de favelas, seja nos bairros de classe média. Perguntas sobre se a presença da polícia iria diminuir a violência foram rapidamente descartadas pelo conjunto dos entrevistados. A presença da polícia, por si só, significa exatamente o contrário — pânico

6. A esse respeito, ver Peralva (2000), Mignardi (1992), Caldeira (2000) & Barcelos (1992).

7. Na narrativa do membro do Executivo ele cita Guaracy Mignardi, que realizou seu mestrado ingressando na polícia civil como investigador e publicou o livro *Tiras, trutas e gansos*, onde aborda fundamentalmente o papel corrupto da polícia civil.

e terror — devido às relações tecidas entre ela e os criminosos envolvidos com os mais diferenciados delitos, em especial, com o tráfico de drogas.

> "Olha! Eu acho que não... A gente até se sente insegura se tivesse policiamento ostensivo... Eu não posso confiar na polícia, na justiça... em ninguém." (Moradora de favela)
>
> "Então... muitas pessoas daqui que já vi... Praticamente eu convivo mais aqui... eles têm medo muito mais da polícia... Tem mais medo da polícia... A polícia não sobe aí nem paga... se a polícia estabelecer aqui, aí vai ficar aquela guerra tipo Rio de Janeiro. Isso aqui... isso aqui... daí começa... o fulano de tal... vai ter que revistar a casa dele... vai sair aquele tiroteio... aquelas coisas assim..." (Educador social)

Nota-se que os próprios policiais, apesar do seu preparo, também são afetados pela forma como a violência se expande na cidade. Ser policial é um dos papéis vividos enquanto trabalhador, entretanto são pessoas que, na vida pessoal e profissional, se sentem atingidos pelo impacto da violência. O policial militar, em sua narrativa, exprime como o medo o afeta e como a mídia tem sua parte de responsabilidade nisso.

> "Um medo real, de fatos reais e o medo virtual. Porque nós somos bombardeados, diariamente, por notícias muito ruins da imprensa escrita e falada e televisada, né? Eu mesmo chego em casa e assisto todos os jornais. Então eu já sou bombardeado durante o dia todo por notícias de polícia e de todos os fatos criminosos que acontecem em Santo André. Chego em casa, assisto todos os jornais. Então eu noto que comigo, com a minha pessoa, por mais que eu tenha um preparo, por mais que eu esteja vendo a situação real das coisas, isso acaba afetando também." (Policia militar)

Entende outro policial que a população, em especial aquela moradora dos bairros mais periféricos, tem medo tanto da polícia como do bandido. Sua argumentação para que o medo em relação à polícia se amplie nesses bairros relaciona-se ao que ele indica como adaptação ao meio ambiente. Assim, o policial é entendido como produto do meio em que vive e desenvolve sua atividade profissional. Dessa maneira, o policial que executa seu trabalho em bairros nobres da cidade tenderia a ser mais educado, enquanto aquele destacado para áreas periféricas e regiões de favelas tenderia a ser mais truculento. Sua fala exprime uma imagem de que moradores de bairros periféricos, pela situação de pobreza em que vivem, condicionam a ação truculenta da polícia. Portanto, para ele, o policial é produto do meio em que exerce sua função. Entretanto, isso evidencia relações de poder diferenciadas e assimétricas entre policiais e segmentos da população. Frente aos mais empobrecidos e excluídos, o policial reafirma seu poder e autoridade. Trata-se de uma visão preconceituosa e discriminatória em relação aos segmentos mais vulneráveis da vida social.

> "O homem é produto do meio e o policial é o produto da sua comunidade. Eu comandei o policiamento da área dos Jardins, no Ibirapuera. O modelo social dos Jardins, você vê pessoas bem vestidas, pessoas educadas, pessoas que têm postura e atendem às convenções sociais. Daí eu comandei também Cidade Ademar. Cidade Ademar as pessoas, ninguém respeita ninguém... prevalece a lei do mais forte... não se tem assim... ninguém atende às convenções sociais, a postura social é de relaxo. O policial militar dos Jardins, ele moldava a sua vestimenta, o seu comportamento àquelas pessoas. E, na periferia, por incrível que pareça, o policial tem a tendência de mudar seu comportamento e sua postura, dentro daquele contexto." (Policial militar)

Estudos realizados por Reiss (2003) sobre as organizações policiais americanas mostram que estas são estruturadas "em torno de relações com pessoas e organizações que fazem parte de seu meio" (ibid.: 95). Isso propicia que, no desempenho de seus papéis, fronteiras sejam cruzadas. A conseqüência disso é que "os departamentos correm o risco de terem suas ordens subvertidas pelo meio ambiente. Um problema central para os administradores policiais é o de prevenir a corrupção do departamento por estas ligações com o meio ambiente" (ibid.: 95). Pondera ainda o autor que é comum a corrupção em ações que envolvam o crime organizado, ou seja, entende o autor que a relação dos policiais com tipos de criminalidade que envolvam tráfico, quadrilhas, entre outros, cria condições propícias (o meio ambiente) para que uma série de formas de subornos e ilegalidades se amplie. Ou seja, reafirma, nesta colocação, que os policiais próximos a situações de criminalidade tendem a ser mais subornáveis. Parece que a questão que se coloca não é de fato o meio ambiente, e sim como se estrutura e qual o papel histórico e cultural dessa corporação e da cultura da sociedade do "levar vantagem em tudo". Poderíamos indagar o que distingue o policial que é corrompido por um grupo de traficantes, com altas somas de dinheiro, do policial corrompido pelo "pai de família", que "molha" a mão do policial para não ser multado por excesso de velocidade (Costa, 1994).

O medo e a rejeição que a população sente em relação à polícia seriam decorrentes, no entender do policial militar, dos limites por ela impostos às pessoas em suas condutas e seus comportamentos. E, nos espaços da periferia, muitas vezes, ocorrem confrontos, perseguições e tiroteios que criam essa maior rejeição à polícia.

"Às vezes, a população pode ter medo do policial porque policial é aquele limitador de conduta: Olha aqui, não pode fazer isso. Criança não pode ficar no bar, não pode jogar bilhar, não pode ficar jogando diversão eletrônica... E a polícia nesse ambiente, é onde se dá, de repente, correrias, fugas, perseguições, tiros, agressões a tiro, a polícia atuante, tiroteio com bandidos. Então, a população da periferia, tem uma tendência maior de ter medo da polícia por esse fator." (Policial militar)

As narrativas mostram que a população relaciona os policiais a sujeitos truculentos, violentos e arbitrários. Além disso, identifica-os como pessoas que se relacionam com o mundo da marginalidade e criminalidade para benefício próprio.

"A polícia, eles sabem quem é o traficante, mas dá uma de bobo... a população também sabe. Quando eles entra, na visão deles, todo mundo é traficante. Quando eles entram para pegar um cara, eles (a polícia) faz aquele terror, entra aquele monte, dando tiro, ameaçando, chutando os barracos... ." (Liderança Movimento de Moradia)

Os moradores e lideranças também identificam o policial como um sujeito que discrimina a população moradora de favela. Sentem-se discriminados pela forma como a polícia age. Esta, aos olhos da população, não identifica os que são criminosos e os que não são. Para eles, a polícia vê a favela como um local onde se concentram a marginalidade e os responsáveis pela criminalidade geral. Todos são igualados por baixo.

"A polícia quando chega aqui... normalmente quando chega aqui, já vai espancando... não que saber quem é que tá certo... quem é que tá errado... eles não querem saber. Eles não pergunta: o que é que você tá fazendo... qual o motivo que... as pessoas vê que um favelado é ladrão. Mas tem um monte de favelados aqui que é trabalhador... trabalha em banco... tem o seu... tem sua coisa de camelô... tem trabalho em lojas... muitas... tem escolaridade... Então a polícia vem, vê nisso uma coisa assim... não eles não, são tudo favelados... tem discriminação." (Educador social)

"Eles têm medo da polícia. Elas têm medo do traficante... elas têm do vizinho." (Membro do Legislativo)

> "A polícia vem, vê nisso uma coisa assim... não eles não, são tudo favelados... tem discriminação. Então, aquele favelado o que ganha? Mais do que o salário, 400, 500 reais. Ele bota o carro, as pessoas diz: ele tá roubando. Se você não tiver nota fiscal de alguma coisa aqui... você é levado e morto... Então... muitas pessoas daqui, que já vi... praticamente eu convivo mais aqui... eles têm medo muito mais da polícia." (Educador social)

Aos olhos dos nossos entrevistados moradores de favela, a polícia age em relação a eles de forma preconceituosa e discriminada, nivelando todos por baixo. São vistos, tratados e se sentem como bandidos e marginais. O sentimento de ser discriminado e confundido com bandido é um dos detonadores do medo, aliado à ação que a polícia em geral exerce nas áreas de favela. É exatamente isso que provoca medo. A presença ou imagem da polícia intimida muito mais que a dos traficantes. Para os entrevistados, sua ação é arbitrária, e a do traficante é dirigida apenas contra desafetos.

> "É o medo da polícia de entrar para agir. Aqui mesmo, nós temos um caso de um rapaz que trabalhava conosco aqui. Um dia, a polícia até deu de dar tiro no barraco dele — botou o revólver dentro do barraco deles. E aí, o pessoal fica apavorado. Vai falar o quê? Vai falar que a polícia tá errada? Intimida muito mais que os próprios traficantes." (Liderança Movimento de Moradia)
>
> "Acho que da polícia... acho que a polícia confunde mais... Eles entram numa área... é incrível!!! É difícil... doloroso pra gente pensar e viver desse jeito. Mas eles entram numa área de favela é a mesma coisa. Eles não vê que em favelas também tem famílias... apesar que eu acho que também o traficante tem família. O bandido... eles todos têm família. Cada um dentro de suas possibilidades. Dentro de seu conceito de vida." (Moradora de favela)

O papel do traficante, como vimos anteriormente, é do conhecimento de todos, mesmo que de forma ambígua. Entretanto, os moradores sabem o que esperar "dele". As regras de convivência são claras. Já o papel da polícia nunca fica muito explícito. Nunca se tem certeza se ela está no local para defender e dar segurança ao cidadão ou se está no ambiente para as ações corriqueiras de propina e corrupção.

O envolvimento da polícia com ações dos traficantes e a corrupção através de cobranças aparecem na fala de todos os moradores de favela entrevistados. A população conhece e sabe os nomes dos policiais, mas não tem como nem a quem denunciar. Não acredita nos instrumentos legais constituídos para esse fim. Não reconhece na polícia a instituição que, por excelência, deveria representar a segurança e o espaço privilegiado de denúncias.

> "Agora quando a polícia vai... ela tá atrás de alguém quem ela não sabe nada... toda inocentezinha! É aí, quando o povo fica com mais medo. Em vez de estar protegendo... o principal... também assim, quando eles têm uma ação muito questionada mas abafada, quando a polícia usa o pequeno traficante, o 'noiazinha' para trazer o dinheiro pra eles. Aqui na Sacadura aconteceu um caso, que chegou até o cara e matou o cara. Mas o cara começou... batia no cara... queria um tanto de dinheiro... então o cara tinha que roubar... tinha que buscar para trazer o dinheiro... quando o cara não conseguiu mais dinheiro aí sumiu com ele. Mas tinha parada grande... tinha parada de até 8 mil reais e tinha que buscar... e esse policial tá aqui... a polícia entra, na maioria pra tirar seus benefícios financeiros." (Liderança do Movimento de Moradia)

A polícia aparece também como alguém que, através do suborno, induz crianças e adolescentes envolvidos com drogas a ampliarem suas ações ilegais, pois precisam pagar agora o pedágio também ao policial. Policiais corruptos, em troca de benefícios financeiros, amedrontam e exercem seu poder sobre o local, mas agora um poder fardado e instituído, porém sem legitimidade perante os moradores.

Essas ocasiões de cobrança assustam demais os moradores, pois, diferentemente das disputas por ponto ou por cobrança de dívidas entre os traficantes, são momentos em que todos podem ser atingidos e envolvidos nas disputas. Isso fica expresso na narrativa de uma das moradoras de favela.

> "Não me sinto amedrontada com ela, mas devido às circunstâncias que a gente vive... em determinadas ocasiões dá medo. Dá medo assim de haver um tiroteio... uma rivalidade entre policial e bandido. E você sabe como nós somos vítimas... podemos ser vítimas fatais... O que uma parede protege de uma bala?" (Moradora de favela 2)

O medo da polícia não é casual. As narrativas expressam que sua ação é truculenta, desrespeitosa, invade os espaços de privacidade dos sujeitos, desrespeitando a tudo e a todos. Vimos que essa fala sempre vem comparada ao papel do traficante, que é visto como alguém que respeita mais as pessoas.

É interessante observar que o medo do traficante, de alguma maneira, é sublimado, pois ele, pelo domínio que exerce em seus territórios, consegue que as regras e leis que impõe sejam seguidas. E ele mesmo também as segue religiosamente. Em algumas circunstâncias, a população moradora até se identifica com o traficante, como sujeito que também sofre um conjunto de injustiças e violência. Nessa lógica, se as regras são seguidas, não há por que ser violento. Escapa às pessoas que elas estão submetidas ao traficante, ao dono do pedaço, ao chefão, pelo medo e pelo poder de sedução que ele exerce. Medo esse utilizado como instrumento de submissão. Isso fica expresso em relatos e, em especial, na narrativa da liderança do movimento popular, que, ao longo das entrevistas, conta histórias vividas em que a polícia sempre aparece como violenta, truculenta e discriminatória de lutas populares. Ressalte-se que na fala dessa liderança aparece a ação da polícia vinculada a lideranças locais, com fortes laços com o tráfico.[8]

> "Em 84, a gente apanhou da polícia, foi o maior confronto que deu em Santo André, quando foi a avenida do Estado ocupada pelos movimentos daqui. O povão viu os policiais, pra despejar as 7 famílias, aí foi um transtorno mesmo. Sempre que tem um despejo (ação de despejo) o pessoal fica amedrontado." (Liderança do Movimento de Moradia)

A fala a seguir mostra, através de um diálogo, que a ação da polícia não é bem-vinda e que ela também tem relações no local junto ao traficante em momentos de ações judiciais. Ressalte-se que a pessoa indicada como traficante, responsável por uma das áreas de favela, foi um dos sujeitos da pesquisa que, o tempo todo, negou a presença do tráfico ou da violência em Santo André.

> "A polícia tudo armada, os guarda, os guarda do líder do tráfico.
> — O [nome do líder do movimento popular] o que é?
> E eu:
> — Nada.
> — O senhor é invasor aí?
> — Não, aqui todo mundo é invasor. Mostra aí alguém com um documento de que mora aqui.
> Eu disse:
> — Aí o (líder do tráfico) falou: 'Ele é invasor sim!'

8. Convém notar que uma das pessoas entrevistadas é nomeada por essa liderança como um dos traficantes, que na atualidade não desempenha mais esse poder, estando submetido ao poder de traficantes mais poderosos.

— Não, então todo mundo aqui é invasor, mostra documento, o documento que o povo mora aqui.

Aí o (líder do tráfico) falou:

— Mas você invadiu uma área que o CDHU tá remanejando.

— Não tem nada a ver, não tirou o povo ainda, pergunta pro (líder do tráfico) quantos barracos se fazem aqui por dia?

Daí ele falou:

— Mas não sou eu que faço.

Eu disse:

— Mas você autoriza.

Aí a turma juntou... um monte de gente.

— Daí um policial disse: 'O senhor precisa ir pra delegacia'.

— Aí o pessoal falou: 'ele não vai'. Vai... não vai... vai... não vai. 'Ah. Não vai levar não'.

— Tem que levar preso.

— Por que tem que levar preso?

— Porque ele é invasor de barraco.

— Mas então leva tudo preso.

Aí quando a polícia viu que não tinha muita força, ela voltou." (Liderança de Movimento de Moradia)

Para essa liderança, a polícia tem vínculos concretos e históricos com o mundo da criminalidade e qualquer policiamento mais ostensivo geraria mais violência, sugerindo inclusive que, se a 4ª DP saísse de lá (próximo à favela de Sacadura Cabral e Tamarutaca), diminuiria a violência ou pelo menos não a reforçaria.

"Nós estamos vivendo na região um dos maiores conflitos do tráfico de droga. Inclusive nós entendemos que deve ter infiltração da polícia no meio. Eu até tenho discutido com o pessoal aqui: se tira a 4ª DP podia até ajudar a diminuir a violência. Não reforçar. A comunidade, o povo tem denunciado assim, fala muito da polícia na casa dos traficantes. Isso é uma coisa que todos vê, entrar, pegar dinheiro. Muitas horas até sair com dinheiro em mão. Uma coisa muito clara. O problema que ninguém pode falar nada. Isso tem sido duas coisas que tem a preocupação, porque reforça. Se ela tá pegando, ela tá reforçando que o tráfico pode andar solto. E assim, na maioria das vezes que dá os tiroteios e a violência rola aqui, a polícia sempre tá omissa. Tem o nome de um bocado de policiais aqui que a gente tem colocado o nome em discussão." (Liderança do Movimento de Moradia)

Não é de se estranhar que todas as pessoas entrevistadas, por unanimidade, mencionem a polícia como um dos sujeitos que mais aterrorizam e amedrontam a população. Tais afirmativas vêm mesmo dos próprios policiais entrevistados. Claro é que o medo que os moradores dos chamados bairros de classe média têm da polícia difere bastante do medo dos moradores das áreas periféricas e das favelas. Os primeiros, na verdade, mencionam seus receios com relação à presença da polícia em determinados locais, ou seja, a presença da polícia não é percebida como segurança, ao contrário, gera receios. Isso decorre da própria representação e imagem social desses profissionais construídas ao longo dos anos.

> "A polícia não dá segurança... nem sempre representa segurança... é lógico que assim... eu vou caminhar e vejo. Significa uma certa segurança... mas não sei até que ponto... eu acho que eu não me sinto totalmente segura... nunca sabe como vai ser a ação dela." (Jovem de classe média)

Os moradores das áreas de favelas ficam aterrorizados com a presença da polícia, o que pode ser indicativo de tiroteios e disputas entre policiais e traficantes, cobranças de propinas por parte dos policiais, invasões de domicílios, medo de não ser reconhecido ou confundido etc. Esse terror, expresso nas diferentes entrevistas, indica aspectos importantes que merecem ser analisados.

O medo da polícia que, ao entrar nas áreas de favela em busca de pessoas, bandidos ou criminosos, o faz de forma discriminada: suspeitos viram criminosos e qualquer um pode ser tratado como tal. Há um medo generalizado quando policiais entram na favela "para pegar o seu". Um terceiro medo que se observa é o de ser identificado pelo traficante, o dono do pedaço, como um possível morador que tenha, por qualquer motivo, atraído a polícia para a favela. Portanto, são medos com os quais o morador de favela vive cotidianamente, muito diferentes dos medos vivenciados pelos moradores de bairros de classe média da cidade.

Para o "dono da área", há policiais e policiais. Alguns podem acessar o pedaço, pois, em troca de favores no ambiente policial — prisões, por exemplo, o dono da área tem de negociar. E interessa a alguns policiais esse tipo de negócio, pois é o caminho mais fácil para aumentar seus soldos. Para o morador, o policial sempre é visto como alguém indesejável, pois sua presença pode provocar conflitos armados no local.

Uma das assistentes sociais da prefeitura ratifica essas afirmações. O policiamento ostensivo, sem a construção de uma nova cultura, não alteraria muito o quadro da Segurança Pública no Brasil. Sua narrativa faz referências às suas experiências vividas ao longo de sua trajetória pessoal, profissional e de militância política.

> "Não adianta você fazer policiamento ostensivo se você tem uma prática velha... são as práticas que ao longo do tempo fizeram... mas com repressão." (Assistente Social 2)

Outra assistente social narra, com detalhes, situações vividas em reuniões em favelas. Lembra que, nos momentos em que a presença da polícia se faz nesses territórios, a expressão e o sentimento da população são de terror e medo.

> "Então eles (os policiais) olhavam pra sede e nós olhávamos para a polícia no morro... eu dizia: que tanto a polícia olha pra cá? E eles (moradores) diziam: Ah! Aqui é normal, eles vêm, entram na casa da gente, revistam tudo, reviram tudo e a gente não pode falar nada. Então... elas também se sentem ameaçadas por essa ação da polícia... uma me chamou baixinho, e falou: Aqui é muito complicado... a gente sofre muito... Aí ela desabafou: mas a gente não pode falar... nós não podemos nem falar." (Assistente Social 3)

A fala dos profissionais entrevistados demonstra o quanto a ação, tanto da polícia quanto dos traficantes, interfere sobremaneira na prática profissional e no trabalho junto às unidades de favelas. Ao se referir a programas municipais que precisam entrar na favela para visitas a famílias ou reuniões, as dificuldades ficam evidenciadas. É difícil entrar na favela — tanto com polícia militar quanto com guarda municipal —, pois, para o morador de favela, tudo é polícia, desde que esteja fardado. Os motoristas das peruas que levavam crianças e adolescentes do Programa Andrezinho Cidadão para suas casas, por exemplo, precisavam estar preparados para isso.

> "Muito difícil a polícia entrar lá.. O guarda do programa Andrezinho Cidadão é um guarda municipal... era um GM que trabalhava como motorista... Fica complicado também essa relação. Não adianta estar lá porque ele está de uniforme... Não dá pra gente trabalhar na favela. Os motoristas têm que ter malícia... ficam num canto... eles dão umas rodadas." (Assistente Social 4)

A psicóloga, ao narrar seu trabalho, diz que a polícia, especificamente no Jardim Santo André, não entra na favela. Eles chegam até a entrada da favela, mas não entram. Todos os entrevistados mencionam isso. Inclusive a representante do Legislativo narra uma situação em que ela, pessoalmente, foi chamada para negociar diretamente com o traficante. Houve um assassinato na favela. A polícia não pôde entrar para retirar o corpo que estava no local. A negociação foi feita às claras, garantindo-se que a polícia não pisaria o solo da favela, pois, se isso ocorresse, os comandos da favela ficariam desmoralizados. Negociou-se, inclusive, que o resgate seria realizado por helicóptero e pelo corpo de bombeiros, pois a população, na sua maioria, não relaciona o corpo de bombeiros como parte integrante da corporação da polícia militar.

> "No Jardim Santo André a polícia não entra. Você pode chamar... tá morrendo... levou um tiro... tá morrendo no chão. Pode ligar, mas ela não entra. Chegam até a porta da favela, mas eles não entram lá de jeito nenhum... Mas quando tem polícia lá, a população toda... quando, por exemplo, a polícia passa por volta da favela, a população toda se esconde porque sabe que aí pode sair morte. Porque eles agem com as pessoas indiscriminadamente." (Psicóloga)
>
> "Eu fiz uma intervenção dentro de uma favela... Mataram um morador, e a polícia para poder entrar veio me procurar para poder fazer um acordo com eles (os traficantes). Aí eles falaram: a senhora vai me desculpar, mas se entrar polícia aqui nós vamos ser desmoralizados. Eu falei: e se a polícia não descer? Se ela ficar no ar, permite? Depende, né, doutora... porque a gente tem bazuca pra derrubar helicóptero. E tem! Aí fez o resgate. O bombeiro desceu pelo ar, não tocou o pé no chão, que foi o compromisso." (Membro do Legislativo)

A polícia está desacreditada e desmoralizada, não é considerada pelas pessoas como autoridade que oferece proteção e dá segurança. É vista como fazendo também parte do mundo da criminalidade e da violência. A narrativa de um dos entrevistados revela isso, muito embora, ao longo da entrevista, o mesmo tenha feito questão de frisar várias vezes que "são suspeitas", demonstrando receio de estar acusando a polícia.

> "Às vezes, por pouco salário que seja, chega lá, eles pegam o bandido. O bandido tá lá com sua mala cheia. Ele fala: é o seguinte: toma 5, corre por aqui, suma, desapareça. A polícia pegou? O dinheiro está ali e é repartido com outros parceiros... o bandido que é pego, sempre o que tava com dinheiro fugiu os outros não. Por quê?... e você não vai ter prova que a polícia tava com corrupção... isso que nós estamos falando é uma desconfiança... Não tô querendo falar: olha, a polícia rouba." (Evangélico 1)

A imagem e a representação do policial como um profissional mal remunerado, de um lado, são relacionadas à corrupção da polícia ("levar o seu"), e, de outro, não se arriscar em situações que não teria a possibilidade de ter para si parte do assalto ou de qualquer tipo de operação ilegal e ilícita. Ressalte-se a ênfase da fala do morador, contando tudo como hipótese e não como afirmativa, o que indica um medo de se comprometer com a opinião formulada.

> "Um delegado ganha pouco, um investigador ganha pouco, o policial militar ganha pouco... aí... quando der um assalto no banco, a polícia vem com a sirene ligada pra quê? Pro ladrão cair fora, porque eles não vai arriscar a vida deles por 800 contos." (Evangélico 1)

> "Tem o próprio policial que se beneficia. Tem o próprio policial que ele está ali, mas foi o que eu falei... Você não sabe até que ponto ele vai te passar uma segurança ou não. Eu acho que é assim... É tanta... Eu acho que é assim, as pessoas têm tanto em meta o dinheiro, a grana, às vezes que importa mais. Assim, não importa a segurança do fulano... não... Eu quero o meu... aqueles que estão ali para cumprir um papel de defender,acho que são os que saem ganhando mais. Que tem toda a questão da grana... Eu acho." (Jovem de classe média)

Os discursos ressaltam a impunidade e a falta de investigação da polícia ao lado da lei silenciosa: eu nada vi, eu nada sei. Os crimes de homicídios que são vistos pelos moradores, pelas famílias, no entanto, não são denunciados por total medo e insegurança em ser testemunha. Alia-se a isso o imaginário da população, como podemos observar no relato abaixo.

> "Hoje, por exemplo, você chega, vê assassinar um vizinho seu... você viu... você viu... A polícia vai chegar em você. "Oi, você viu alguma coisa?" O medo faz você: Não! Eu não vi nada. Às vezes, se você vai falar, quando a polícia pegar aquele bandido, a polícia vai levar você para reconhecer. Aí, depois chega e coloca frente a frente. Aí quando aquele cara for sair, vai querer acabar com tua vida. Aí você não vai ter segurança, não vai ter paz. Então, essa é a maneira errada que a polícia age. Entendeu? Às vezes... (tosse)... Assim, é que essa pessoa... essa pessoa que colocou frente a frente a polícia pegou a defesa dele. Por quê? Raiva... Se tivesse saído alguma bufunfa daquele cara que prendeu? Foi obrigado a prender, cortou a bufunfa, de raiva vai colocar esse cara frente a frente só porque ele estragou o meu hoje... meu pãozinho. Isso é o que se coloca na minha imaginação, não estou falando... não vi nada... é, imaginação minha... psicológico." (Evangélico 1)

Do ponto de vista do empresário, um policiamento mais ostensivo diminuiria os índices de criminalidade, pois inibiria o crime, além de gerar novos empregos. Cita a experiência de Nova York como uma ação e planejamento da polícia que reduziram os índices de criminalidade.

> "Primeiro porque você geraria mais empregos. Vamos dizer que a gente dobre de hoje para amanhã todos os números de policiais. Nós temos o dobro de empregos formais melhorados. É o dobro de pais de famílias e mães alimentando os filhos que não vão para a marginalidade. Então você já aumenta emprego... claro... e você bota um monte de policial na rua... você inibe... claro que inibe... acho isso extremamente importante." (Empresário)

Analisar o papel da polícia merece aprofundamentos para não cairmos nos velhos chavões sobre a corrupção policial, que já viraram folclore. Ela e suas ações devem ser entendidas num contexto maior, em que se gesta o conjunto das ilegalidades e formas ilícitas e não éticas que permeiam a maioria das instituições brasileiras. Entretanto, é importante mencionar o conjunto de iniciativas e de possibilidades de mudanças e alterações dessa situação a partir dos próprios sujeitos envolvidos e dos diferentes papéis que desempenham.

O policial civil

O policial civil, que é assessor direto do delegado seccional, fala da estrutura atual da Delegacia Seccional de Santo André, dos programas e avanços que vêm sendo alcançados e das dificuldades. Diz que o objetivo primeiro da polícia civil é estar presente na comunidade, estabelecendo relações com seus moradores.

> "O nosso objetivo é estar presente na comunidade. Quebrar aquele gelo que existe entre a comunidade e a polícia, então esse é nosso objetivo primeiro." (Polícia civil)

Sua narrativa expressa as relações complicadas entre as polícias civil e militar, como os limites e possibilidades de ambas as corporações no contexto atual.

Para o delegado, a polícia civil acaba desenvolvendo uma série de atribuições que não são dela e nem deveriam ser, o que faz com que muitos dos efetivos sejam desviados para atividades e funções que não lhe caberiam. A Cadeia Pública de Santo André é lembrada como um problema, onde essa sobreposição de atribuições ou desvio de funções atrapalha a ação da polícia civil. Cabe a esta fazer a guarda interna e externa e a escolta de presos, seja para hospital, pronto-socorro e fórum, função essa para a qual não foi criada, segundo o delegado de polícia. Para isso, é necessário disponibilizar de trinta a quarenta policiais por mês, o que para ele é um desperdício, pois os policiais civis deveriam estar envolvidos com outras atividades e tarefas, como, por exemplo, investigação de crimes.

Fala também sobre a imagem e a representação que a população tem da polícia e de uma delegacia de polícia. Aponta, com clareza, que a população não consegue perceber uma delegacia de polícia como um espaço onde se sentirá segura e acolhida em um momento de necessidade. A forma como as delegacias se apresentam hoje, aliada à imagem social da polícia, ao atendimento que recebe, em vez de dar segurança, provoca receios e preocupação na população usuária.

> "Tem a imagem da polícia como um quartel. Então, isso que tem que sair. Polícia civil não é quartel. Se eu vou fazer um boletim de ocorrência, não vou fazer no quartel. Primeiro, uma delegacia, estilo mexicano: chega lá, os presos rodando... cadeia... isso não pode acontecer. Tem que ir num lugar de vidro, aberto, translúcido, claro, limpo, ser educado. Ele está desesperado, precisa procurar um abrigo, um consolo. Mesmo que ele não vá recuperar o patrimônio e seu ente querido que se foi. Ele precisa receber um consolo." (Polícia civil)

Salienta, no entanto, que, apesar das dificuldades, a polícia está melhor do que estava cerca de vinte anos atrás. Refere que, hoje, a polícia já mudou muito. Muitas mudanças foram realizadas e outras estão em curso. Algumas dizem respeito à passagem para a Secretaria da Administração Penitenciária, do presídio construído em Santo André.[9] Afirma que, com isso, os presidiários terão um atendimento mais digno.

A polícia civil está subordinada à Secretaria de Segurança Pública do Estado de São Paulo e, por conseguinte, o orçamento dessa Secretaria é dividido

---

9. No ano de 2000, esse presídio acolheu aproximadamente quinhentos adolescentes, em medida sociaeducativa de reclusão, sem a menor estrutura que garantisse os direitos previstos no Estatuto da Criança e do Adolescente. Na época, trabalhávamos em Santo André, junto à Prefeitura, e assistimos ao processo de constituição de um comitê de acompanhamento dos adolescentes. Uma das profissionais entrevistadas cita situação vivida no interior desse presídio, onde teve apoio dos adolescentes e não dos responsáveis pela administração.

entre as duas polícias (civil e militar). Com essas alterações em curso, acredita ser possível melhorar o nível de atendimento e de qualidade de trabalho nas delegacias. A nova delegacia deverá atender o cidadão, segundo o delegado.

> "E esse outro prédio como é que vai ser? Graças ao cuidado do Delegado Seccional, com a minha assessoria, com a boa vontade do prefeito, com a intervenção da nova juíza, nós vamos trazer para esse prédio um novo perfil, que preso, grade... isso não vai ter. Isso é muito importante: a pessoa tem que ir à delegacia e se sentir bem, amparada. Eu acho que a polícia tem que trazer ânimo, tanto para o público interno, como o público externo. Então, se dependesse de mim, delegacia de polícia ia ter perfil de hospital: saguão branco, amplo, televisão, cafezinho, que é pra vítima chegar e se sentir bem." (Polícia civil)

Vale apontar que, em 27 de dezembro de 2002, o 2° Distrito Policial de Santo André passou a ser denominado Delegacia Participativa, adaptada para atingir padrões de qualidade no atendimento, conforme o narrado pelo policial civil na entrevista meses antes.

> "As novas instalações do Distrito estão totalmente informatizadas, não possuem carceragem e foram concebidas para oferecer atendimento diferenciado à população. Possui entradas separadas para o público e atendimentos especiais, e os usuários podem contar com policiais civis treinados e apoio jurídico-social realizado por estagiários preparados na Fundação do Desenvolvimento Administrativo (FUNDAP)."[10]

Para o policial, uma pessoa que se dirige a uma delegacia de polícia o faz por ter sido lesada em algum bem, seja ele material ou não, e espera ser ouvida e atendida nesse momento. Portanto, no seu entender, a forma como a maioria das delegacias funciona hoje não permite que elas cumpram o seu papel de acolher e amparar a vítima. Com isso, muitas ocorrências não são realizadas, visto que a população não acredita que tal procedimento levará à resolução do crime do qual foi vítima. A maioria das ocorrências que chega aos distritos policiais é feita porque as pessoas necessitam de boletim de ocorrência para apresentar à seguradora, ou seja, não há certeza, nem exigência de que o crime será desvendado. Há um total descrédito na ação da polícia. Além disso, a morosida-

---

10. Fonte: Dados extraídos do *site* da Polícia Civil do Estado de São Paulo. Acesso em 4 de maio de 2003. Disponível em: *http://www.policia-civ.sp.gov.br/noticias/sandre.htm*.

de no atendimento, qualidade do atendimento e o local onde deve ser feita a ocorrência não estimulam o cidadão a fazer queixas de crimes.

> "Por que andreense não registra a queixa de furto? Porque ele é mal atendido... não tem solução... A própria investigação diz: nós temos homicídios pra cuidar, nós não vamos cuidar de roubo de talão de cheque... é o estabelecimento de prioridades que, ao contrário, você tira a cidadania... se a pessoa teve uma caixa de fósforo furtada tem o direito de estar registrando a queixa... é uma omissão do Estado... eles estão muito assoberbados (falando em tom irônico)." (Membro do Legislativo)

O delegado de polícia indica que mudanças significativas na estrutura de trabalho da Delegacia Seccional foram realizadas desde agosto de 2001. Da Academia de Polícia vieram onze novos delegados, que substituíram os que estavam nos plantões, permitindo que os antigos passassem a compor equipes específicas de assistência e assessoria na Seccional. Foi criado o Setor de Homicídios, com policiais trabalhando em sistema de revezamento 24 horas, atendendo somente a esse tipo de crime e com um delegado exclusivo voltado para esse fim. Entende o delegado que essa forma de trabalho permite a especialização da equipe.

Os dados já mencionados no Capítulo 4 demonstram que, em 2001, ocorreu uma redução nos homicídios, em especial no 6° Distrito Policial. Observa-se na Tabela 23 que, com exceção do 3° Distrito, que teve um aumento, os demais distritos tiveram redução no número de homicídios. Isso pode ser um indicador de que alterações na estratégia de ação da polícia, mencionadas acima, podem ter contribuído para mudanças nessa modalidade de criminalidade.

Tabela 23 — Homicídios por distritos policiais em Santo André — 1999 a 2001

ano	1° DP	2° DP	3° DP	4° DP	5° DP	6° DP	Total
1999	25	31	35	39	37	94	261
2000	25	32	43	41	33	115	282
2001	11	29	45	30	20	78	212

Segundo o delegado, a criação do Setor de Homicídios e as ações planejadas a partir dele serviram para inibir possíveis crimes que envolveriam a morte de pessoas.

> "Tirando os matadores da rua e outros que eventualmente queriam matar, foram inibidos." (Polícia civil)

Um outro aspecto apontado como significativo para a polícia civil agir adequadamente é a informação em tempo real. Para esse delegado, a polícia, detendo informações agilmente e em tempo real, faz tudo.

A redução dos homicídios de Santo André, segundo o policial civil, está vinculada a um trabalho realizado por sua corporação e a uma metodologia que envolve identificação de locais, dias da semana e horários de maior incidência criminal.

> "Tivemos uma metodologia de identificação de ambientes criminais, mapeamos áreas de maior incidência criminal, por dia de semana, faixa de horário. Identificamos quadrilhas e fizemos diversas operações nessas localidades. Prendemos vários homicidas. Então, essa taxa diminuiu bem." (Policial civil)

A narrativa do policial civil, ao referir-se ao trabalho da delegacia seccional, também cita um trabalho de mapeamento dos locais com maior incidência de crime e ações específicas que tendem a inibir o crime.

> "Eu pego a equipe: vocês vão ficar batendo aqui direto, e tal... nesse horário. A polícia militar deve fazer o mesmo, mas eu não sei como eles trabalham. Então às vezes eles fazem a mesma coisa." (Polícia civil)

No que se refere às relações entre as duas polícias e o Poder Executivo local, a narrativa do policial civil oscila entre citação de situações em que a ação conjunta das duas corporações foi eficaz para o desenvolvimento de trabalhos, em especial aquelas chamadas de "megaoperações", e outras situações que indicam um duplo trabalho que pouco contribui para o combate e a prevenção da criminalidade.

> "Tudo que acontece é um gasto duplo. A mesma coisa que a polícia militar faz, nós fazemos depois. Então é dinheiro jogado no lixo, perda de tempo." (Polícia civil)

O policial entrevistado é responsável pelo planejamento das ações desenvolvidas pela polícia civil no município. Em sua entrevista, explicitou-nos a estrutura de trabalho seccional de Santo André, detalhando os tipos de ações policiais que vêm sendo desenvolvidas. Segundo o policial civil, foram três as megaoperações ocorridas na cidade. As "mega-operações" têm como objetivos ocupar favelas e capturar criminosos procurados, apreender armas, drogas e carros roubados.

> "Primeiro, dominar as favelas, deixar aquele ambiente, aquela comunidade carente, guarnecida pela presença do Estado. Nós vamos substituir a presença dos criminosos com a presença do Estado. O segundo objetivo é justamente capturar criminosos procurados, recuperar carros roubados, armas, entorpecentes..." (Policial civil)

Trata-se de operações planejadas e articuladas, de forma a garantir o sucesso das mesmas. Garante-se nessas megaoperações quantidade suficiente de policiais, infra-estrutura local para os policiais, até autorização judicial para mandato de busca coletiva. Foram realizadas mega ações na Catapreta, na Pintassilgo e na Tamarurtaca, favelas com altos índices de homicídios.

> "Montamos no próprio local uma tenda, tem água pros nossos policiais, tem banheiro químico que nós levamos, levamos um grande contingente de policiais e de viaturas, e com um mandato de busca coletivo, que o Poder Judiciário nos concedeu, nós entramos em todas as casas. Entretanto o nosso objetivo não é entrar e quebrar a porta. Então a nossa orientação é: nós temos autorização legal e judicial para entrar nas casas. Entretanto, se a pessoa não quiser nós não vamos brigar com ela. Porque o nosso objetivo é estar presente na comunidade. Quebrar aquele gelo que existe entre a comunidade e a polícia, então esse é nosso objetivo primeiro." (Policial civil)

Segundo o policial, as operações desse porte foram um sucesso, pois tiveram aprovação da população e da imprensa. Do ponto de vista dos policiais, estes se sentiram estimulados e, de alguma maneira, fortalecidos, pois era uma ação integrada e coordenada, com objetivos claros[11].

> "Os nossos policiais tiveram sua auto-estima elevada, porque se sentiram fortes. Todos juntos são 150 policiais, 50 viaturas. Então nós chegamos às seis da manhã

11. No *Diário do Grande ABC*, jornal da região, é divulgada a operação mencionada, na favela Catapreta. Na ocasião foi preso um falsificador que mantinha um "mini-Detran" na favela. Segundo a matéria, houve troca de tiros entre policiais e traficantes, que fugiram do local. Foi encontrado também um caminhão abandonado, que havia sido roubado horas antes, com carga de mil caixas de leite (Caderno Sete Cidades, 15/3/2002, p. 8).

na favela. Montamos uma verdadeira tenda — é uma tenda — duas barracas pra ficarmos ali, o pessoal do controle abrigados do sol. Aí levamos um caminhão cela pra prender as pessoas que eventualmente iam estar nessa situação. Levamos um caminhão de comunicação, com uma antena e com rádios portáteis pra comunicar numa freqüência privada. Então existiu um suporte logístico muito bom, por isso que não dá falha... não teve nenhum tiroteio. Não teve ninguém machucado, nem policial, nem da comunidade, nem bandido. E nenhuma reclamação, que é o mais importante." (Policial civil)

O policial militar

O policial militar, ao longo de sua entrevista, enfatizou as estratégias atuais da sua corporação, com vistas a reduzir os índices de criminalidade e o clima de insegurança vivido. Aponta o policiamento comunitário como a estratégia mais importante.

"A polícia militar, você já deve ter pesquisado, ela tem implantado já há alguns anos o sistema de polícia comunitária no Estado. É um sistema interessante... É um modelo do Japão de mais de 100 anos de existência. É um modelo canadense, que dá muito certo. Tem sido estudado muito e tá sendo usado já há alguns anos no Estado de São Paulo: bases comunitárias em bairros estratégicos. E a filosofia é: o trabalho comunitário, trabalhar junto com a comunidade e, juntos, tentar resolver os problemas com a comunidade. Resumindo, porque tem até um livro sobre isso." (Membro do Executivo)

O chamado policiamento comunitário é citado tanto pelo representante da pasta de Combate à Violência Urbana como pelos policiais (civil e militar), sendo que cada um enfatiza aqueles aspectos diferenciados e comuns nas suas respectivas propostas.

Do ponto de vista do Poder Executivo local, as experiências que estão sendo implementadas realizam-se com a assessoria de técnicos da ONU do Urban Management Program. Estes estiveram na cidade, em julho de 2001, para implementação do programa, a convite da Prefeitura de Santo André. O Programa Cidades Seguras envolve a elaboração de diagnósticos participativos, treinamento e requalificação da guarda municipal para uma nova forma de potencializar seus efetivos, por meio de uma nova relação a ser criada com a população.[12] O membro do Executivo relata sobre os projetos em andamento na secretaria, apontando os avanços e as dificuldades encontradas. Cita um projeto realizado com a guarda municipal na Vila Assumpção, bairro que foi mapeado com altos índices de roubo e furto de carros. Essa operação é denominada *Bairro Seguro*. Essa estratégia também foi mencionada pela polícia civil e pelo membro do Executivo como atividades distintas de cada área.

> "O que a gente fez? Mapeou o bairro, delimitou uma área pequena, porque não pode ser muito grande, nem a gente teria fôlego para fazer. E ali nós colocamos o nosso efetivo: motos e viaturas da guarda municipal. Sem abordar as pessoas, sem fazer bloqueios, sem revistar ninguém, pois isso é atribuição da polícia... é uma operação que estamos tendo há duas semanas." (Membro do Executivo)

Já o policial militar conta do processo desencadeado para a implantação das chamadas *bases comunitárias*, que visam estabelecer uma maior relação entre o policial e a população, baseada em experiências japonesas, canadenses, holandesas e americanas. O programa japonês, que dá a base fundamental para o trabalho que vem sendo implantado na cidade de Santo André, é chamado Programa Integral de Cidades Seguras. Parte da idéia que o crime, para ocorrer, necessita de três componentes básicos: a vítima, o criminoso e o ambiente do crime. A polícia comunitária atuaria nesses três componentes para impedir ou inibir a ocorrência de ações criminosas. Com a vítima em potencial, a ação se volta para orientações quanto a formas de garantir a segurança para diminuir riscos de ela vir a sofrer eventualmente a ação de criminosos. Com relação aos criminosos e ao ambiente, a ação se volta para investigações e coleta de informações sobre os criminosos que atuam naquele espaço, para serem identificados e impedidos de praticarem ações criminosas. Trata-se, portanto, de propostas preventivas e próximas à comunidade, conforme narra o policial militar.

---

12. No período em que a pesquisa estava sendo realizada, vários eventos ocorreram na cidade de Santo André sobre essa temática. Matéria divulgada no jornal o *Estado de S. Paulo* aponta Santo André como a primeira cidade a implantar essa experiência. "A Prefeitura de Santo André deve ser a primeira do Estado a integrar-se ao projeto Safer Cities (Cidades Seguras). O programa, que já funciona em mais de 200 cidades em todo o mundo, faz parte do Urban Management Program da Organização das Nações Unidas. Ele consiste na aproximação entre técnicos em violência urbana e conselhos municipais de segurança, escolas, igrejas e outras, para a formação de técnicos e agentes de segurança. (Jornal *O Estado de S. Paulo* (online), "Chega a Santo André o Cidade Segura", 29/07/2001)

> "A polícia comunitária, ela atua muito no ambiente para desfavorecer o ambiente do crime... Então é um trabalho muito bonito, que nós estamos desenvolvendo muitos projetos de integração social com essa comunidade. Primeiro, pra quebrar essa barreira do medo, do policial, porque, na verdade, ele não é um opressor." (Policial militar)

O início desse trabalho foi no segundo semestre de 2001, com a implantação da Base Comunitária de Tamarutaca. Segundo o policial militar, exigiu um longo trabalho junto à comunidade local para quebrar a imagem social que a população tem da polícia. Exigiu estabelecimento de relações com a população, em patamares diferenciados das experiências vividas anteriormente. Foram necessários treinamento e formação de policiais, capacitados para essa nova estratégia de ação: não repressora e preventiva, envolvendo a comunidade.

> "Quando nós iniciamos esse trabalho, o ano passado, muito policiais que chegaram no primeiro bar da favela, na Tamarutaca, todo mundo levantou, colocou a mão na parede, e foram para um canto da casa. Os policiais, não... bom dia... boa tarde... Tudo bem com os senhores? Não... Não... Podem ficar à vontade. Nós viemos aqui para conhecer vocês. Nós estamos aqui num novo trabalho, nós vamos realizar um trabalho novo, de polícia... assim... assim... Porque esse trabalho de polícia comunitária significa também cadastrar as pessoas no ambiente. Tudo que existe no ambiente: empresas, indústrias, escolas. A gente tem um *feedback* de nossa atuação por rua. A gente tem um cadastro por rua." (Policial militar)

O trabalho, além do contato direto com a população local, exige o cadastramento de pessoas responsáveis por ruas (de seis a sete pessoas), que passam a ser o elo entre os policiais e a comunidade. Além disso, é realizado um cadastramento das empresas, escolas, igrejas, ONGs e trabalhos realizados no local. Isso possibilita uma visão do conjunto do ambiente onde se localiza a base comunitária. Essa estratégia supõe, portanto, um conhecimento profundo por parte dos policiais da realidade local, como também uma estrutura de efetivos suficiente para desempenhar essas tarefas.

Pondera também o militar que os dados estatísticos são sub-dimensionados, visto que muitos delitos não chegam a se transformar em ocorrências, porque a queixa não chega à polícia, dada a certeza de que o crime não será desvendado. Ele mesmo não faz queixas de roubos e furtos, pela certeza de que isso não devolverá o objeto roubado. Isso contribui para o sub-dimensionamento dos dados e para que não se tenha clareza da dimensão dos locais onde determinados crimes ocorrem.

> "Eu sou policial... Furtaram duas bicicletas dos meus filhos da garagem. Eu mesmo não fui numa delegacia. Eu falei: pô, eu vou numa delegacia pra quê? Essa bicicleta amanhã já tá pintada de preto. Eles tiram todas as características da bicicleta, pintam de preto... tal... Não resolve... e talvez a gente também contribua nesse aspecto, porque se a gente não informa o dado, fica tudo maravilhoso." (Policial militar)

A falta de recursos de pessoal e a incidência de crimes fazem com que os crimes chamados menores não sejam denunciados e, conseqüentemente, não sejam investigados e solucionados. São objetos de investigações os grandes crimes e aqueles que envolvem personalidades da sociedade. De um lado, isso contribui para o descrédito na polícia e, de outro, para que os crimes se ampliem na medida em que os próprios criminosos também têm a mesma certeza da impunidade, conforme indica o policial militar.

> "Um assaltante à mão armada é preso na 11ª vez que ele praticou o crime. Ele é preso como se fosse a 1ª vez, e ele é primário. Então o assaltante é preso, ele sendo primário, ele quase não fica preso, ele sai de novo, cai na liberdade... Na cabeça do criminoso, o que que passa? 'Pô! Eu assaltei 10 vez, na 11ª vê que fui preso, eu tô na rua! Pô! Vou assaltar mais! Eu tenho mais 10 chances de eu estar assaltando...' Cabeça funciona assim. (Policial militar). O que está preocupando as autoridades? Os grandes crimes envolvendo grandes personalidades. E o restante, de repente entre aspas, vira rotina, carne de vaca. Porque o correto seria que todo crime fosse investigado. Um furto, na sua residência, roubou seu anel, sua aliança, tem que ser investigado pela polícia, mas a polícia não tem estrutura mais, porque são tantos os crimes. Porque virou-se uma rotina... isso vira um... uma escrituração, um boletim de ocorrência no máximo... Fora isso não existe a investigação. Então nós estamos tratando o crime como somenos importância. E não deveria ser assim. Isso também é um ponto motivador para as pessoas que praticam os crimes: não tem investigação." (Polícia militar)

As áreas onde se concentram favelas na cidade de Santo André são identificadas pelo policial militar como áreas que propiciam o ambiente favorável para a expansão da criminalidade, em especial dos jovens, pela ausência de políticas públicas.

> "Só que Santo André é uma cidade bonita em certos aspectos, mas ela é envolvida por um cinturão de favelas. Nós temos mais de trezentas favelas, ou de pequenos núcleos de sub-habitações catalogados aqui. Então, nessas áreas onde talvez o poder público esteja menos presente através da pavimentação, da ilumi-

nação, da escola mais próxima, áreas de lazer para jovens... Isso cria um ambiente muito favorável para que esse jovem ocioso tenha um retrato daquele contexto social onde prevalece a lei do mais forte... Talvez o herói dele seja aquele traficante que chega lá com carro importado, que pode ser até roubado, mas que anda com uma corrente de ouro no pescoço." (Policial militar)

A forma como essas duas corporações atuam e as imagens e representações sociais construídas a partir de suas histórias e práticas revelam uma série de relações ambíguas com o conjunto da população, bem como entre si.

As relações e parcerias com o Executivo local vinculam-se, quase que exclusivamente, à transferência de recursos materiais e econômicos que o município repassa às corporações. O Poder Executivo nunca é consultado sobre ações a serem realizadas, e é exatamente no município que a vida e a violência ocorrem. Interessante notar que as falas e narrativas dos representantes das duas corporações indicam propostas de que deve ter no local a base de toda a sua fundamentação. Entretanto, cada corporação e o próprio Executivo realizam ações sem consultar as demais. Trata-se de relações e parcerias desiguais e com poderes de decisão e comandos diferenciados. O membro do executivo levanta a questão do poder local, da capacidade de o município poder discutir, opinar e participar efetivamente na construção de políticas públicas de segurança e construir, assim, uma parceria mais equilibrada e efetiva.

"O município não é chamado para discutir o assunto... a vida acontece no município. Tem gente que nasce, cresce e morre... mora ali... trabalha ali. Colhe seus impostos ali... produz ali... e o município não é chamado para discutir. Então, o prefeito nunca fica sabendo de absolutamente nada da segurança do município. As polícias, tanto a civil como a militar, faz as operações: tira comandante, manda delegado seccional, tira delegado seccional e o prefeito não interfere e não é chamado para discutir, e ele, não tem autonomia nenhuma... a parceria quando se fala... a gente entra com: construção, aluguel, dá viaturas, paga combustível, compra rádio... a polícia entra com os homens, e às vezes não tem homens... não tem efetivos... não é um negócio justo." (Membro do Executivo)[13]

---

13. Segundo o secretário-adjunto de Combate à Violência Urbana, dos seis distritos policiais existentes em Santo André, as locações de imóveis são feitas pela Prefeitura. Somente a sede do Batalhão da Polícia Militar é custeada pelo Estado, as demais dependências da polícia militar são mantidas pelo poder local. O corpo de bombeiros é mantido, quase que exclusivamente, no que se refere a combustível dos veículos, alimentação dos policiais, peças de reposição das viaturas, pela Prefeitura.

As narrativas evidenciam que a relação entre polícias e Poder Executivo é descompassada e quase inexistente. Em muitas falas, ficou evidenciado o desconhecimento das ações desenvolvidas pelas outras corporações, muito embora as ações se assemelhassem em seus objetivos, sobrepondo-se entre si. São relações carregadas de heranças do passado e de uma estrutura da Segurança Pública no país que está centrada no estado e não nos municípios. As tentativas de parcerias existentes em pouco têm avançado. Não saem do plano das intencionalidades daqueles que, ocasionalmente, assumem postos de comandos.

Cada um, a partir do seu lócus ocupacional, fala de programas e projetos de combate à violência urbana aparentemente como programas específicos de cada instância. No entanto, são programas que se interpenetram e se articulam ou, pelo menos, deveriam ter seu funcionamento de forma integrada para serem potencializados, tanto no que se refere aos recursos humanos, materiais e de equipamentos destinados a cada programa, como na forma de articulação de ações específicas nos territórios onde eles são implementados.

As ações em curso na cidade, nomeadas pelas personagens oficiais, que têm a tarefa de zelar pelos cidadãos, se comparadas com os dados estatísticos levantados sobre os delitos ocorridos na cidade, indicam e sinalizam uma redução significativa nos índices de criminalidade. Entretanto, não mostram redução do sentimento de medo e insegurança das pessoas entrevistadas.

6. Possibilidades e limites de alteração do cotidiano pessoal e profissional

"O presente é um produto histórico, ainda que escondido e camuflado."

José Machado Pais

Pensar a esfera da vida cotidiana, em geral, nos leva a imaginar o que existe de repetitivo, do dia-a-dia, da rotina, do não-pensado e do não-refletido, do alienante e do espaço do consumo, da vida privada. Pensar o cotidiano somente como espaço e tempo da repetição é pensá-lo de forma linear como um já posto — um já dado. É exatamente no espaço do cotidiano que a vida se revela, se faz e se constrói. É nele que a história ganha vida e se faz nos mínimos gestos e nas mínimas ações; que são possíveis a crítica e a alienação; que os fatos e acontecimentos ganham vida, sentidos e significados e vão construindo trajetórias e caminhos. É exatamente nesse espaço que a violência e o medo adquirem sentidos e significados e que alternativas são visualizadas.

O conjunto das pessoas entrevistadas, à sua maneira, sugere caminhos, saídas e solução para a violência, como possibilidade real para a superação e enfrentamento dos medos sentidos. No que se refere às possíveis alternativas para o enfrentamento da questão da violência, nossos entrevistados utilizaram-se de quatro expressões diferenciadas: alternativas, saídas, caminhos e soluções. O vocábulo mais dito foi "caminhos", em especial pelos evangélicos, mas também por uma das assistentes sociais. É interessante observar que esse termo é usado por aqueles que têm vínculos mais estreitos com a

Igreja, seja ela católica ou evangélica. A expressão solução foi mais utilizada pela psicóloga.

O vocábulo caminho vem carregado de significados vinculados à religiosidade, sendo apontada a palavra de Deus como caminho para minimizar a questão da violência. Para os entrevistados, entre as causas da violência estão a ausência de Deus e da palavra de Deus no coração das pessoas, a falta de amor ao próximo e de solidariedade. Apontam, aparentemente, para soluções "mágicas", visto que descrêem das ações concretas por parte da sociedade organizada. Entretanto, a maioria da população entrevistada, ao mesmo tempo que apela para Deus — uma solução transcendental —, espera que as instituições "cumpram o seu papel" de socialização, em especial, da família. Ou seja, Deus aparece como suporte, mas não exclui ações concretas dos homens e das instituições. Portanto, não se expressa como mero fatalismo.

> "(...) os pais dedicar mais aos filhos, né? Ensinar mais o caminho. Vocês vão pra Igreja, pegar uma Bíblia, ler, explicar pro filho. Tá aqui... eu acho que se tivesse algum jeito de fazer uma palestra com as crianças, pregar o caminho que é ruim, o caminho que é bom pra eles, totalmente mudaria. Não diria 100%, mas 80% acho que entravam, as crianças se encaixavam mais. Pode ser mais palestras de Deus também." (Evangélico 1)

O mesmo evangélico aponta também como uma saída, vinculada à palavra de Deus e ao temor a Deus, a realização de palestras e filmagens da cadeia e da Febem, mostrando as condições vividas no interior dessas organizações. Aponta a assistente social como uma profissional-chave para desenvolver essa tarefa. Tal solução — constranger crianças e adolescentes para inibir-lhes a entrada nas atividades ligadas à criminalidade e ao mundo do tráfico, caracteriza-se por estar baseada na força da intimidação física e do medo, o que não a distingue daquela utilizada pelos traficantes para manter a ordem e a relativa tranqüilidade da sua área de atuação. Através de imagens e conhecimentos daquilo entendido como "mau" e errado, ir reconstruindo outros valores que conduziriam a novos comportamentos e condutas. Trata-se da utilização do medo como instrumento pedagógico que subjuga e forja novos comportamentos e novas formas de se relacionar com o social. Essas estratégias supõem que cenas assustadoras poderiam inibir a violência e estimular a construção de novos comportamentos e atitudes.

Trata-se, ao ver do entrevistado, de uma forma de educar as crianças e adolescentes para o "caminho do bem" e não para o "caminho do mal". Esse caminho seria o caminho de Deus. Para ele, quem tem Deus no coração ("a marca do dedo de Deus" dos evangélicos)[1] e segue o caminho não se perderá. Muitas serão as tentações, pois o inimigo (Satã) está sempre presente. Mas, enquanto a pessoa permanece em Deus e deixa Deus em seu coração, há a possibilidade do perdão e de seguir o caminho do bem. A educação é apontada como uma maneira de, por meio de imagens e conteúdos de situações violentas vividas nas prisões e Febem, ou seja, através do medo, ensinar a criança e os adolescentes a seguirem o caminho do bem. Na fala do evangélico, no entanto, não é só a família que tem esse papel, mas o Estado, através das prefeituras e de seus profissionais, em especial o assistente social que é citado.

> "Deus me ensinou o caminho. Eu vivo no caminho. Eu vou errar se eu der passagem pro inimigo, pra sujar minha mente e meu coração. Aí eu desvio e vou pro outro lado. Mas enquanto eu permanecer nele, sou falho, mas sempre tô pedindo meu perdão.." (Evangélico 1)

Bondade e maldade são relacionadas a Deus e a Satã. Cabe aos homens e instituições favorecer que o bem prevaleça sobre o mal, apesar de todas as tentações. Interessante notar que a palavra de Deus não aparece como mágica, mas como ensinamentos éticos do bem e do mal, do certo e do errado. Os evangélicos mencionam o tempo todo a importância do livre-arbítrio e da falta de relações mais solidárias entre as pessoas.

Outro evangélico acrescenta que na Bíblia está a palavra do caminho a seguir, e cabe aos pais — a família — essa tarefa designada por Deus nas Escrituras. Reafirma que seguir o caminho de Deus é estar na Sua presença, na presença do Senhor.

> "Mas, dentro da Bíblia, quando tem oportunidade, dentro da Igreja sempre tem essa passagem, que diz na palavra do senhor que está escrito que os pais, as mães

---

1. "Um dos filósofos que procurou resolver essa dificuldade foi Rousseau, no século XVIII. Para ele, a consciência moral e o sentimento do dever são inatos, são 'a voz da Natureza' e o 'dedo de Deus' em nossos corações. Nascemos puros e bons, dotados de generosidade e de benevolência para com os outros. Se o dever parece ser uma imposição e uma obrigação externa, imposta por Deus aos humanos, é porque nossa bondade natural foi pervertida pela sociedade, quando esta criou a propriedade privada e os interesses privados, tornando-nos egoístas, mentirosos e destrutivos. O dever simplesmente nos força a recordar nossa natureza originária e, portanto, só em aparência é imposição exterior. Obedecendo ao dever (à lei divina inscrita em nosso coração), estamos obedecendo a nós mesmos, aos nossos sentimentos e nossas emoções e não à nossa razão, pois esta é responsável pela sociedade egoísta e perversa (Chaui, 1984: 344).

ensinai os seus filhos que caminho ele deve andar para que mais tarde ele não venha sair da presença. De qual presença? Do Senhor." (Evangélico 2)

Acrescenta que os pais, atualmente, não têm assumido essa tarefa para si, e que, portanto, a violência começa já em casa, na própria família.

"Então hoje que a gente vê, a violência vem já dentro do lar." (Evangélico 2)

Já a liderança de movimento popular vê como um caminho — se não para acabar com a violência, pelo menos para reduzi-la, a diminuição da distância entre "pobres" e o que define por "classe média". A classe média, no entender da liderança, deveria se aproximar das favelas, se envolver com programas sociais. Embora seja cético quanto a possíveis alternativas para a questão da violência, sugere como saída exatamente uma relação entre a "classe média" e a "classe pobre" por intermédio, fundamentalmente, da educação. Interessante observar que, mesmo apontando as desigualdades sociais como uma das causas possíveis da violência, as soluções e caminhos que indica de superação não são propostas de transformações estruturais que poderiam significar uma redistribuição de renda para reduzir distância entre pobres e ricos na nossa sociedade. Visualiza, sim, uma maior interação entre "classe pobre" e "classe média" com vistas principalmente a reduzir a discriminação social. Propõe, de alguma maneira, uma "conciliação voluntarista" de segmentos de classe para reduzir as formas de violência.

"(...) fazer um trabalho de organização em cada bairro ou em cada núcleo. Você tem que envolver segmentos da própria classe. Eu acho que, hoje, um dos caminhos seria as direções de escolas — é a que tá mais perto do público, e as escolas públicas, particulares e faculdades, porque é nessas que junta mais as classes médias prá estudar... Então, são coisas que a gente fica pensando: como buscar saída? Pra mim uma saída, para discutir com a classe média, é a classe média vir pra dentro dos programas sociais, pra favela, discutir muito essa situação da garotada, fazer outra política de educação. Porque, assim, começava a estreitar essa relação de um esconder num canto e outro ficar em outro." (Liderança do movimento popular)

O representante do Executivo vê como caminhos a reforma total no sistema penitenciário e penal e nas polícias. Aponta a importância de uma modernização nas polícias, melhorando os equipamentos, as formas de monitoramento, os salários e as condições de trabalho do policial. E coloca, ainda, que é necessária a certeza de que, quando um sujeito é preso, ele cumpra sua pena. Isso supõe que esses policiais devam ter uma nova forma de educação para se apropriar de novos conhecimentos que propiciem mudanças de comportamentos e condutas, além, evidentemente, de uma ampla reforma do sistema judiciário e penal. Em sua narrativa, evidencia-se a parcela de responsabilidade que as polícias têm no aumento da violência e do medo, mas ele também divide essa responsabilidade com o sistema penitenciário e o sistema penal.

> "Eu acho que a gente deveria ter uma reforma total: reformar o sistema penal, reformar o nosso sistema penitenciário e as reformas das polícias. São três coisas que nós temos que ter. Prender alguém hoje e não ter como mantê-lo preso, ou mantê-lo numa cela que cabe quatro botar dezoito, não é correto, não é o caminho certo. Sem mecanismos da educação você não muda comportamento. Como você vai mudar comportamento da polícia? De que forma? Vai falar (imitando bater) isso não muda, pelo contrário, ele sai batendo nos outros. Quanto mais ele se sentir reprimido dentro do quartel, mais ele sai batendo." (Membro do Executivo)

Uma das assistentes sociais que se utiliza do termo caminho refere-se às possibilidades em nível cultural e educacional, mesmo que sejam caminhos difíceis, mas é o que vislumbra como uma possível saída à questão da violência. Evidentemente, não como uma alternativa que solucionaria a violência, mas como uma estratégia de prevenção. No seu entender, ações culturais e educacionais poderiam prevenir que crianças e adolescente caminhassem para situações envolvendo criminalidade e ilegalidades. Essa solução também é apontada pelos jovens e adolescentes: a ampliação de atividades culturais e de lazer, que a associação dos moradores até desenvolve, mas com poucos recursos. O jovem aponta ampliação de parcerias da Prefeitura com as organizações locais.

> "Eu acho que tem as drogas... tem o crime... mas tem um problema que acho que é a molecada assim... é parte da curiosidade... a pessoa vê a outra pessoa fazendo... ela sabe que é ruim, mas tem a curiosidade de saber como é que é. E aqui a molecada mais nova, 11, 13 anos estão seguindo os passos dos mais velhos e eles não têm com que se ocupar... tipo assim... a associação aqui ela tá ajudando mas é pouco a ajuda dela. Precisa mais parcerias, precisa de mais gente. É assim: tem uma parte que resgatou, mas tem outra parte que não tá resgatada. (...) Aumentasse trabalhos de cultura e lazer aqui." (Jovem 2)
>
> "(...) investimento mesmo em atividades culturais, educacionais... eu acho que isso é uma possibilidade importante." (Assistente Social 3).

A assistente social indica a educação e a cultura como caminhos possíveis para atrair adolescentes, desviando-os de atividades ilícitas e marginais. Trata-se, no entender da profissional, da busca de estratégias mais fascinantes e sedutoras que possam vir a competir com o mundo do tráfico e da droga. Entretanto, essa mesma assistente social, em sua narrativa, fala de adolescentes que passaram pelo Programa Andrezinho Cidadão[2] e que, hoje, já jovens, com 19-20 anos, continuam em situação de rua. Os "Andrezinhos Cidadãos" se transformaram em jovens de rua. É com tristeza e impotência que fala do programa e das dificuldades em propiciar alternativas possíveis aos adolescentes, que, ao se transformarem em adultos jovens, são transferidos para outro programa, sem, no entanto, terem alterado em nada as suas condições de vida. Por outro lado, fala também de como esses "jovens-adultos de rua", incessantemente, vêm em busca de ajuda e socorro. Sua narrativa, entrecortada de silêncios e, de certa forma, de desânimo, expressa como os resultados da ação social institucionalizada têm dado poucos frutos. Busca uma alternativa capaz de mudar substancialmente as condições desses jovens, mas sem grandes sucessos.

> "Então eu fico imaginando que a única alternativa com esse grupo é descobrir atividades interessantes, que passa por envolver a juventude, a assessoria da juventude — que passa por ser... o que é atrativo? Como é que você escuta? Porque assim... as pessoas já estão dominadas pelo uso da dependência química, do *crack*, disso ou daquilo... Você já compete com quê? Você compete com... como é que ele... Em que medida ele é dono da vontade, ele pode... Porque eles falam isso: eu quero estudar, eu quero fazer um curso, eu quero fazer um curso..." (Assistente Social 3).

Trata-se de jovens que já participaram de programas que tinham como objetivo retirar crianças e adolescentes da rua, propiciando alternativas à rua. No entanto, o programa não deu conta de responder às necessidades específicas de alguns desses adolescentes, que já vinham em processo de dependência química. O programa não possibilitou a criação de alternativas além daquelas com as quais eles já se deparavam. Entretanto, a permanência deles nos outros serviços demonstra a busca constante de saídas.

Nota-se também na narrativa a dificuldade de envolver tanto a população moradora de rua que freqüenta os programas, quanto a vizinhança em ativida-

2. Programa de atendimento a crianças e adolescentes em situação de rua, que vivem na rua e da rua.

des que de fato levem esses jovens à recuperação e à inclusão na vida social. O preconceito e o estigma marcam profundamente suas vidas. Aos olhos da população, esses jovens são "marginais e perigosos" e, portanto, devem ficar distantes de suas casas e de suas famílias. A profissional vivencia o dilema entre mantê-los no programa, à revelia dos outros moradores de rua e/ou da própria população vizinha, ou simplesmente retirá-los do programa. Vacila entre as possibilidades de saídas e as quase portas fechadas para a questão. Vivencia a dúvida e incerteza da esperança de construir outras possibilidades para esses jovens. Vive o medo da incerteza do que virá.

> "É proibir de usar o serviço? Não pode ser simplesmente... Então... tirar do circuito como? A gente tinha que conseguir envolver em alguns cursos para que eles freqüentem menos o espaço, conseguir um espaço para eles morarem. É isso que nós estamos tentando. Agora, você manda pra casa de recuperação, eles não querem. Então, assim... você aluga um imóvel? Só que aí... onde que garotos... jovens envolvidos com *crack* do jeito que eles estão envolvidos vão morar, conseguir morar, sem ter todo um embate com a vizinhança? Agora tem um grupo que vai... sai do trabalho que é perto da Tamarutaca, vai lá buscar a droga e volta doido. Aí entra na casa, arrebentando tudo. Agora, eu ainda acredito que existam algumas possibilidades... Mas, passa por aí... Envolver em grupos de teatro..." (Assistente social 3)

A fala da assistente social revela a tristeza e a impotência em resolver ou dar algumas alternativas que de fato possibilitem real mudança na vida desses jovens. Não são somente os jovens que clamam por um pedido de socorro e de ajuda. Os profissionais que atuam nessa área se sentem despreparados para lidar com a questão da violência e da droga, vêem-se sem recursos teóricos, técnicos e metodológicos de enfrentamento da questão e buscam também, como os próprios jovens, ajuda por intermédio de um clamor silencioso.

> "Acho que tem que ter algumas coisas que fossem interessantes... Esses dias eu tava conversando com um grupo... nós tivemos uma reunião com todos funcionários daqui. Os funcionários estão desesperados sem saber como lidar, porque eles não têm preparo pra isso. E aí eu tava dizendo: que diabo de violência é essa que eles exercem? E que pessoas tão perigosas são essas que não saem de perto de nós? Na verdade, estão pedindo socorro." (Assistente Social 3)

No conjunto das falas, ficam evidenciadas as dificuldades e os dilemas de lidar com a questão da violência e com o medo gerado por ela, seja na esfera individual e pessoal da vida cotidiana, seja na esfera do trabalho profissional. Essas formas e as decisões tomadas passam muito mais por um fórum íntimo do que por estratégias construídas coletivamente, seja nos espaços organizacionais onde desenvolvem ações profissionais, seja através de ações coletivas junto a formas organizadas da sociedade civil. Mesmo tendo a questão da violência presente, em todos os trabalhos realizados pela Prefeitura, mesmo existindo uma Secretaria de Combate à Violência Urbana, essa não é objeto de discussão em nível organizacional, no sentido de enfrentamento e preparo de pessoal (técnicos) para lidar com a mesma. Em última instância, cabe aos profissionais e técnicos, particularmente, decidirem o que fazer.

O vocábulo caminho também aparece na fala da jovem de classe média e de uma moradora de favela, mas como o caminho que as crianças, adolescentes e jovens encontram para sobreviver. O caminho é o da criminalidade e da ilegalidade pela falta total de oportunidades. O sentimento expresso é de abandono, como pode ser verificado na narrativa abaixo:

> "O jovem não vai ficar jovem toda vida, vai ficar adulto, e naquela vem os filhos e daí vai crescendo tudo isso de ruim que tá aí. Eu acredito que a maioria das coisas ruins que tem é a falta de oportunidade que causa tudo isso. O abandono total que vive a população carente... A falta de oportunidades que eles encontram nos caminhos, as dificuldades que eles encontram, as portas tudo fechada, e a única porta que eles acham é a porta do erro: que é nessa que eles entram." (Moradora de favela)

A narrativa de uma liderança reforça que a falta de alternativas, de emprego, educação, cultura, esporte e lazer leva jovens, pais e mães de família a atividades criminais e ilícitas. Os primeiros, por não verem perspectivas de vida; os segundos, por desespero de verem seus filhos passando fome, o que acaba por fazê-los buscar o caminho do assalto e roubo. A mesma liderança conclui que a sociedade que cria a marginalidade e o marginal é a mesma sociedade que quer eliminá-lo.

> "Qual o pai que não se desespera? Mas qual mãe que vai ver o filho chorando de fome e não vai fazer uma loucura? Aí faz uma vez... deu certo... faz duas deu certo... aí o caminho sem volta. Ali o caminho é mais fácil, ela vai ter o que comer, o que vestir pro filho, ela vai continuar nisso, porque a sociedade joga eles... a sociedade cria o marginal... ela cria... depois ela fala: elimina! É mais fácil que falar vamos dar esporte, vamos dar cultura, vamos dar lazer, vamos dar educação,

> vamos dar uma forma de trabalho. Porque a coisa mais difícil é o jovem conseguir emprego, é uma luta. Esse jovem daqui amanhã vai ser pai, ele vai ter que dar pra comer pro menino, pras crianças. Acho que a sociedade cria, e eu acho que ela tem que parar de criar o marginal. Porque senão a violência não vai acabar nunca." (Liderança 2)

O conjunto das narrativas em torno de possíveis caminhos é permeado de sentimentos de tristeza, impotência, medo, insegurança, paralisia e desesperança. As falas revelam o drama vivido não só pela população que convive e é afetada diretamente pelas diferentes manifestações de violência, em especial a violência contra a vida e a vida cotidiana, mas também o drama do cotidiano profissional, que imobiliza alternativas, que não permite a busca de soluções, sejam elas coletivas ou individuais.

Interessante notar que caminhos, saídas, alternativas e soluções aparecem mencionados tanto como possíveis formas de combater e enfrentar a violência, quanto, principalmente, formas de sobrevivência possíveis para grande parcela da população excluída, em particular crianças, adolescentes e jovens, e que se dariam mediante a entrada precoce no mundo da criminalidade e da ilegalidade.

A moradora de favela insiste em reafirmar que é a própria sociedade, como está organizada, que fecha as portas para os jovens que moram em favelas, que cria as possibilidades de expansão das formas violentas de sobrevivência. Trata-se do caminho possível que é dado aos jovens, que aparece como o mais fácil mas também o mais terrível, pois as possibilidades de retorno são muito remotas.

> "Há muitas coisas erradas, muitas coisas oferecidas pra eles como se fosse fácil, que a gente sabe que é o mais difícil, o pior, mas que naquela hora é solução. E daí há tanta perdição, tanta coisa errada, porque eles não têm oportunidade. Não é dado a eles outro caminho, então eles têm que seguir o caminho mais difícil." (Moradora de favela)

A narrativa da psicóloga, descrevendo um dos seus medos pessoais e a solução que visualiza para ele, é exemplar. Frente à sua fobia de baratas, ela consegue resolver o problema com um instrumento que tira o objeto do medo de sua frente (inseticida que mata barata). Entretanto, ela não visualiza uma possibilidade de transformar o medo social sentido em esperança. Transfere-se, portanto, para o individual a busca de alternativas em vez de buscas coletivas legitimadas publicamente. Os silêncios provocados pelo medo não permitem a coletivização da questão, nem a busca de soluções coletivas. Sua narrativa espelha a ambigüidade presente na discussão sobre violência e medos: as soluções possíveis, muitas vezes, aparecem através da eliminação do objeto do medo, do sujeito provocador do medo e da violência.

> "Acho que o meu maior medo é que eu não estou conseguindo enxergar uma solução, um movimento, uma organização de qualquer espécie que dê conta... a não ser quando eu busco de forma individual, quando eu faço terapia por conta dos medos que eu possa ter. Mas no coletivo, eu não consigo enxergar nada que diminua os medos que eu possa ter. Agora eu tenho medo de umas coisas assim... pessoalmente eu tenho medo de barata, é mais fácil de lidar... baratas a gente tem algumas soluções, ainda que violentas porque tem que matar, não tem jeito... eu tenho a solução... a barata eu posso matar, eu elimino... existe um instrumento específico que é um inseticida que eu espirro nela e ela morre... mas pros outros medos não existe proposta de um inseticida que consiga não matar mas dissolver, transformar o medo em esperança. Isso que eu tenho medo, de perder a esperança." (Psicóloga)

A fala da maioria das pessoas entrevistadas indica o desemprego, a falta de oportunidades para jovens e para as pessoas excluídas do mercado de trabalho, a pobreza, as desigualdades sociais, entre outros, como o campo propício que leva a outros caminhos, não desejados, mas que são os únicos que se apresentam de forma mais explicitada e facilmente assimilada. Assim, o assalto, roubo, o trabalho no tráfico aparecem como as saídas possíveis para a sobrevivência.

> "O tráfico é uma alternativa de sobrevivência, de trabalho, que mantém, que garante a sobrevivência de algumas famílias. Existe isso o que eu estou dizendo: uma assistência à saúde, à educação, uma assistência social paralela à oficial que é dada pelos traficantes. É uma possibilidade de trabalho real, de manutenção da família." (Psicóloga)

E isso gera tanto nos moradores como nos profissionais que atuam na área social um sentimento de profunda impotência, de incapacidade de buscar alternativas possíveis que permitam transformar o medo em esperança, em sonhos passíveis de se tornarem realidade. O medo da denúncia paralisa as pessoas e, na fala de uma das assistentes sociais, aparece exatamente a noção de que, ao não denunciar pelo medo, "a gente não faz nada e fica igual aos outros". É uma fala sofrida de quem se percebe como cúmplice e conivente com as situações presenciadas e, ao mesmo tempo, impotente quanto às possibilidades de reversão desse processo.

As possibilidades apontadas de enfrentamento da violência se apresentam aos entrevistados como caminhos possíveis para reduzir a violência pautada em cima de um ou outro aspecto das causas da violência, cuja solução é percebida quase que exclusivamente na ação do poder público.

A violência, entretanto, é um fenômeno complexo, cujo enfrentamento supõe pensá-la como um tema que recorta o conjunto das políticas públicas. Tornar a violência como um dos eixos centrais das políticas públicas significa pensar que o combate à violência passa por atacar causas básicas sem dúvida nenhuma, mas de forma articulada e integrada.

Há saídas? Há sim e dependem, fundamentalmente, de vontade política e de inversão de prioridades. Ampliação de recursos destinados às áreas sociais reduziriam, e muito, o custo social e econômico da violência e aumentariam o capital humano e social que vem sendo corroído e dilapidado. Isso sem mencionar o capital físico. Necessário se faz investir em programas para redução do sentimento de insegurança e de abandono dos diferentes segmentos e grupos sociais.

É preciso investir no capital humano e no capital social, que vêm sendo corroídos não só quando os profissionais se recusam a trabalhar em locais declaradamente violentos, por total falta de condições objetivas de segurança e de qualificação adequada. Aqueles que se sujeitam a isso, em razão das necessidades também de sobrevivência, vêem a qualidade de seu trabalho profissional sendo dilapidada devido aos dilemas éticos e políticos que enfrentam cotidianamente para poder superar ou conviver minimamente com seus medos. O que pode levar o profissional, para sobreviver, a começar a banalizar e naturalizar a violência.

Por sua vez, o capital social vai se dissipando, alterando as relações de sociabilidade, tornando as pessoas cada vez mais individualistas, desconfiadas e inseguras, dificultando seu direito de ir e vir, de ocupar e se apropriar do espaço público e da coisa pública, gerando tensões entre vizinhos, entre estranhos que também são vistos como potenciais agressores — o que poderíamos nomear como um "*stress* coletivo" e que se reflete nas dificuldades de organização e articulação de ações coletivas. Isso foi evidenciado nas falas e narrativas, dando indicadores de que a violência e o medo social são elementos importantes para pensarmos o refluxo dos movimentos populares na atualidade.

7. Da violência visível ao invisível da violência

"Sem ironia persistiremos em não saber distinguir seriamente o concebível do sensível e continuaremos achar inconcebível que o sensível fundamente o concebível."

José Machado Pais

O cotidiano tem sido alterado e vivido em sobressaltos. Hoje, a repetição no cotidiano é de cenas de violência passadas não só na tela da televisão, mas no dia-a-dia, em que os sujeitos são protagonistas das histórias construídas, muitas histórias não forjadas por eles mesmos, mas cujos personagens estão imbricados à sua vida familiar, de vizinhança e de trabalho. Não se trata mais de histórias que o povo conta ou que são narradas de forma distante pelos documentários e jornais televisivos sensacionalistas. O drama vivido no cotidiano é parte mesmo da história, cujos personagens são, às vezes, autores dessa história e, em outras vezes, meros coadjuvantes. Freqüentemente, representam esses papéis de forma alternada. Nessas histórias cotidianas, difícil é identificar quem são os mocinhos ou os bandidos. Eles se confundem na tela da vida, onde a fantasia vira a trama real dos enredos cotidianos, cujo final em nada se assemelha aos "happy ends" novelescos.

Buscou-se, ao longo do trajeto desta pesquisa, identificar as diferentes manifestações de medo e a forma como a violência se expressa na cidade de Santo André. Partimos da hipótese que a violência e as suas formas de manifestação são desiguais no tecido urbano e, conseqüentemente, o medo gerado por elas se manifesta de formas distintas nos diferentes segmentos sociais, em tempos e espaços diferenciados. Buscou-se decifrar a trama de relações tecidas entre as diferentes personagens que compõem os enredos e cenas de violência da cidade e que desencadeiam medos nas pessoas.

O período de tempo considerado para estudo da realidade da cidade de Santo André permitiu identificar, a partir dos dados colhidos — da história e constituição da cidade em suas inter-relações regionais, das condições sociais econômicas e territoriais, das manifestações de violência e criminalidade, das narrativas —, que as cenas e os enredos da violência e dos conflitos urbanos da cidade são expressões e manifestação da questão social, não desvinculada da forma como a sociedade brasileira se desenvolve. Os índices estudados e analisados indicam que Santo André é uma cidade violenta no que se refere a crimes contra a vida, e extremamente violenta nos crimes contra o patrimônio. Com relação aos crimes de homicídios, como nas demais capitais, eles ocorrem nas áreas mais vulneráveis da cidade, nos chamados cinturões de pobreza, onde o tráfico de drogas vem se expandindo, dominando territórios e pessoas. Relacionam-se com a forma como as desigualdades sociais vêm se ampliando em nossa sociedade, com a crise de desemprego e de transformações nos processos de trabalho e produtivo da região, com a ineficiência dos mecanismos legais e de justiça, com a impunidade, com o desrespeito aos direitos sociais e humanos, com a precariedade das políticas sociais públicas e com a falta de programas integrados e articulados.

Os conflitos gerados pela violência e a criminalidade local são de naturezas diversas e as vítimas são diferenciadas, embora sejam expressões de processos outros vividos não só na cidade, mas na sociedade. Entretanto, independentemente da natureza dos crimes, a população moradora de Santo André tem sido afetada profundamente em seu cotidiano pelo medo desencadeado por essas manifestações de violência. Duas formas de criminalidade — contra a vida e contra o patrimônio — se desenvolvem em áreas territoriais distintas do município, gerando medo e exigindo, portanto, ações diferenciadas por parte do poder público e dos órgãos de segurança e da sociedade civil organizada.

Os medos identificados e narrados que vêm afetando as pessoas em sua existência, dando novos ritmos e sentidos ao seu cotidiano, alterando a arquitetura de suas casas, mudando trajetos e formas de ocupar a cidade e seus territórios, denominamos "medo social". Trata-se de um medo singular-coletivo construído, seja ele passional ou racional, nas suas interações com as outras pessoas, em contextos individuais e sociais bem definidos. São as pessoas concretas (personagens do medo) que afetam com mais força as pessoas e coletividades, dando novos sentidos e significados à vida cotidiana e às formas de interatuarem, conseqüentemente, construindo novas formas de sociabilidade.

Dois personagens principais, que se materializaram em pessoas concretas, destacaram-se pela presença significativa que têm na vida das pessoas, condicionando e determinando seus jeitos de ser e viver na cidade: o traficante e o policial.

Observou-se que os nossos entrevistados, personagens dos nossos enredos, moradores dos bairros centrais da cidade, os chamados bairros de classe média, têm uma relação muito diferenciada com seu território de moradia. O medo de ser assaltado ou roubado em casa, no portão ou no farol vem levando esses personagens a alterarem significativamente suas rotinas e ritmos diários: controle de horários de sair e chegar em casa, evitando circular ou transitar à noite pelas ruas e sozinhos; espera ansiosa de filhos ou outro parente no retorno de atividades noturnas; redução nas relações de vizinhança etc. Os relatos mostraram que bairros antes tidos como acolhedores — espaços de relações de sociabilidade na vizinhança, onde as pessoas se conheciam e se sentiam seguras — já não o são mais. Esse medo narrado pelos entrevistados de ser roubado ou furtado em casa ou nos faróis é um sentimento que tem contrapartida no real. Não é um medo imaginário, como ficou patenteado nos índices de criminalidade apresentados em capítulos anteriores.

A Segurança Pública, apesar do conjunto de ações e iniciativas que vêm se desencadeando na cidade, tanto pela polícia militar, polícia civil e pela guarda municipal, através dos Programas Cidade Segura e Bairro Seguro, não foi suficiente ainda para reduzir a sensação de medo e insegurança da população moradora nos bairros de classe média. Muito embora os índices demonstrem quedas no que diz respeito a roubos e furtos de veículos em algumas localidades, como observamos anteriormente, a sensação de medo e insegurança é a tônica do cotidiano.

Há também no imaginário dos nossos entrevistados moradores em bairros de classe média um medo potencial de ser vítima de crimes fatais ou de violências físicas em situações de roubos ou tentativas de estupros, por exemplo. Apenas a jovem de classe média cita esse medo, por sua irmã ter sido vítima de uma tentativa de estupro. O restante desses entrevistados não citou nenhum tipo de violência física vinculada a roubos ou assaltos à moradia e carro que tenha sido vivenciado por eles mesmos. No entanto, esse medo existe potencialmente. O medo de ser vítima de crimes violentos e fatais, diferentemente do medo de ter algo material roubado, não tem contrapartida nas experiências pessoais vividas ou nos dados estatísticos levantados. É um medo proveniente do clima generalizado de insegurança e da forma como a violência vem sendo discutida e tratada, seja pelos órgãos públicos, seja pela mídia, que tem um papel central como formadora de opinião. Exemplo emblemático disso é a fala de algumas pessoas referindo-se ao medo de seqüestro. Muito embora os seqüestros existam há décadas, o mencionado e verbalizado refere-se a um medo cíclico, datado e motivado pelo seqüestro seguido de morte de Celso Daniel. Nas entrevistas realizadas antes dessa ocorrência, não foi mencionado o tema seqüestro ou medo de ser seqüestrado, embora esse tipo de crime já viesse ocorrendo em outras cidades, sendo amplamente divulgado na mídia. No entanto, esse medo foi verbalizado pelos entrevistados após o seqüestro de Celso Daniel. Trata-se de um medo cíclico, que se manifesta, por exemplo, quando um crime violento ocorre muito próximo às pessoas e, principalmente, quando atinge uma personalidade, aliado ao fato de a divulgação de outros crimes do gênero passarem a ter espaço maior na mídia. Neste caso, configurou-se, portanto, como um medo gerado por acontecimentos no período (uma onda de seqüestros-relâmpago e uma série de seqüestros com grandes personalidades) que ganharam notoriedade na imprensa falada, escrita e televisiva e que afetaram transitoriamente as pessoas com a perspectiva de que todos estavam vulneráveis a esse tipo de criminalidade.

Esse tipo de afetação transtorna o ambiente e a vida cotidiana das pessoas. Alguns locais, antes freqüentados por alguns dos entrevistados, passaram a ser evitados por considerarem-nos altamente ameaçadores. Trata-se de um medo de caráter cíclico, motivado por situações reais conhecidas, principalmente através da mídia ou pela fala cotidiana do crime, independentemente da possibilidade concreta de ele vir a acontecer com a pessoa ou de ter sido vivenciado diretamente por ela, familiares ou vizinhança. É um medo imaginário, de algo difuso, mas que aparece como possibilidade real ao sujeito e faz com que ele passe a acreditar nisso. O mesmo poderia ser dito para os casos dos latrocínios. Os dados estatísticos e os índices de latrocínios, mesmo que sub-dimensionados, nem de longe se equivalem aos de homicídios. No primeiro trimestre de 2002, ocorreram no estado de São Paulo 145 latrocínios, sendo 54 na capital e 33 na Grande São Paulo; os homicídios dolosos chegaram a 3148 no estado, sendo 1295 na capital e 905 na Grande São Paulo.[1] No entanto, os

1. Ver dados na Tabela 15.

moradores, em geral, sentem um medo avassalador de perderem a vida em situações de roubos de veículos e de residência. É essa possibilidade, imaginada como real, concreta, advinda de uma sensação de insegurança, que gera um medo imaginário, o qual conduz as pessoas a alterarem significativamente seus ritmos e a dinâmica da vida cotidiana, podendo provocar reações iguais ou mais violentas do que aquela criada em suas mentes. Isso alimenta e é alimentado pelo que denominamos "indústria do crime" e pela descrença nos sistemas de segurança pública legalmente instituídos. É nesse campo que a população começa a se armar, buscar formas de proteção privatizadas, ampliando a desconfiança em relação às outras pessoas, num clima persecutório que se generaliza.

Esse sentimento de insegurança, que desencadeia medos nas pessoas, não tem sido suplantado pelas ações e a presença da polícia em alguns bairros. O policial, assim como o traficante, são os personagens centrais de nossos enredos, aparecem na maioria das falas de nossos entrevistados de forma ameaçadora. Vale ressaltar que a ameaça que esses dois personagens representam para os sujeitos entrevistados se expressa de forma diferente entre os moradores de bairros de classe média[2] e os moradores de favelas.

A ameaça, que ambos os personagens representam para as pessoas, evidentemente, é fruto de toda uma construção histórica do papel desses sujeitos em nossa sociedade. Construção essa vinculada a experiências de vida presentes ou já vividas, ouvidas e presenciadas no passado e que, atualizadas para o presente, ganham novos significados.

A ameaça que o policial representa para ambos os segmentos (moradores de bairros de classe média e de favelas) vincula-se ao papel social e profissional desempenhado por ele, associado à imagem de um sujeito truculento, arbitrário, que não respeita os direitos humanos. O nosso personagem traficante também assume esse papel.

Os nossos entrevistados, ocupando postos de trabalho junto aos órgãos públicos da gestão petista e à liderança de movimento popular, que têm uma história de militância política, relacionam essa truculência a experiências vividas no período da ditadura militar. Associam a imagem do policial com a imagem da repressão e do controle social. Nesse sentido, a imagem de experiências vividas em outros momentos e contextos históricos permanece como atual na

---

2. Alguns dos nossos entrevistados, profissionais em cargos públicos ou em ONGS, são moradores de bairros de classe média na cidade de Santo André.

presença do policial. Aliam-se a isso as imagens atuais vistas na televisão de ações da polícia, algumas destas totalmente indiscriminadas, seja junto a pessoas e grupos (em geral os mais empobrecidos), seja junto a rebeliões em presídios ou unidades da Febem, por exemplo. Esse personagem não é visto pelos entrevistados como um sujeito que, de acordo com seu dever, oferece segurança à população, ao contrário, sua figura é relacionada a uma ameaça constante. Interessante notar que, embora essa imagem esteja preservada nas idealizações desses entrevistados (moradores de bairros de classe média da cidade), a narrativa de relações atuais com o personagem policial não dá indícios de que esses sejam truculentos com o "cidadão comum". A narrativa expressa, sim, a inoperância, a morosidade para ser atendido em delegacias de polícia, a qualidade desse atendimento e a certeza de que as denúncias encaminhadas de crimes e delitos nos quais a pessoa é vítima jamais, ou raramente, terão uma solução.

Já para os moradores de favelas e bairros pobres da periferia, a ameaça que o policial representa, provocando medo e terror, diz respeito a situações reais vividas cotidianamente. Não se trata de imagens de experiências ocorridas num passado longínquo ou ouvidas e vistas na tela de uma televisão, embora essas tenham um papel significativo na disseminação alimentadora do medo. Não se trata de um medo imaginário que não tem contrapartida no real. Trata-se, sim, de ações concretas vividas no cotidiano da favela: invasão de domicílio, preconceito, discriminação, desrespeito, tiroteios, cobranças de propinas, agressão, entre outras vivenciadas pelos moradores, sejam eles criminosos ou não. O sentimento expresso pelos moradores é de humilhação, discriminação, raiva, ódio, insegurança e de um medo assustador em relação ao policial. Para o morador de favela, a presença do policial é totalmente descartável. Aliás, a presença dele na área de favela é sinalizadora de possíveis conflitos, em que a vítima pode ser qualquer um, indiscriminadamente.

O medo em relação ao policial leva o morador de favela à total descrença nos meios e instrumentos legais e legítimos de se fazer justiça e de se garantir o direito. Isso contribui sobremaneira para que o "poder paralelo" do traficante — dono da área — se faça presente na área.

O medo do policial — a ameaça que ele representa — é um medo singular-coletivo compartilhado pelos diferentes segmentos entrevistados; é instituído como instrumento de subjugar e ameaçar as pessoas, mantendo-as sob domínio e controle social. É um medo que intimida, subjuga, oprime as pessoas e, nos casos narrados pelos moradores de favela, associa-se a uma ameaça constante, mediante a qual os policiais utilizam o seu poder como autoridade para extorquir ganhos dos criminosos e de moradores de favelas em troca de favores. Já o morador de bairro de classe média demonstra esse medo de forma diferenciada. Trata-se do medo de sofrer agressões da polícia de forma indiscriminada e não ser respeitado em seus direitos de cidadania, podendo ainda ser confundido com um marginal ou criminoso.

A forma como as duas corporações (polícia civil e militar) atuam, as imagens e representações sociais construídas a partir de suas histórias, cultura e práticas, revelam relações ambíguas com o conjunto da população e entre si. As narrativas revelam que as relações entre as polícias e o Poder Executivo são descompassadas e pouco eficientes, não contribuindo para que o medo e a sensação de medo diminuam. Assim, os responsáveis em garantir segurança, proteção e controle social são exatamente aqueles que reforçam o medo das pessoas e contribuem para que o ciclo da violência se perpetue.

As cenas de violência narradas expressam sentimentos de abandono por parte dos moradores, em especial dos que vivem em favelas. Sentem-se negligenciados e esquecidos pelas políticas públicas, excluídos da vida social e da sociedade de consumo. Sentem-se discriminados pelo conjunto da sociedade. Sentem-se inseguros. São exatamente esses sentimentos que possibilitam que o "traficante" de seu bairro (sua favela) se institua como seu protetor e seu protegido. Mesmo sendo criminoso, mesmo estando vinculado a um conjunto de ações ilegais e ilícitas no espaço de seu domínio, ele se distingue dos personagens que representam a segurança pública e oficial. Mesmo o traficante sendo tão truculento quanto o policial, ou mais, os moradores de favela fazem uma distinção significativa entre esses dois personagens e em relação ao que eles representam de ameaça.

Parece-nos que estamos diante de um paradoxo, de um enigma a ser decifrado, que mascara e deforma a realidade.[3] Decifrar o enigma e desmascarar a realidade, como assinala Pais, "é sentir e receber o que vem de fora (sinto, logo penso...): acolher, hospedar o que se apresenta como estranho, enigmático" (Pais, 2003: 57). Se os enigmas se apresentam como maneiras de mascarar a realidade, "é sensato não desprezarmos as máscaras para melhor lidarmos com elas" (ibid.: 58). Conforme pondera Pais, ao mesmo tempo que eles defor-

3. Entende Pais que os enigmas são "representações mitificadas, dificilmente identificáveis, dadas as suas referências vagamente alusivas e pouco cimentadas numa 'consciência comum'" (2003: 57).

mam a realidade, também se configuram como fonte de informações sobre essa mesma realidade. Mesmo que suas fundamentações sejam precárias, isso não significa que não sejam fundamentadas e repletas de significados (ibid.: 58).

Há, nas interpretações e idealizações dos moradores de favelas e dos próprios profissionais que atuam nessas áreas, uma identificação maior com o personagem traficante. Isso soa à primeira vista de forma desconcertante, enigmática e caótica. Entretanto, todo enigma "é portador latente de uma luminosidade, potencial revelador ou descritor do que está escondido ou do que é secreto" (ibid.: 61). O que importa não é tanto o fato de os moradores e profissionais se identificarem mais com o personagem traficante nas áreas de favela, mas, e, sobretudo, como os processos de constituição dessa identificação se produzem. "O que interessa é tomar os rumores como sondas que explorem (e confirmem) os limites dentre os quais o rumor circula, como um saber socialmente compartilhado" (ibid.: 62). Entender essa passagem do obscuro para o claro é entender o processo de passagem do aparente para o essencial. É jogar luz nos escuros sociais para melhor entender como esse cotidiano acontece — esse cotidiano clivado pelo medo da violência.

E essa identificação não se dá por concordarem com o conjunto de injustiças e ações ilegais que o traficante realiza ou ainda por aceitarem cegamente as regras e normas por ele instituídas. As narrativas expressam a dor e o sofrimento vivido acompanhados de dilemas éticos. Denominamos essa relação construída de "identificação simbiótica", a qual vai se criando pela ausência de outros mecanismos de segurança (por parte do estado) ou de respostas coletivas (por parte da comunidade), que permitam transformar o medo em esperança. Trata-se da reação possível ao medo social construído, que é de uma entrega. A potência interna, para agir frente às causas externas, é reduzida e minada. E não se trata de uma entrega tão passiva assim, pois essa relação de identificação simbiótica envolve benefício para ambos em proporções bem diferenciadas. O medo disseminado e alimentado cotidianamente pelo traficante é dissimulado por intermédio do pseudo-acolhimento, pseudo-respeito e ajuda efetiva de forma paternalista que presta aos moradores e profissionais, seja ela material ou simbólica.

Pelo olhar dos moradores e de alguns profissionais que atuam diretamente nas áreas onde conflitos urbanos ganham mais visibilidade, o papel do traficante é associado, às vezes, ao de "bandido" e, em outras, ao de "mocinho". E essa associação não está vinculada somente à sua figura, mas relaciona-se ao conjunto dos outros personagens, com os quais se complementam: policiais, políticos, executivos, empresários etc. Esses outros personagens aparecem nas narrativas de nossos entrevistados, seja pela vinculação direta que estabelecem com o personagem traficante, seja por uma relação que poderíamos denominar conivência. O personagem traficante congrega em si esses dois papéis ("mocinho" e "bandido"), o que não significa que os outros personagens não façam o mesmo. Mas nele esse duplo papel ganha expressividade, exatamente porque aqueles que deveriam desempenhar o papel de "mocinho" não têm de fato apresentado uma boa "interpretação". É exatamente essa ambigüidade, ou melhor, essa duplicidade de papéis que alimentam e perpetuam o ciclo de medo e cristaliza o seu poder. Mas, na fala do morador, esse medo é suplantado e sublimado pelas mercadorias simbólicas e materiais que são trocadas nessa relação e pelo medo maior que os policiais representam. É emblemática a fala de uma moradora: "prefiro confiar no traficante de minha favela e do meu bairro do que na polícia".

Nos espaços de favela, o medo vivido cotidianamente decorre diretamente de dois personagens, vinculados a conflitos reais que lá se produzem: conflitos entre traficantes, entre traficantes e polícia e entre polícia e moradores. Desses conflitos, os moradores todos têm medo. E principalmente os profissionais que atuam dentro das áreas de favelas, que, nesses momentos, não podem acessar o território e precisam suspender as ações lá realizadas. Portanto, o seu papel profissional também não pode ser desempenhado adequadamente.

Os moradores das favelas, diferentemente dos moradores dos bairros de classe média, têm um maior trânsito no seu território. Nos espaços de favelas, os moradores se conhecem, têm maiores relações de sociabilidade e de ajuda mútua. Nas favelas, as normas de conduta a serem seguidas são explícitas. Portanto, o morador respeita esses ritmos, regras e tempos, definidos no seu espaço de moradia. Conhecer e ser conhecido, assim como ser reconhecido, são elementos centrais da convivência cotidiana na favela. Por isso, transitar à noite na favela não é muito adequado, pois a falta de iluminação não permite ser reconhecido. Para isso, códigos próprios criados — sinais convencionais e conhecidos pelos moradores locais — são importantes: assobios, andar em grupos, dirigir veículos com farol baixo ou desligado são algumas das estratégias importantes de circulação noturna para os moradores locais. Pessoas estranhas já não devem circular nesses horários. E mesmo de dia, o estranho deve circular acompanhado de alguém que lhe dê autorização para entrar. É fundamental, portanto, ter domínio e clareza das regras e códigos que indicam as formas de conduta e sociabilidade naquele espaço territorial. Ter clareza e a consciência das circunstâncias ou situações em que se deve agir dessa ou daquela maneira (independentemente da consciência dos motivos que levam a agir) é estar atento aos contextos dos indivíduos (Pais, 2003). Trata-se daqueles elementos do meio circundante que são relevantes para as pessoas interatuarem e que podem condicionar e dar rotas às suas ações. Não há, entretanto, um fatalismo, no sentido de que as pessoas sigam rigidamente as normas e regras como direcionadoras de suas ações cotidianas. As regras e normas de condutas vivenciadas pelos indivíduos se mesclam com outros elementos que são relevantes nas construções de outros contextos individuais. Assim, valores e normas advindos da Igreja, da Escola, da Família, da Ética Profissional se mesclam e se chocam com essas regras, criando os contornos em que os medos sociais se singularizam e se coletivizam, gerando normas de conduta diferenciadas e, ao mesmo tempo, compartilhadas. São nesses embates que os conflitos éticos se apresentam para além da consciência dos mesmos. Os dilemas éticos advêm principalmente das sanções e da quase obrigatoriedade de que as regras e normas compartilhadas devem ser cumpridas.

As regras e normas de conduta construídas pelo mundo do tráfico aparecem aos entrevistados como "camisas-de-força" que levam à submissão. São regras e normas acatadas não necessariamente por compartilharem delas ou por aceitação das mesmas como valores éticos e morais que devem reger suas condutas, mas pela força de coerção a que estão submetidos pelo medo. As condutas assumidas vão desde a passividade extrema, o que significa entrega total às normas, até possíveis transgressões das normas legais instituídas pelo Estado e/ou mundo do tráfico. As transgressões podem se manifestar de diferentes formas, entre elas, buscar negociações de ampliação de determinados limites. Um dos exemplos que podemos citar é sobre a interferência de um traficante em programa voltado para crianças e adolescentes; incomodado de perder seus "soldados" para o programa, o traficante usou de ameaça com os educadores. Entretanto, os próprios adolescentes que queriam participar do programa pressionaram o traficante, que acabou desistindo de tirá-los de lá. No caso em questão, a música e a perspectiva de sucesso foram mais sedutoras que o tráfico. Alguns adolescentes que tinham envolvimento com o tráfico abandonaram-no e passaram a dedicar-se ao projeto. O exemplo permite decifrar que essa relação desigual entre o traficante e os moradores, sejam eles vinculados ou não ao tráfico, pode ser alterada e modificada se os medos forem compartilhados e se forem construídas alternativas coletivas mais consistentes.

Ressalta-se que essas regras e códigos valem para a favela onde a pessoa mora e é conhecida e reconhecida. Em outros espaços territoriais, o morador de favela tem medo de transitar, pois estes são dominados por outros comandos. Comandos esses que muitas vezes estão em conflitos com comandos da área onde ele mora. Por outro lado, em outros espaços territoriais, ele, morador, não é conhecido e reconhecido. O morador de favela também reproduz os mesmos medos que os moradores de classe média, ao transitarem nas áreas centrais ou em outras favelas. Nesses outros espaços, têm medo de assalto e roubos — coisa mais difícil de ocorrer nos locais de moradia.

Os espaços territoriais são crivados pela significação simbólica e interpretados pelos sujeitos por meio dos símbolos que lhes dão significados. Onde eu posso ou não posso transitar. Comum ouvir de nossos personagens que na sua favela ele pode transitar, pois é conhecido. Ser conhecido é símbolo de reconhecimento e, portanto, a certeza de que o outro, "apesar de todas as injustiças", não fará com ele atrocidades que faz com outras pessoas.

Um outro medo explicitado pelos moradores de favela, inclusive pelos jovens e adolescentes, é o de se perceberem envolvidos diretamente com o tráfico. Fica evidenciada nas narrativas a certeza de que esse envolvimento traz conseqüências para si e para toda a família. A possibilidade de se manter vivo nesse mundo é reduzida e a vida cotidiana passa a ser muito mais afetada por isso, muitas vezes exigindo mudança de local de moradia e, às vezes, de cidade. Entretanto, há nas falas um sentimento de impotência e fatalismo. Caso isso venha a ocorrer, a morte e a intimidação aparecem como situações inevitáveis.

A maneira como as pessoas vêm sendo afetadas pelo exterior, através do medo e das diferentes modalidades de violências e conflitos urbanos, tem diminuído sua potência para agir coletivamente. O sofrimento vivido cotidianamente, relacionado às formas de violência e medo às quais estão submetidas, tem tornado as pessoas mais passivas frente às afetações do dia-a-dia, visto que muitas idéias que têm sobre os fatos e acontecimentos são mutiladas e confusas. As interpretações feitas sobre a violência têm gerado medo, ansiedade, desesperança, incerteza quanto à possibilidade de que coisas boas e alegres possam vir a se constituir dada a insegurança experienciada no cotidiano.

Dessa maneira, reafirma-se que a violência e o medo gerado por ela se espraiam de forma diferenciada na cidade, afetando as pessoas distintamente, levando-as de forma compartilhada a construir novas formas de sociabilidade em seus espaços de moradia, alterando o cotidiano. As mudanças em trajetos, passeios dominicais, idas a missas e cultos, bate-papo de vizinhos no portão, na rua, idas a festas e bailes, saídas e chegadas do trabalho e do lazer, reuniões da comunidade, gestos típicos da vida cotidiana vão alterando e modificando, sem dúvida nenhuma, as formas de sociabilidade.

Do ponto de vista do cotidiano dos profissionais que atuam nas áreas de favela, fica evidenciado que, qualquer que seja sua formação (assistentes sociais, psicólogos), necessitam conviver e lidar com as questões e conflitos gerados em torno da violência local. Portanto, também necessitam estar atentos aos contextos dos indivíduos. Têm de lidar tanto com os medos sentidos pela população demandatária de seu trabalho, como com os seus próprios sentimentos. Os programas sociais, que pretendem entrar nesses espaços dominados pelos traficantes, precisam, de alguma maneira, ser negociados com os donos de área. E essas negociações envolvem vários sujeitos e personagens sociais e políticos da cidade, como pudemos observar nas narrativas. Mas, em última instância, são eles, os profissionais que atuam diretamente em campo, os mais afetados na sua prática profissional cotidiana.

Esse lidar com o cotidiano, estar atento, observar, apareceu de forma explícita nas narrativas através de relações diretas e indiretas entre profissionais e lideranças locais e/ou traficantes. Tal relação implica em explicitar as ações a serem desenvolvidas, os objetivos a serem alcançados, os tempos e espaços a serem utilizados. As ações que não venham a interferir nos negócios dos donos das áreas são bem-vindas e apoiadas. Esse apoio é uma das contrapartidas dadas, que possibilitam ao traficante ser visto como alguém que ajuda as pessoas e as respeita. Muitas foram às falas de que "'ele' não interfere no meu trabalho". Aqui, repete-se a idéia da relação de identificação simbiótica.

Os temas de violência têm perpassado a prática dos profissionais, no entanto, mesmo com a criação da Secretaria Municipal de Combate à Violência Urbana, esses não têm sido objeto de debates internos envolvendo treinamento, capacitação e preparo destes profissionais para lidar com tal questão, segundo os entrevistados. Quando questões de violência aparecem na ação profissional, os técnicos têm dificuldade de lidar com as mesmas por falta de conhecimentos e preparo adequado. O sentimento expresso nas entrevistas pelos profissionais (assistentes sociais e psicóloga) é de que a responsabilidade de lidar com a questão e de negociar com traficantes é exclusiva do próprio profissional, sem clareza de qualquer respaldo institucional. Desta maneira, também os profissionais expressam sentimento de insegurança e medo com a sua segurança pessoal e, principalmente, de impotência e de desesperança, acompanhados de dilemas éticos com relação às possibilidades de ações junto aos segmentos sociais com quem desenvolvem seu exercício profissional. Em sua prática profissional cotidiana, são "escuta" dos medos e das diferenciadas formas de violência vivenciadas pela população usuária. São depositários das incertezas e inseguranças vividas e se vêem impotentes na busca de saídas e alternativas e, em muitas vezes, percebem-se despreparados para lidar com essas demandas.

As formas de reação ao medo revelam uma passividade relacionada às maneiras como as pessoas, grupos e coletividades estabelecem uma relação com o exterior. Na verdade, a passividade decorre exatamente "do modo como a relação com o exterior se estabelece" (Chaui, 2003: 311). Tanto a atividade como a passividade são decorrentes exatamente da forma como a relação se estabelece com o exterior. Na passividade, dirá Chaui que "somos determinados a existir, operar, sentir e pensar segundo a força de um desejo externo interiorizado"; na atividade, "o que somos, pensamos, desejamos, sentimos e fazemos determina como nos relacionamos com a exterioridade" (ibid.: 311). Nas relações cotidianas, o desejo exterior tem sido um dos condicionantes das maneiras de construir relações de sociabilidade, muito mais do que os desejos que acreditamos como verdadeiros. Esses não têm sido potencializados para construção de novas formas de se relacionar com a exterioridade.

Se as classes mais abastadas, como afirma Caldeira (2000), se alojam em espaços protegidos e fortificados nos condomínios fechados, as favelas também se constituem como espaços fechados e fortificados, controlados por outros poderes e por outras formas de segurança. Em ambos os espaços, o estranho não entra sem autorização. Em ambos os espaços, é necessário se identificar para entrar. Enquanto, nos primeiros, os moradores de favela são vistos como estranhos e pertencentes às chamadas "classes perigosas" que colocam em risco a vida dos moradores dos "condomínios" fechados, nos condomínios de favelas, o estranho, o traficante e o policial são vistos como perigosos ao olhar de seus moradores. Na idealização dos nossos entrevistados, sejam eles moradores de favelas, sejam profissionais que atuam nessas áreas, moradores locais e visitantes precisam também de autorização para entrar no espaço de favela e ali desenvolver suas atividades.

Todos os entrevistados expressaram isso em suas narrativas permeadas de tristeza, impotência e medo. A entrada da polícia nos condomínios de favelas é realizada sem autorização dos traficantes quando efetuada através de megaoperações envolvendo uma parafernália que permite à polícia entrar e impor-se frente a bandidos e traficantes locais. Igualmente aos enclaves fortificados dos segmentos mais abastados, os condomínios de favela acabam se configurando como fortificações controladas e que servem para a proteção do traficante e do bandido e não da população moradora local. Já os condomínios de classe média são controlados para proteção da população moradora, por segurança privada e paga.

A violência urbana é um fenômeno complexo e multifacetado, que exige ações integradas, se não para solucioná-lo, pelo menos para reduzir seus índices e seus impactos na vida das pessoas, dos grupos, da sociedade. Trata-se de um fenômeno transversal, que recorta o conjunto das instituições e organizações sociais, econômicas e políticas, e, portanto, deve ser compreendido e explicado em sua totalidade, para que os conjuntos dos obstáculos possam ser enfrentados. Não pode ser reduzido somente como um caso de polícia, ou de saúde pública, ou como pobreza e miséria, ou como advindo de situações psicológicas e intrafamiliares, ou como um problema cultural, como ausência de solidariedade. A violência não pode ser tratada como objeto desta ou daquela área de conhecimento, deste ou daquele órgão público. Trata-se de um fenômeno que deve ser enfrentado por toda a sociedade.

Nossos entrevistados apontaram inúmeras alternativas para o combate à violência, desde aquelas voltadas para uma legislação penal mais rígida até, e principalmente, ações que nas suas interpretações poderiam contribuir para combater a violência nas suas causas. São propostas de formas de melhorar a educação, ampliação de vagas em escolas, mudanças na polícia, no sistema penal e prisional, geração de emprego e renda para a população, fim da impunidade, ensino da palavra de Deus, entre outras. Trata-se de alternativas que têm embutidas em si uma dada interpretação para a violência urbana.

Nas falas dos dilemas e sentimentos vividos cotidianamente em relação à violência, as alternativas de vencer o medo e, ao mesmo tempo, combater a violência aparecem muitas vezes pontuais, centradas em uma das possíveis causas e efeitos da violência. As alternativas se baseiam no vivido, seja pessoal, seja profissional, buscando-se uma solução, mesmo que paliativa, para essas questões específicas. Poucos são os entrevistados que analisam a violência de uma forma mais abrangente, como uma questão transversal, que perpassa os diferentes âmbitos da vida social e da vida pública. No entanto, aparecem de forma contundente alternativas que buscam dar conta daquelas causas interpretadas pelos entrevistados que poderiam combater a violência e acabar com seus medos. Trata-se de ações em que os entrevistados não se percebem como sujeitos também co-responsáveis por elas e, de fato, exercitando a sua cidadania. São ações deslocadas somente para a esfera pública e eles não se percebem como pertencentes a essa esfera. Não aparece, portanto, no pensar, nas narrativas e na ação desses sujeitos, a sociedade civil organizada em torno dessa questão. Portanto, as ações coletivas não são visualizadas como forma de poder, ou seja, possibilidades reais de exercício de direitos comuns, de cidadania. Retomamos aqui algumas das teses de Espinosa, melhor clarificadas por Chaui. Para Espinosa, um direito que não é exercido representa um poder inexistente. Um direito não é mera virtualidade, o exercício de um direito envolve exercício de poder. Ele se manifesta exatamente através do seu exercício. "Espinosa não dirá, por exemplo, que o escravo tem virtualmente o direito de rebelar-se porque tem virtualmente o direito natural e liberdade de revolta, mas dirá que o direito natural do escravo só existe no momento que efetivamente o exerce, rebelando-se" (Chaui, 2003: 302).

Chaui afirma que "justo", "bem" e "legítimo" são valores éticos opostos à violência e que estabelecem formas de sociabilidade. As maneiras vividas e narradas por nossos entrevistados dão indícios de que esses padrões de conduta moral, dependendo das circunstâncias, se chocam com as normas instituídas nos espaços de moradia, ou mesmo com as idealizações de nossos sujeitos da pesquisa, gerando dilemas éticos difíceis de serem gerenciados e superados. Trata-se dos conflitos gerados por causas externas e internas. A superação vem se dando a partir de situações reais e cotidianas, que reconstroem esses espaços de sociabilidade para garantir sua sobrevivência, pois se percebem destituídos dos instrumentos legais e legitimados, ou seja, o não exercício dos direitos. Trata-se de construções que não se configuram como construções coletivas e comuns, pautadas em ideais de justiça e democracia. A lei e a justiça, que deveriam se configurar como a construção coletiva e pública, passam a ser arbitradas no privado. Uma das teses fundamentais de Espinosa, pontuada por Chaui, diz respeito exatamente a essa relação entre conflitos internos e externos e a disposição dos homens em viver em comum. Viver em comum não significa, ao olhar de Espinosa, ausência ou fim dos conflitos. Significa que os homens se dispõem, na vida em sociedade, a viver em paz. "A paz, definida pelo filósofo como força de ânimo e coragem, é a capacidade para coexistir sob leis comuns porque podem exprimir a satisfação de desejos comuns, mas muitas vezes também contrários" (ibid.: 313). Isso supõe que a construção de um coletivo não é ilusória e harmoniosa de uma sociedade reconciliada. O coletivo é construção que envolve conflitos e concordâncias, que envolve partes fracas e fortes, que coloca sempre em risco a diminuição ou o aumento da liberdade e da igualdade. Entretanto, essas construções coletivas necessitam ser exercícios efetivos de direitos e de poder se o que se almeja é o exercício da democracia.

O medo social é produto de uma sociedade violenta e das formas como se constroem as relações de poder e as formas de sociabilidade. E, portanto, somente através de ações integradas, envolvendo as diversas organizações, as diversas esferas de poder (Executivo, Legislativo e Judiciário), em articulação permanente com as formas organizadas da sociedade civil, é que podem ser vislumbradas estratégias de ação para reduzir os índices de violência e criminalidade e a sensação de medo, aumentando a potência das pessoas para agirem coletivamente. Para tanto, a potência interna de agir tem de ser maior que a potência das causas externas. Chaui dirá, analisando o significado de liberdade em Espinosa, que para esta ser exercida "é necessário que o 'conatus' desenvolva internamente uma força não só capaz de remover obstáculos, mas ainda capaz de interpretar os significado do próprio obstáculo, sem o que jamais poderá enfrentá-lo" (Chaui, 2003: 311).

No processo de construção deste estudo, fomos identificando formas de manifestações da violência urbana e diferentes medos das pessoas entrevistadas. Algumas das violências identificadas foram deixadas de lado, visto que mereceriam estudos à parte e fugiriam do objeto de nosso estudo. Centramos nossa análise exatamente em dois personagens que povoam a vida e o imaginário dos moradores e dos profissionais entrevistados, como sujeitos causadores e geradores de medos.

Do conjunto dos medos narrados, como sugere Delumeau (1996), há medos espontâneos, que são aqueles sentidos e explicitados pelo conjunto dos nossos personagens independentemente de sua condição social ou econômica, e que, de alguma maneira, são permanentes, ou seja, os nossos entrevistados convivem com esses medos ao longo de sua trajetória: medo de barata, medo de "defunto", medo de morto, por exemplo. As reações a esses medos são modos singulares que se expressam através de fugas ou de formas violentas de enfrentá-los. Com relação a medo de ver uma pessoa morta, uma forma de enfrentamento é ficar distante do objeto do medo ou mesmo fingir que ele não existe, por exemplo, através de "evitação", não indo ao enterro ou evitando ver a pessoa morta no caixão. No caso da barata, fugir, subir numa mesa ou conseguir um inseticida que a extermine. Trata-se de medos singulares, vividos e sentidos de forma particular pelos nossos personagens. São medos construídos ao longo da história de vida de cada personagem, cujas alternativas e respostas encontradas fazem referência, sem dúvida, aos contextos individuais em que vivem, a suas histórias pessoais e às possibilidades de seus repertórios interiores. Os sujeitos do medo (barata e morto) não se configuram como sujeitos que têm uma intencionalidade de subjugar o outro, mas exercem, por meio de construções históricas imaginativas, um poder sobre aqueles que os temem. Entretanto, entre esses dois medos, uma distinção aparece. Enquanto no primeiro, objetivamente, é possível clarificar e explicitar que a barata não tem como ferir ou agredir o sujeito, no segundo, o medo do morto faz referência a um campo do desconhecido: a um campo da fantasia e das superstições criadas em torno da morte e do pós-morte. A esses tipos de medos espontâneos, que se manifestam de forma singular, podemos agregar um conjunto de outros sujeitos e coisas que podem gerar medos nas pessoas, formulados pela superstição: medo de gato preto, medo de passar embaixo de escadas, de fantasmas etc. Nota-se que esses medos tendem a se reduzir com a ampliação de conhecimentos técnicos e instrumentais que vão comprovando a pouca plausibilidade de suas evocações. A esse tipo de medo, Delumeau chama de medo espontâneo permanente.

Podemos identificar também, principalmente nas narrativas dos evangélicos, um medo refletido, que, segundo Delumeau, é aquele decorrente das infelicidades, conduzido pelos conselheiros espirituais. Ou seja, a infelicidade, a tristeza, a pobreza e a violência são decorrentes da falta de Deus no coração, falta da Presença. Os obstáculos contra os quais as pessoas não têm como lutar seriam mais facilmente combatidos com a graça de Deus. A marca de Deus aqui aparece como mecanismo de proteção dos males.

Já os "medos espontâneos cíclicos" são aqueles medos periódicos que podem tanto atingir todo um conjunto de uma sociedade, como podem perturbar segmentos diferenciados: alguns atingem mais os pobres; outros, mais as classes médias ou abastadas da sociedade; uns tantos, as classes que se encontram no poder; outros, ainda, podem atingir mais jovens e crianças etc.

Esses são os medos que mais nos preocupam, pois são aqueles decorrentes de um conjunto de agressões contínuas sofridas por grupos e coletividades, seja através de imagens, de palavras ou de experiências vividas, sejam elas reais ou imaginárias, que contribuem para a desagregação social, para o "esgarçamento" das redes de sociabilidade, dificultando, portanto, a construção, de fato, de uma sociedade democrática. Trata-se do medo que vai dilapidando e corroendo o capital social e humano. As agressões contínuas, a carência e quase ausência de perspectivas transformadoras, as diferentes formas de impunidade fazem ampliar o medo social, gerando angústia e um clima de insegurança, fazendo surgir nas pessoas uma tal negatividade que, em vez de articulá-las em torno de busca conjunta de enfrentamento, vem propiciando cada vez mais formas de segregação social, discriminação e preconceito.

Esse sentimento de impotência, que permeou a maioria das narrativas, reflexo da ausência de perspectivas ou se apresentando como perspectivas de caminhos fora dos parâmetros legalmente instituídos, conduz, sem dúvida nenhuma, para um risco de desagregação social cada vez mais ampliado. A incerteza e a impotência para vislumbrar outros caminhos fazem com que os medos singulares-coletivos sejam contínuos, representando um papel importante nos destinos coletivos e individuais.

Podemos, ainda, identificar um medo expresso por todos e que se trata de um dos mais antigos da humanidade: o medo das trevas, que, em cada época e lugar, ganha sentidos e significados. O pôr do sol traz consigo a escuridão e o silêncio, portanto, gera uma maior insegurança em todos os entrevistados. A noite é a maior cúmplice dos grandes malefícios (Delumeau), o inimigo fica à espreita e, na escuridão, torna-se mais perigoso e audacioso. Não é à toa que a maioria dos crimes e das formas de violência ocorre na calada da noite. Ela propicia o disfarce e as máscaras. No escuro, é difícil identificar o inimigo ou ser reconhecido. Por isso, a maioria dos nossos entrevistados evita transitar à noite, principalmente em lugares com pouca movimentação e iluminação pública. Dirá Delumeau que, à noite, com o desaparecimento da luz e o silêncio, as pessoas se confinam em seu isolamento, pois se sentem inseguras e fragilizadas. Daí a importância significativa que tem a iluminação pública para que as pessoas possam minimamente se sentir e se perceber reconhecendo e sendo reconhecidas.

No final deste trajeto, mais do que respostas às indagações, novas perguntas se formulam. Como poderemos, coletivamente, construir e fortalecer formas democráticas de convivência não fundadas em medos? Sem dúvida nenhuma, o medo utilizado como instrumento de pressão intencional vem corroendo as formas de agregação social, quebrando vínculos entre as pessoas, gerando uma sociedade cada vez mais segregada, ampliando as distâncias que separam as pessoas, reafirmando preconceitos e estereótipos. O medo social, da forma como vem se expandindo, afeta as pessoas não só na sua vida pessoal, mas também, e sobretudo, no seu trabalho e na sua prática profissional. Diminui a capacidade de crescimento do capital social e de construção de uma sociedade, que, tendo clareza dos conflitos, consegue, a partir da identificação e construção de desejos comuns, ser uma sociedade democrática geradora de caminhos e possibilidades. Isso não significa ausência de conflitos ou total concordância. Ao contrário, o "conatus" coletivo é exatamente construído tendo como base esses conflitos e essas contradições. A grande tarefa do "conatus" coletivo é exatamente desenvolver uma força interna que saiba interpretar o significado dos obstáculos para poder enfrentá-los e superá-los.

Referências bibliográficas

1. Impressas

ALMENDRA, Carlos Alberto da Cunha e BAIERL, Luzia Fátima. "A dinâmica perversa da violência e do medo social". *Serviço Social & Sociedade*, n. 72. São Paulo, Cortez, 2002.

ARENDT, Hannah. *Sobre a violência*. Rio de Janeiro, Relume-Dumará, 1994.

BARCELO, Caco. *Rota 66. A história da polícia que mata*. Rio de Janeiro, Globo, 1992.

BAUDRILLARD, Jean. *À sombra das maiorias silenciosas: O fim do social e o surgimento das massas*. 3. ed., São Paulo, Brasiliense, 1993.

BEATO, Cláudio C. "Crimes e políticas sociais na América Latina". *Centro de Estudos de Criminalidade Urbana*, n. 1, ano 0, dez. 2001.

BECKER, Gavin de. *Viturdes do medo: sinais de alerta que nos protegem da violência*. Rio de Janeiro, Rocco, 1999.

BINGERMER, Maria Clara Lucchetti (org.). *Violência e religião: cristianismo, islamismo, judaísmo: três religiões em confronto e diálogo*. Rio de Janeiro, PUC-RJ; São Paulo, Ed. Loyola, 2001.

BUCCI, Eugênio. *O peixe morre pela boca: oito artigos sobre cultura e poder*. São Paulo, Editora Página Aberta, 1993.

CALDEIRA, Teresa Pires do Rio. *Cidade de muros: crime, segregação e cidadania em São Paulo*. 34. ed. São Paulo, Edusp, 2000.

CARDIA, Nanci e SCHIFFER, Sueli. "Violência e desigualdade". *Revista da Sociedade Brasileira de Desenvolvimento e Progresso da Ciência*, n. 1, ano 54, jul./ago./set. 2002, pp. 25-31.

CASTANHO, Isaura de Mello, PAVEZ, Graziela Acquaviva & SCHILING, Flávia (orgs.). *Reflexões sobre justiça e violência: o atendimento a familiares de vítimas e crimes fatais*. São Paulo, Educ/Impressora Oficial do Estado, 2002.

CHAUI, Marilena. *Convite à filosofia*. São Paulo, Ática, 1984.

______. "Sobre o medo". In: NOVAES, Adauto. *Os sentidos da paixão*. 6ª reimpressão, São Paulo, Companhia das Letras, 1995.

______. *Política em Espinosa*. São Paulo, Cia. das Letras, 2003.

CHESNAIS, Jean-Claude. *Historie de la violence*. Paris, Editions Robert Laffont, 1981.

COSTA, Jurandir Freire. *Violência e psicanálise*. 2. ed. Rio de Janeiro, Edições Graal, 1986.

______. *A ética e o espelho da cultura*. Rio de Janeiro, Rocco, 1994.

COSTA, Marcia Regina, LIPPI, Luzia F. B. e OLIVEIRA, Isaura I. de Mello. "Homicídios em São Paulo: reflexões sobre a qualidade das informações". *Serviço Social & Sociedade*, nº 47. São Paulo, Cortez, 1995a.

______. "Mortes violentas, vítima e homicídios". *São Paulo em Perspectiva*, n. 3, v. 19. São Paulo, Revista da Fundação Seade, jul./set. 1995b.

______. *Em defesa da vida contra a violência*. São Paulo, PUC-SP. Relatório final de pesquisa, jun. 1996.

DELUMEAU, Jean, *História do medo no Ocidente: 1300-1800*. São Paulo, Companhia das Letras, 1996.

DIMENSTEIN, Gilberto. *Democracia em pedaços: direitos humanos no Brasil*. São Paulo, Cia. das Letras, 1996.

EASTMAN, Alberto Concha. "Colômbia: Epidemiologia e violência". In: PINHEIRO, Paulo Sergio et al. *São Paulo sem medo: um diagnóstico da violência urbana*. São Paulo, Garamound, 1998.

ESPINOSA, Baruch de (1632-1677). *Pensamentos metafísicos; Tratado da correção do intelecto; Tratado político; Correspondência*; seleção de textos de Marilena de Souza Chaui; traduções de Marilena de Souza Chaui, [et. al.] 3. ed. São Paulo, Abril Cultural, 1983. (Coleção Os Pensadores)

FAUSTO, Boris. *Crime e cotidiano: a criminalidade em São Paulo (1880-1924)*. 2. ed. São Paulo, Edusp, 2001.

GOMES, Lúcio Flávio. "Violência, (in)segurança, e custos econômicos". *Economia em Perspectiva* – Carta de Conjuntura, CORECON-SP, n. 192, mar./abr. 2002.

HOBSBAWN, Eric. "Barbárie: O guia do usuário". In: SADER, Emir (org.). *O mundo depois da queda*. Rio de Janeiro, Paz e Terra, 1995a.

______. *A era dos extremos: breve história do século XX*. São Paulo, Companhia das Letras, 1995b.

IAMAMOTO, Marilda V. *O Serviço Social na contemporaneidade: trabalho e formação profissional*. 3. ed. São Paulo, Cortez, 2000.

IANNI, Otávio. *A sociedade global*. 3. ed. Rio de Janeiro, Civilização Brasileira, 1995.

JORGE, Maria Helena. "A mortalidade por causas violentas no município de São Paulo". *Revista de Saúde Pública*, n. 16, 1982, pp. 19-41.

LEBRUN, Gerard. "O conceito de paixão". In: NOVAES, Adauto (org.). *Os sentidos da paixão*. São Paulo, Companhia das Letras, 1987.

LEFEBVRE, Henri. *La vida cotidiana en el mundo moderno*. 3. ed. Madrid, Editions Gallimard, 1984.

LIMA, Renato Sergio de. *Conflitos e criminalidade urbana: uma análise dos homicídios cometidos no município de São Paulo*. Dissertação (mestrado) — Faculdade de Filosofia, Letras e Ciências Humanas — USP. São Paulo, 2001.

LOLIS, Dione. *A violência e suas marcas: um estudo de sua construção social em um bairro periférico de Londrina*. Dissertação (mestrado) — Faculdade de Serviço Social — PUC-SP. São Paulo, 2001, 278 p.

LONDOÑO, Luis e GUERRERO, Rodrigo, "Violencia en América Latina: Epidemiología e Costos". *Revista de Administración Publica*, Buenos Aires, ago. 1999.

MAFFESOLI, Michel. *Dinâmica da violência*. São Paulo, Editora Revista dos Tribunais, Edições Vértices, 1987.

MALDONADO, Maria Teresa. *Os construtores da paz*. São Paulo. Ed. Moderna, 1997. (Coleção Polêmica)

MARTUCELLI, Danilo. "Reflexões sobre a violência na condição moderna". *Tempo Social*. Revista de Sociologia da USP, n. 1, v. 11, São Paulo, maio 1999.

MICHAUD, Yves. *A violência*. São Paulo, Ática, 1989.

MINAYO, Maria Cecília de S. "A violência sob a perspectiva da Saúde Pública". In: O impacto da violência sobre a saúde. *Cadernos de Saúde Pública* (v. 10). Escola Nacional de Saúde Pública, 1994.

MIGNARDI, Guaracy. *Tiras, gansos e trutas*. São Paulo, Editora Página Aberta, 1992.

MIRA Y LOPES. *Quatro gigantes da alma: o medo, a ira, o amor, o dever*. 16. ed., Rio de Janeiro, José Olympio, 1994.

MISSE, Michel. "As ligações perigosas: mercado informal ilegal, narcotráfico e violência no Rio". *Revista Educação e Contemporaneidade*, n. 2, UFRJ, 1998.

MOORE, Mark Harrison. "Policiamento comunitário e polícia para soluções de problemas". In: TORNY, Michael e MORRIS, Norval (orgs.). Policiamento Moderno. São Paulo, Editora da Universidade de São Paulo, 2003. (Série Polícia e Sociedade, n° 7).

"NOVA YORK vence o crime". *Veja*, n° 1744. São Paulo, mar. 2002.

OLIVEIRA, Maria Coleta (org.). *Demografia da exclusão social*. Campinas, São Paulo, Editora da Unicamp, Nepo, 2001.

PAIS, José Machado. *Vida cotidiana: enigmas e revelações*. São Paulo, Cortez, 2003.

PAULA, Sérgio Góes de. *Morrendo à toa: causas da mortalidade no Brasil*. São Paulo, Ática, 1991.

PERALVA, Angelina. *Violência e democracia: o paradoxo brasileiro*. Rio de Janeiro, Paz e Terra, 2000.

QUEIROZ, Maria Isaura Pereira de. "Relatos orais: do indizível ao dizível". In: VON SIMSOM (org.). *Experimentos com histórias de vida*. São Paulo, Vértice Editora/ Revista dos Tribunais, pp. 14-43, 1988.

REISS Jr., Albert J. "Organização da polícia no século XX". In: TORNY, Michael & MORRIS, Norval (orgs.). *Policiamento moderno*. São Paulo, Editora da Universidade São Paulo, 2003, pp. 65-114. (Série Polícia e Sociedade, n. 7)

ROBINSON, Jeffrey. *A globalização do crime*. Rio de Janeiro, Ediouro, 2001.

SAWAIA, Bader Burilhan. "O sofrimento ético político como categoria de análise da dialética da exclusão/inclusão". In: SAWAIA, Bader (org.). *As artimanhas da exclusão: análise psicossocial e ética da desigualdade social*. Petrópolis, Vozes, 1999.

SHEIKMANN, Alexandre *apud* DIMENSTEIN, Gilberto. "A epidemia da violência". *Folha de S. Paulo*, Caderno Mais!, 22/9/1996.

SOARES, Luiz Eduardo e CARNEIRO, Leandro Piquet. "Os quatros nomes da violência: um estudo sobre éticas populares e cultura política". In: *Violência e política no Rio de Janeiro*, 1996, p. 59.

SPINK, Mary Jane. *As representações sociais na perspectiva da psicologia social*. São Paulo, Brasiliense, 1993.

TEIXEIRA, Ib. "O marco da violência". *Conjuntura Econômica*, nº 5. São Paulo, FGV, maio 1995.

TRAJANOWICZ, Robert e BUCQUEROUX, Bonnie. *Policiamento comunitário como começar*. Rio de Janeiro, Polícia Militar do Rio de Janeiro, 1994.

VELHO, Gilberto e ALVITO, Marcos (orgs.). *Cidadania e violência*. Rio de Janeiro, Ed. UFRJ/Ed. da FGV, 1996.

VIEIRA, Oscar Vilhena. "Estado de Direito, seus limites e a criminalidade". In: *A violência do cotidiano*. Cadernos Adenauer II, São Paulo, Fundação Adenauer, mar. 2001, nº 1.

ZALUAR, Alba. *Condomínio do Diabo*. Rio de Janeiro, Revan/Ed. UFRJ, 1994.

2. Documentos Eletrônicos

CORREIA, Flávia Valenti. *Indústria do medo*. Disponível em: www.jornalismo.com/ Flavia2.html. Acesso em: 29/4/2002.

COSTA, Antonio L. Monteiro Coelho da. *Crime e desigualdade na América Latina.* Disponível em: http://sites.uol.com.br/antonioluizcosta/Crime.htm. Acesso em: 29/4/2002.

FUNDAÇÃO SEADE. *Pesquisa de emprego e desemprego na região do Grande ABC*, período de maio de 1998 a janeiro de 1999. Disponível em: www.seade.gov.br.

GANEM, Maria. "Violência urbana descaracteriza arquitetura moderna". *Ciência Hoje*. Disponível em: www.uol.com.br/cienciahoje/exped.htm. Acesso em: 17/4/2003.

ISASA, Michel Echenique. *Como lidar com o medo*. Disponível em: www.novaacropole.org.br/detalhes_medo.htm. Acesso em: 20/7/2001, p. 2.

MINAYO, M. C. de S. e SOUZA, E. R. de. "Violência e saúde como um campo interdisciplinar e de ação coletiva". *História, Ciências, Saúde — Manguinhos*, IV(3):513-531, nov. 1997/1998. Disponível em: http://www.fiocruz.br/hscience/vol4n3/art_cecilia.html.

MOSER, Caroline e SHADER, Elizabeth. *Criminalidade, violência e pobreza urbana na América Latina: rumo a uma estrutura integrada*. Disponível em: http://wbln0018.worldbank.org/LAC/LACInfoClient.nsf/900bb154dae91b/9885256804004de08f?OpenDocument. 1998. Acesso em: 15/1/2001.

PREFEITURA MUNICIPAL DE SANTO ANDRÉ. *Desemprego tem alta no Grande ABC*, 2002. Disponível em: www.santoandre.sp.gov.br.

PREFEITURA MUNICIPAL DE SANTO ANDRÉ. *Programa integrado de inclusão social* — texto base apresentado pelo prefeito Celso Daniel na Conferência de Instambul, 5 a 8 de junho de 2001. Disponível em: www.santoandre.sp.gov.br.

"RANKING DA VIOLÊNCIA". *Folha de S. Paulo*, Caderno Cotidiano. Disponível em: www.folha.uol.com.br/folhacotidiano/14/2/2003.

ROMANO, Roberto. "Medo". *Revista Espaço Acadêmico*, n. 18, ano II, nov. 2002. Disponível em: http://www.espacoacademico.com.br.

SILVA, Fernando Basile da. *O medo, a fobia e o pânico*. Disponível em: http//www.cosmo.com.br. Acesso em: 12/11/2001.

Relatórios

BRASIL. *Programa de Melhorias em áreas metropolitanas subnormais (inclusão social)*. Relatório de Pesquisa Qualitativa, fev. 2001. Secretaria da Presidência da República, xerografado.

FUNDAÇÃO SEADE, *Segurança*, Caderno do Fórum de São Paulo, Século XXI — Fundação Seade (2002).

MINISTÉRIO DA SAÚDE, *Anuário Estatístico de Saúde 2001* – Brasil.

ONU, *Relatório do Desenvolvimento Humano — 2002: Direitos Humanos e Desenvolvimento Humano*, PNUD.

ORGANIZAÇÃO MUNDIAL DE SAÚDE. *Informe sobre la salud en el mundo — 2002: Reducir los riesgos y promover una vida sana*. Panorama General. Organização Mundial de Saúde, 2002.

ORGANIZAÇÃO MUNDIAL DE SAÚDE. *Informe Mundial sobre Violência e Saúde — 2002*.

PREFEITURA MUNICIPAL DE SANTO ANDRÉ. *Plano Municipal de Assistência Social de Santo André* — 1997/1998/1999/2000.

PREFEITURA MUNICIPAL DE SANTO ANDRÉ. *Sumário de Dados de Santo André 2001 — Ano Base 2000*. Secretaria de Desenvolvimento Urbano, Departamento de Desenvolvimento Urbano.

Anexos

Anexo I — Ficha Temática

Entrevistados	Tipo	Como descreve e explica	Como sente	Soluções

Anexo II — Quadro Geral dos Vocábulos

Vocábulos/sujeitos da pesquisa	Liderança 1	Evangélico 1	Evangélico 2	Jovem classe média	Educador	Empresário	Liderança mov. popular	Polícia civil	Membro do Legislativo	Vice-secretário municipal	Moradora de favela	Assistente social 1	Polícia militar	Assistente social 2	Assistente social 3	Moradora de favela	Adolescente 1 (m)	Adolescente 2 (h)	Jovem 1 (rapper)	Jovem 2 (rapper)	Liderança 2	Assistente social 4	Psicóloga	TOTAL
adolescente	0	0	0	8	0	0	13	1	1	2	7	0	2	2	15	4	0	0	0	0	17	0	1	73
alternativas	0	0	0	0	0	0	1	0	0	0	0	0	0	0	0	3	0	0	0	0	1	0	1	6
ameaças	1	0	0	0	1	0	17	0	0	1	0	3	0	1	11	2	1	0	0	0	0	1	1	40
amigo	1	0	0	2	8	11	1	1	0	1	0	0	1	3	0	0	1	0	0	4	1	0	0	35
amizade	2	0	0	0	0	0	0	0	0	0	0	0	0	0	0	0	0	0	0	0	0	0	0	2
assassinato/assassino	1	0	0	0	1	0	1	0	0	0	4	1	0	1	1	2	0	0	0	0	0	5	6	23
associação	6	8	0	0	1	0	3	1	6	6	3	2	0	26	3	0	0	0	0	0	13	0	0	78
bairro	2	2	0	5	2	0	7	1	15	15	6	8	3	14	17	0	0	0	0	1	0	3	0	101
bandido	0	4	0	0	0	28	0	3	3	2	9	2	2	0	0	3	0	0	0	0	1	0	1	58
batista	0	0	0	0	0	0	0	0	0	2	0	0	1	0	0	0	0	0	0	0	0	0	0	3
caminhos	0	14	5	1	0	0	2	1	0	1	3	0	0	1	4	0	0	0	0	2	1	0	0	35
católica	0	0	0	0	0	0	2	1	0	0	0	0	0	0	1	3	0	0	0	0	0	0	0	7
Celso Daniel	2	0	0	0	0	2	6	2	18	2	1	2	1	1	2	0	0	0	0	0	3	4	0	46
cidadania/cidadão	1	0	0	0	0	2	4	0	4	4	5	0	0	1	1	4	0	0	16	2	5	2	5	56
classe	0	0	0	2	0	0	17	0	0	0	0	0	0	4	2	0	0	0	0	0	2	2	0	29
cocaína	0	4	0	0	1	0	2	4	0	0	0	0	0	0	0	0	0	1	0	0	0	0	1	13
coletivo/coletividade	0	0	0	0	0	2	0	1	1	0	1	0	0	0	0	2	0	0	0	1	1	0	0	9
combater	0	0	0	0	0	0	0	0	5	1	1	6	6	0	0	0	0	0	0	1	0	0	0	20
comunidade	22	7	0	0	2	2	9	4	14	5	4	5	5	9	9	1	0	1	0	1	11	4	1	87
crack	0	0	0	0	1	5	2	0	0	0	0	0	10	0	0	2	0	1	0	0	1	0	1	23
criança	0	31	0	19	11	9	7	3	12	1	6	2	8	8	16	1	0	0	1	0	13	9	16	173

Anexo II — Quadro Geral dos Vocábulos

Vocábulos/sujeitos da pesquisa	Liderança 1	Evangélico 1	Evangélico 2	Jovem classe média	Educador	Empresário	Liderança mov. popular	Polícia civil	Membro do Legislativo	Vice-secretário municipal	Moradora de favela	Assistente social 1	Polícia militar	Assistente social 2	Assistente social 3	Moradora de favela	Adolescente 1 (m)	Adolescente 2 (h)	Jovem 1 (rapper)	Jovem 2 (rapper)	Liderança 2	Assistente social 4	Psicóloga	TOTAL
crime	1	1	1	2	2	8	0	31	3	6	3	0	12	0	0	1	0	0	0	4	3	0	7	85
criminalidade	0	2	0	1	1	1	0	7	3	3	1	0	6	1	0	0	0	0	0	0	0	1	6	33
culpa	0	2	0	0	0	0	0	0	1	0	2	0	0	0	0	0	1	0	0	2	0	0	0	8
culpado(a)	0	5	0	0	0	0	0	0	0	0	0	0	0	0	0	0	0	0	0	0	0	0	0	5
cultura	0	1	1	0	0	1	5	4	4	4	0	0	2	1	6	0	0	0	1	6	5	1	1	43
desesperança	0	0	0	0	0	0	0	0	1	0	0	0	0	0	0	0	0	0	0	0	0	0	0	1
desigualdades	0	0	0	0	0	0	0	0	0	3	0	0	0	0	0	0	0	0	0	0	0	0	0	3
Deus	2	44	3	0	3	0	1	3	5	2	4	0	0	0	1	8	0	0	1	0	5	0	1	83
droga	1	19	0	0	7	0	4	1	2	1	3	1	15	4	1	4	1	2	1	6	4	0	1	78
educação	1	3	0	6	2	1	2	0	0	10	2	0	6	0	1	1	0	0	1	0	2	3	1	42
emprego/desemprego	0	12	2	0	7	11	5	0	3	1	2	4	0	0	1	1	0	0	1	0	1	3	4	58
esperança	0	0	0	0	0	0	0	0	0	2	0	0	0	0	2	0	0	0	0	0	0	0	3	7
estado	5	0	0	0	0	8	12	9	14	8	5	1	12	4	0	0	0	0	0	0	2	6	11	97
exclusão	0	0	0	0	0	0	0	0	0	0	0	1	0	0	0	0	0	0	0	0	0	0	1	2
família	12	4	1	1	5	5	0	22	4	1	11	9	2	38	24	3	0	4	4	0	11	50	16	227
Favela/favelado	19	1	2	2	16	4	44	12	4	8	4	35	6	14	40	0	0	1	0	2	24	17	42	297
felicidade	0	0	0	0	0	0	0	2	0	0	0	0	0	0	0	0	0	0	0	2	0	0	0	4
formação	0	0	0	0	0	0	0	5	0	1	0	2	0	2	1	0	0	0	0	1	1	0	0	13
fugir/fuga	2	0	0	0	0	0	0	1	0	0	3	0	2	0	1	0	0	0	0	0	2	1	0	12
governo	4	4	0	0	0	9	1	0	7	4	4	2	5	3	3	0	0	0	0	0	0	8	3	57

Anexo II — Quadro Geral dos Vocábulos

Vocábulos/sujeitos da pesquisa	Liderança 1	Evangélico 1	Evangélico 2	Jovem classe média	Educador	Empresário	Liderança mov. popular	Polícia civil	Membro do Legislativo	Vice-secretário municipal	Moradora de favela	Assistente social 1	Polícia militar	Assistente social 2	Assistente social 3	Moradora de favela	Adolescente 1 (m)	Adolescente 2 (h)	Jovem 1 (rapper)	Jovem 2 (rapper)	Liderança 2	Assistente social 4	Psicóloga	TOTAL
igreja	1	9	12	1	0	8	13	0	4	0	0	2	0	0	12	2	1	0	0	0	2	0	0	67
inclusão	0	0	0	0	0	0	0	0	0	2	0	5	3	0	1	0	0	0	0	0	0	0	0	11
insegurança	0	0	0	0	0	0	0	0	2	0	1	0	0	0	0	0	0	1	0	0	0	0	0	4
Jesus	0	4	2	0	0	0	2	0	0	0	0	0	0	0	0	0	0	0	0	0	0	0	0	8
ladrão	0	1	0	0	2	0	3	1	0	1	0	0	0	0	0	0	0	0	0	0	6	0	1	15
lazer	0	0	0	0	0	0	1	0	0	0	0	0	2	0	1	2	0	0	1	2	2	0	1	12
lei	0	1	0	0	0	0	1	0	3	2	0	0	3	2	0	1	0	0	0	2	0	1	5	21
lei do silêncio	0	0	0	0	0	0	0	0	0	0	0	0	0	2	0	0	1	0	0	0	0	0	2	5
liderança	6	0	0	0	1	0	3	0	6	2	0	0	0	24	24	0	0	0	0	0	1	10	0	77
maconha	0	1	1	0	0	0	2	0	0	0	0	0	3	0	0	0	0	1	0	5	0	1	1	15
medo	11	8	8	3	9	35	10	11	22	23	13	3	8	29	22	12	0	3	0	9	22	10	31	302
miséria	0	0	0	0	0	0	1	0	0	1	0	0	0	3	0	0	0	5	5	0	1	0	0	16
morador	2	0	0	0	0	0	4	0	3	1	2	7	1	13	2	9	2	0	0	0	8	0	5	59
morte	1	0	1	4	3	5	6	6	6	4	1	2	1	2	6	9	0	0	0	0	0	0	1	58
movimento	10	0	0	1	0	0	17	0	1	0	1	2	0	15	5	0	0	0	2	0	0	9	1	64
pessoa/pessoal	67	38	2	8	53	21	72	34	19	52	11	37	144	98	15	1	9	2	32	17	29	21	9	791
pobre	4	1	0	1	5	2	4	0	1	1	1	2	0	2	0	1	1	0	1	1	3	4	1	36
pobreza	3	0	0	0	0	1	1	0	1	0	0	3	0	0	0	0	0	1	0	0	3	0	1	14
polícia	6	20	0	7	9	1	32	42	34	67	23	6	48	17	19	6	0	0	0	4	18	1	10	370
política/políticos	3	0	0	2	6	2	8	1	6	4	0	2	1	1	2	2	0	0	0	0	0	2	7	49
população	1	1	1	2	0	0	4	8	17	10	2	11	9	5	3	0	0	0	0	0	0	3	6	83
povo	3	0	0	0	0	0	49	0	13	1	1	1	0	1	0	0	0	0	0	0	0	3	6	78

Anexo II — Quadro Geral dos Vocábulos

Vocábulos/sujeitos da pesquisa	Liderança 1	Evangélico 1	Evangélico 2	Jovem classe média	Educador	Empresário	Liderança mov. popular	Polícia civil	Membro do Legislativo	Vice-secretário municipal	Moradora de favela	Assistente social 1	Polícia militar	Assistente social 2	Assistente social 3	Moradora de favela	Adolescente 1 (m)	Adolescente 2 (h)	Jovem 1 (rapper)	Jovem 2 (rapper)	Liderança 2	Assistente social 4	Psicóloga	TOTAL
preconceito	0	0	0	0	0	0	0	0	0	0	2	0	0	0	0	0	0	0	0	1	0	0	0	3
prefeitura	15	3	0	0	1	11	14	0	0	5	4	9	6	2	11	1	0	0	0	4	8	15	5	114
prevenção/preventivo	0	0	0	0	0	0	0	0	0	0	1	2	8	0	0	0	0	0	0	0	0	0	0	11
projeto de vida	0	0	0	0	0	0	1	0	0	0	0	0	0	0	0	0	0	0	0	0	0	0	1	2
Público/pública	1	1	1	1	0	2	3	5	3	3	0	0	3	3	4	0	0	0	0	2	0	1	2	35
qualificação	0	0	0	0	0	1	0	0	0	1	2	0	0	0	0	0	0	0	0	0	0	0	0	4
raiva	0	2	0	0	0	0	0	0	0	0	1	0	0	0	0	0	0	0	0	0	0	0	0	3
rico	1	1	0	0	0	0	0	0	3	0	0	0	0	0	0	0	0	0	0	0	0	0	0	5
riqueza	0	0	0	0	0	0	0	1	3	0	0	0	0	0	0	0	0	0	0	0	0	0	0	4
saídas	0	0	0	0	1	0	5	2	0	0	0	0	0	0	0	0	0	0	0	0	0	0	0	8
salário	0	1	0	0	1	5	0	0	1	1	0	0	2	1	0	0	0	0	0	0	1	11	0	24
segurança	7	7	1	7	1	19	7	8	37	18	1	1	6	13	4	0	0	0	0	3	1	3	7	151
soluções	0	0	0	0	0	0	1	2	2	0	5	0	0	0	0	0	0	0	0	1	0	0	10	21
sonho	0	0	0	0	0	0	1	0	0	0	0	0	1	0	0	0	2	5	1	0	0	0	0	10
trabalho	22	5	1	12	14	7	49	14	25	33	18	26	27	34	60	9	0	0	6	4	34	40	43	483
traficante	1	3	0	3	12	6	12	4	8	1	6	4	13	0	0	0	0	0	0	1	0	0	12	86
tráfico	2	1	0	1	1	4	7	3	3	0	4	13	6	14	8	2	0	0	0	0	0	3	25	97
tristeza	2	0	0	0	0	0	0	0	0	0	0	0	0	0	0	3	0	0	0	0	0	0	1	6
vício	1	1	0	0	0	0	0	1	0	0	0	0	0	0	0	0	0	0	0	0	1	0	0	4
violência	1	5	3	18	5	35	19	0	7	1	14	25	1	14	10	7	3	2	4	1	18	6	30	229
vítima	1	0	0	0	0	0	3	13	1	3	1	1	8	8	1	1	0	0	0	0	4	0	3	48